POESÍA REUNIDA

COMISIÓN INTERACADÉMICA DE PUBLICACIONES DE LA ASALE

CÉSAR VALLEJO

POESÍA REUNIDA

EDICIÓN CONMEMORATIVA

REAL ACADEMIA ESPAÑOLA

ASOCIACIÓN DE ACADEMIAS
DE LA LENGUA ESPAÑOLA

La Comisión Interacadémica de Publicaciones de la Asociación de Academias de la Lengua Española (ASALE) había acordado que, con motivo del IX Congreso Internacional de la Lengua Española (CILE), inicialmente previsto en Arequipa (Perú), se publicaría una edición conmemorativa de *Los ríos profundos*, de José María Arguedas. Sin embargo, la inestabilidad social y política impidió que el congreso se realizara en dicha ciudad, por lo que la sede fue trasladada a Cádiz (España), donde finalmente se presentó la edición. Ahora, con el regreso del X CILE a Arequipa, la Comisión, con el respaldo del pleno de directores y presidentes de todas las Academias, ha impulsado una nueva obra conmemorativa: una antología poética de César Vallejo, uno de los más grandes poetas peruanos e hispanoamericanos.

Las ediciones conmemorativas se iniciaron con *Don Quijote de la Mancha*, edición del IV Centenario (2004; reeditada en 2015), y continuaron con *Cien años de soledad* (2007), *La región más transparente* (2008), *Pablo Neruda. Antología general* (2010), *Gabriela Mistral en verso y prosa* (2010), *La ciudad y los perros* (2012), *Rubén Darío. Del símbolo a la realidad* (2016), *La colmena* (2016), *Borges esencial* (2017), *Yo el Supremo* (2017), *Rayuela* (2019), *El Señor Presidente* (2020), *Martí en su universo. Una antología* (2021) y *Los ríos profundos* (2023). En 2024 se sumaron *Corrientes alternas. Antología de verso y prosa*, de Octavio Paz, y *La vida breve*, de Juan Carlos Onetti. Se presenta en 2025 la antología *Poesía reunida*, de César Vallejo.

La obra poética de César Vallejo (1892-1938), aunque no muy extensa en volumen, es de una densidad y originalidad excepcionales, que la han convertido en una referencia imprescindible de la poesía del siglo XX. Su valoración ha ido creciendo con el tiempo, hasta consolidar al poeta como una de las voces fundamentales de la literatura hispanoamericana.

Sus dos primeros libros, *Los heraldos negros* (1918) y *Trilce* (1922), publicados en Lima, marcan el inicio de una trayectoria poética única. En *Los heraldos negros* ya se percibe una sensibilidad especial y una visión trágica de la existencia. Aunque pasó inicialmente desapercibida, se ha convertido en una obra clave para entender la modernidad poética en lengua española. *Trilce*, en cambio, representó una ruptura aún más audaz: Vallejo experimenta libremente con la forma, la sintaxis y el lenguaje, desafiando toda convención lírica. Este libro, incomprendido en su tiempo, se considera hoy una de las cumbres de la vanguardia hispanoamericana. Ambas obras, muy distintas en forma, comparten una misma inquietud: la exploración del dolor, el sentido del ser humano y el lenguaje como herramienta límite.

En sus años en Europa, y especialmente durante su última etapa vital, Vallejo escribió una serie de poemas que no llegaron a publicarse en vida. Tras su muerte en París, su viuda Georgette Philippart se encargó de custodiar y difundir esta obra póstuma, que incluye los libros *Poemas humanos* y *España, aparta de mí este cáliz* (ambos publicados en 1939). En ellos, su poesía se vuelve más directa y comprometida. *Poemas humanos* ofrece una actitud más solidaria y combativa, profundamente preocupada por el sufrimiento colectivo, sin perder nunca el tono ético, íntimo que atraviesa toda su obra. *España, aparta de mí este cáliz*, escrito también durante la guerra civil española, es una de las grandes obras de la poesía comprometida, en la que Vallejo alza su voz contra la injusticia y a favor del pueblo, sin renunciar a la intensidad lírica ni a la emoción personal. El lenguaje se convierte aquí en un instrumento de resistencia y esperanza.

A lo largo de su evolución poética, Vallejo pasa de la reflexión y desesperanza de *Los heraldos negros*, a la experimentación vanguardista de *Trilce*, para culminar en una poesía humanista, solidaria y ética, como se aprecia en sus obras finales. Aunque en vida fue un autor poco comprendido, su reconocimiento se consolidó a partir de los años cincuenta y sesenta, cuando escritores como Octavio Paz, José Emilio Pacheco, Mario Benedetti o Enrique Lihn lo consagraron como una voz fundamental de la poesía hispánica. Hoy, se lee a César Vallejo en todo el mundo y ocupa un lugar central en el canon de la poesía universal.

La presente edición, coordinada por Marco Martos Carrera, académico de la Academia Peruana de la Lengua, se acompaña, como el resto de los títulos de la colección, de un conjunto de estudios monográficos y breves ensayos. Abre la serie de artículos un trabajo recuperado de Antenor Orrego, destacado filósofo, periodista, ensayista y político peruano, que fue el primero en reconocer el genio poético de César Vallejo, en su prólogo a la edición de *Trilce* en 1922 del que hemos extraído el fragmento que publicamos. Sigue la colaboración, también recuperada, del poeta y narrador uruguayo Mario Benedetti, profundo admirador de César Vallejo, que subrayó la influencia vallejiana en la poesía latinoamericana posterior y lo consideró un referente indispensable para la poesía comprometida y humana. Rescatamos, también, del poeta chileno y Nobel de Literatura, Pablo Neruda, la oda que dedico a César Vallejo, testimonio de respeto entre dos de los más grandes poetas de Hispanoamérica.

Al final del volumen y bajo el título «César Vallejo, tradición e innovación», se recogen las colaboraciones de los académicos de la Academia Peruana de la Lengua Marco Martos Carrera, coordinador de la edición y uno de los más considerados críticos de la obra de Vallejo, que realiza un profundo repaso por la poesía esencial de Vallejo; y Alonso Cueto, destacado narrador y ensayista peruano, que diserta sobre los aspectos más humanos del autor. El reconocido hispanista británico Stephen M. Hart, uno de los grandes vallejistas actuales, combina en su colaboración el análisis literario, histórico y político. Carlos Fernández, investigador postdoctoral en la Universidad Autónoma de Madrid, y Valentino Gianuzzi, profesor de Estudios Culturales Latinoamericanos en la Universidad de Mánchester, abordan en su estudio el modo en que la obra del poeta peruano se relaciona con los principales movimientos estéticos del siglo XX. Ángel Esteban, catedrático de la Universidad de Granada, especializado en literatura hispanoamericana, estudia las relaciones entre la vida y la obra de Vallejo. Por último, la escritora y docente peruana Ana Luisa Ríos González, especialista en la difusión de la literatura amazónica, aborda el tema de la presencia de la mujer y la poesía intercultural en la obra vallejiana. Completan la edición una bibliografía y un glosario de voces utilizadas por el autor en esta obra.

La Real Academia Española y la Asociación de Academias de la Lengua Española expresan su agradecimiento a todos los que han contribuido a la publicación de esta obra. En especial, desean reconocer a la Academia Peruana de la Lengua, y muy particularmente a don Marco Martos Carrera, coordinador de la edición, así como a su equipo, responsable de la elaboración del glosario que la acompaña, con quienes ha colaborado estrechamente Carlos Domínguez, responsable de publicaciones de la Real Academia Española.

César Vallejo

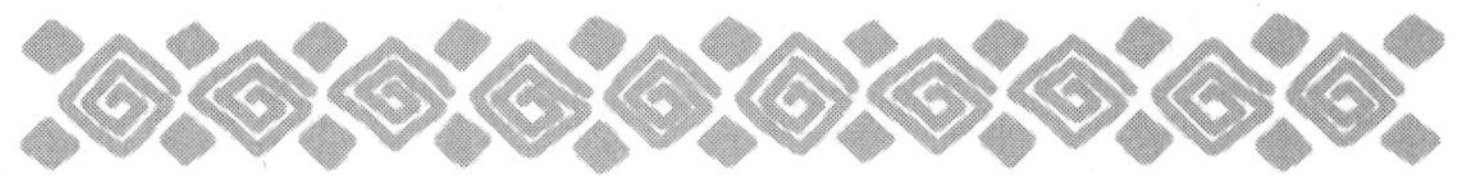

Antenor Orrego

CONOCIMIENTO
PRÓLOGO A *TRILCE* (1922)

Bien quisiera yo, con harto y ubérrimo corazón, que estas palabras mías al frente del gran libro de César Vallejo, que marca una superación estética en la gesta mental de América, fueran nada más que lírico grito de amor, tenue vibración del torbellino musical que ha suscitado siempre en mí la vida y la obra de este hermano genial. Así debería ser, pero mi amor no puede eludir el conocimiento. Pienso que solo quien comprende es el que con más veracidad ama, y que solo quien ama es el que más entrañablemente comprende. Hay, pues, una mayor o menor veracidad en el amor, tanto o más que en el conocimiento que extrae para sí el máximum de comprensión que necesita para su amor.

Una áurea mañana el niño se llena de estupor ante el sutil juego dinámico, ante los gritos inarticulados de su muñeco. Su asombrada puerilidad toca por primera vez las puertas del misterio. Espera que el milagro que se produce en sí mismo, el milagro de la vida, le pueda ser revelado por esta criatura mecánica que tiene en sus manos. El futuro hombre esgrime sus nervios, su corazón, su cerebro y su valor para lanzarse en su primera aventura de conocimiento. ¿Por qué? —gritan sus entrañas desde lo más acendrado de su ser—. Y este primer «por qué» rompe, con dolorida angustia, el desfile innumerable de «porqués» que signan los escalones virales del hombre, hasta el último, el de la muerte. El niño decide destripar su muñeco. Lo destripa.

Tras de haber vaciado las entrañas de trapo y de aserrín, tras de haber examinado atentamente la arquitectura de su juguete, tras de haber apartado pieza por pieza todo el montaje interior, tras de haber eliminado todo lo puramente formal en busca de las esencias, el investigador se encuentra ante el primer cadáver de ilusión, ante el primer conocimiento. Un tenue alambrillo arrollado en espiral; he aquí donde residía, íntegramente, el secreto de la maravilla dinámica del muñeco. Esto no es la vida; esto es una mixtificación de la vida.

El niño acaba de descubrir las técnicas, que, a su vez, no son sino los instrumentos para expresar los estilos. El muñeco no es vida, pero puede ser un estilo de la vida.

He aquí, a mi juicio, la posición fundamental de César Vallejo con respecto a la poesía. Niño de prodigiosa virginidad, busca el secreto de la vida en sí misma. Ha tenido sus muñecos en los cuales creía encontrar el principio primordial del gran arcano. Ha descubierto que las artes no son sino versiones parciales, versiones escuetas, estilizadas del universo. Ha descubierto los estilos y los instrumentos para expresarlos: las técnicas.

César Vallejo está destripando los muñecos de la retórica. Los ha destripado ya.

El poeta quiere dar una versión más directa, más caliente y cercana de la vida. El poeta ha hecho pedazos todos los alambritos convencionales y mecánicos. Quiere encontrar otra técnica que le permita expresar con más veracidad y lealtad su estilo de la vida.

La América Latina —creo yo— no asistió jamás a un caso de tal virginidad poética. Es preciso ascender hasta Walt Whitman para sugerir, por comparación de actitudes

vitales, la puerilidad genial del poeta peruano.
De esta labor ya se encargará la crítica
inteligente; si no hoy,
mañana.

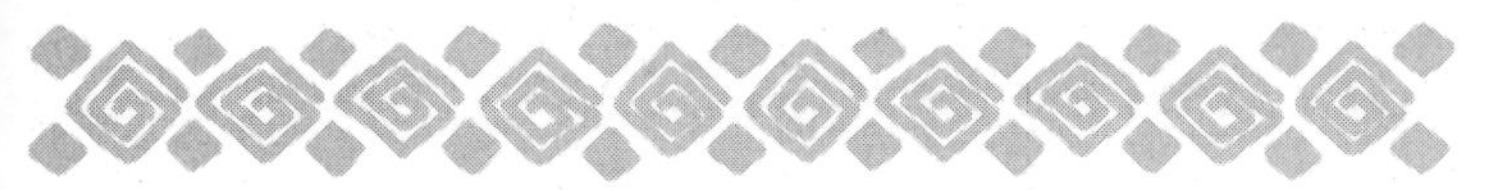

Mario Benedetti

VALLEJO Y NERUDA: DOS MODOS DE INFLUIR

Hoy en día parece bastante claro que, en la actual poesía hispanoamericana, las dos presencias tutelares se llaman Pablo Neruda y César Vallejo. No pienso meterme aquí en el atolladero de decidir qué vale más: si el caudal incesante, avasallador, abundante en plenitudes, del chileno, o el lenguaje seco a veces, irregular, entrañable y estallante, vital hasta el sufrimiento, del peruano. Más allá de discutibles o gratuitos cotejos, creo sin embargo que es posible relevar una esencial diferencia en cuanto tiene relación con las influencias que uno y otro ejercieron y ejercen en las generaciones posteriores, que inevitablemente reconocen su magisterio.

En tanto que Neruda ha sido una influencia más bien paralizante, casi diría frustránea, como si la riqueza de su torrente verbal solo permitiera una imitación sin escapatoria, Vallejo, en cambio, se ha constituido en motor y estímulo de los nombres más auténticamente creadores de la actual poesía hispanoamericana. No en balde la obra de Nicanor Parra, Sebastián Salazar Bondy, Gonzalo Rojas, Ernesto Cardenal, Roberto Fernández Retamar y Juan Gelman revela, ya sea por vía directa, ya por influencia interpósita, la marca vallejiana; no en balde, cada uno de ellos tiene, pese a ese entronque común, una voz propia e inconfundible. (A esa nómina habría que agregar otros nombres como Idea Vilariño, Pablo Armando Fernández, Enrique Lihn, Claribel Alegría, Humberto Megget o Joaquín Pasos, que, aunque situados a mayor distancia de Vallejo que los antes mencionados, de todos modos, están en sus respectivas actitudes frente al hecho poético más cerca del autor de *Poemas humanos* que del de *Residencia en la tierra*).

Es bastante difícil hallar una explicación verosímil a ese hecho que me parece innegable. Sin perjuicio de reconocer que, en poesía, las afinidades eligen por sí mismas las vías más imprevisibles o los nexos más esotéricos, y unas y otros suelen tener poco que ver con lo verosímil, quiero arriesgar sobre el mencionado fenómeno una interpretación personal.

La poesía de Neruda es, antes que nada, palabra. Pocas obras se han escrito, o se escribirán, en nuestra lengua, con un lujo verbal tan asombroso como las primeras *Residencias* o como algunos pasajes del *Canto general*. Nadie como Neruda para lograr un insólito centelleo poético mediante el simple acoplamiento de un sustantivo y un adjetivo que antes jamás habían sido aproximados. Claro que en la obra de Neruda hay también sensibilidad, actitudes, compromiso, emoción, pero (aun cuando el poeta no siempre lo quiera así) todo parece estar al noble servicio de su verbo. La sensibilidad humana, por amplia que sea, pasa en su poesía casi inadvertida ante la más angosta sensibilidad del lenguaje; las actitudes y compromisos políticos, por detonantes que parezcan, ceden en importancia frente a la actitud y el compromiso artísticos que el poeta asume frente a cada palabra, frente a cada uno de sus encuentros y desencuentros. Y así con la emoción y con el resto. A esta altura, yo no sé qué es más creador en los divulgadísimos *Veinte poemas*: si las distintas estancias de amor que le sirven de contexto o la formidable capacidad para hallar un original lenguaje destinado a cantar ese amor. Semejante poder verbal puede llegar a ser tan hipnotizante para cualquier poeta, lector de Neruda, que si bien, como todo paradigma, lo empuja a la imitación, por otra parte, dado el carácter del deslumbramiento, lo constriñe a una zona tan específica que hace casi imposible el renacimiento de la originalidad. El modo metaforizador de Neruda tiene tanto poder, que a través de incontables acólitos o seguidores o epígonos, reaparece como un gen imborrable, inextinguible.

El legado de Vallejo, en cambio, llega a sus destinatarios por otras vías y moviendo quizás otros resortes. Nunca, ni siquiera en sus mejores momentos, la poesía del peruano da la impresión de una espontaneidad torrencial. Es evidente que Valle (como Unamuno) lucha denodadamente con el lenguaje, y muchas veces, cuando consigue al fin someter la indómita palabra, no puede evitar que aparezcan en esta las cicatrices del combate. Si Neruda posee morosamente a la palabra, con pleno consentimiento de esta, Vallejo en cambio la posee violentándola, haciéndole decir y aceptar por la fuerza un nuevo y desacostumbrado sentido. Neruda rodea a la palabra de vecindades insólitas, pero no violenta su significado esencial; Vallejo, en cambio, obliga a la palabra a ser y decir algo que no figuraba en su sentido estricto. Neruda se evade pocas veces del diccionario; Vallejo, en cambio, lo contradice de continuo.

El combate que Vallejo libra con la palabra tiene la extraña armonía de su temperamento anárquico, disentidor, pero no posee obligatoriamente una armonía literaria, dicho sea esto en el más ortodoxo de sus sentidos. Es como espectáculo humano (y no solo como ejercicio puramente artístico) que la poesía de Vallejo fascina a su lector, pero una vez que tiene lugar ese primer asombro, todo el resto pasa a ser algo subsidiario, por valioso e ineludible que ese resto resulte como intermediación.

Desde el momento que el lenguaje de Vallejo no es lujo sino disputada necesidad, el poeta-lector no se detiene allí, no es encandilado. Ya que cada poema es un campo de batalla, es preciso ir más allá, buscar el fondo humano, encontrar al hombre, y entonces sí, apoyar su actitud, participar en su emoción, asistirlo en su compromiso, sufrir con su sufrimiento. Para sus respectivos poetas-lectores, vale decir para sus influidos, Neruda funciona sobre todo como un paradigma literario; Vallejo, en cambio, así sea a través de sus poemas, como un paradigma humano.

Es tal vez por eso que su influencia, cada día mayor, no crea sin embargo meros imitadores. En el caso de Neruda lo más importante es el poema en sí; en el caso de Vallejo, lo más importante suele ser lo que está antes (o detrás) del poema. En Vallejo hay un fondo de honestidad, de inocencia, de tristeza, de rebelión, de desgarramiento, de algo que podríamos llamar *soledad fraternal*, y es en ese fondo donde hay que buscar las hondas raíces, las no siempre claras motivaciones de su influencia.

A partir de un estilo poderosamente personal, pero de clara estirpe literaria, como el de Neruda, cabe encontrar seguidores sobre todo literarios que no consiguen llegar a su propia originalidad, o que llegarán más tarde a ella por otros afluentes, por otros atajos. A partir de un estilo como el de Vallejo, construido poco menos que a contrapelo de lo literario, y que es siempre el resultado de una agitada combustión vital, cabe encontrar, ya no meros epígonos o imitadores, sino más bien auténticos discípulos, para quienes el magisterio de Vallejo comienza antes de su aventura literaria, la atraviesa plenamente y se proyecta hasta la hora actual.

Se me ocurre que de todos los libros de Neruda, solo hay uno, *Plenos poderes*, en que su vida personal liga entrañablemente a su expresión poética. (Curiosamente, es quizá el título menos apreciado por la crítica, habituada a celebrar otros destellos en la obra del poeta; para mi gusto, ese libro austero, sin concesiones, de ajuste consigo mismo, es de lo más auténtico y valioso que ha escrito Neruda en los últimos años. Someto al juicio del lector esta inesperada confirmación de mi tesis: de todos los libros del gran poeta chileno, *Plenos poderes* es, a mi juicio, el único en que son reconocibles ciertas legítimas resonancias de Vallejo). En los otros libros, los vericuetos de la vida personal importan mucho menos, o aparecen tan transfigurados, que la nitidez metafórica hace olvidar por completo la validez autobiográfica. En Vallejo, la metáfora nunca impide ver la vida; antes bien, se pone a su servicio. Quizá habría que concluir que en la influencia de Vallejo se inscribe una irradiación de actitudes, o sea, después de todo, un contexto *moral*. Ya sé que sobre esta palabra caen todos los días varias paladas de indignación científica. Afortunadamente, los poetas no siempre están al día con las últimas noticias. No obstante, es un hecho a tener en cuenta: Vallejo, que luchó a brazo partido con la palabra pero extrajo de sí mismo una actitud de incanjeable calidad humana, está milagrosamente afirmado en nuestro presente, y no creo que haya crítica, o esnobismo, o mala conciencia, que sean capaces de desalojarlo.

1967

Pablo Neruda

ODA A CÉSAR VALLEJO

ODAS ELEMENTALES (1952-1954)

A la piedra en tu rostro,
Vallejo,
a las arrugas
de las áridas sierras
yo recuerdo en mi canto,
tu frente
gigantesca
sobre tu cuerpo frágil,
el crepúsculo negro
en tus ojos
recién desencerrados,
días aquellos,
bruscos,
desiguales,
cada hora tenía
ácidos diferentes
o ternuras
remotas,
las llaves
de la vida
temblaban
en la luz polvorienta
de la calle,

tú volvías
de un viaje
lento, bajo la tierra,
y en la altura
de las cicatrizadas cordilleras
yo golpeaba la puertas,
que se abrieran
los muros,
que se desenrollaran
los caminos,
recién llegado de Valparaíso
me embarcaba en Marsella,
la tierra
se cortaba
como un limón fragante
en frescos hemisferios amarillos,
te quedabas
tú
allí, sujeto
a nada,
con tu vida
y tu muerte,
con tu arena
cayendo,
midiéndote
y vaciándote,
en el aire,
en el humo,
en las callejas rotas
del invierno.

Era en París, vivías
en los descalabrados
hoteles de los pobres.
España

se desangraba.
Acudíamos.
Y luego
te quedaste
otra vez en el humo
y así cuando
ya no fuiste, de pronto,
no fue la tierra
de las cicatrices,
no fue
la piedra andina
la que tuvo tus huesos,
sino el humo,
la escarcha
de París en invierno.

Dos veces desterrado,
hermano mío,
de la tierra y el aire,
de la vida y la muerte,
desterrado
del Perú, de tus ríos,
ausente
de tu arcilla.
No me faltaste en vida,
sino en muerte.
Te busco
gota a gota,
polvo a polvo,
en tu tierra,
amarillo
es tu rostro,
escarpado
es tu rostro,
estás lleno

de viejas pedrerías,
de vasijas
quebradas,
subo
las antiguas
escalinatas,
tal vez
estés perdido,
enredado
entre los hilos de oro,
cubierto
de turquesas,
silencioso,
o tal vez
en tu pueblo,
en tu raza,
grano
de maíz extendido,
semilla
de bandera.
Tal vez, tal vez ahora
transmigres
y regreses,
vienes
al fin
de viaje,
de manera
que un día
te verás en el centro
de tu patria,
insurrecto,
viviente,
cristal de tu cristal, fuego en tu fuego,
rayo de piedra púrpura.

NOTA AL TEXTO

Los poemas de César Vallejo que ahora publicamos son los que han aparecido en sus libros. Respetamos la decisión final de Georgette Vallejo que se conoce a partir de la edición de Francisco Moncloa de 1966 y que nombra las siguientes colecciones de versos: *Los heraldos negros*, *Trilce*, *Poemas humanos*, *España, aparta de mí este cáliz*. Hemos prescindido de los textos que están fuera de estos volúmenes, por considerar que poco aportan al conjunto de la obra, en especial los poemas juveniles que se conocieron en revistas y periódicos del Perú entre 1912 y 1918.

Para realizar la edición que ofrecemos hemos tenido a la vista reproducciones confiables de las primeras ediciones, *Los heraldos negros* de 1918, *Trilce* de 1922, *Poemas humanos* y *España, aparta de mí este cáliz* de 1939. Naturalmente, hemos consultado las ediciones que firman Ricardo González Vigil, Ricardo Silva Santisteban, Raúl Hernández Novás y Américo Ferrari. Se ha respetado en todo lo posible la ortografía del poeta, por ejemplo, en el uso de los signos de puntuación y en la utilización de peruanismos.

Resulta interesante conocer algunos detalles: el primer libro de Vallejo, aunque fechado en 1918 circuló a partir de 1919, pues el autor estaba esperando un prólogo de Abraham Valdelomar que nunca llegó.

Buena parte de *Trilce* fue escrita en la cárcel de Trujillo, y tiene la marca de ese sufrimiento. Después de pasar ciento doce días en prisión. Vallejo ganó un premio literario y pudo tener dinero para editar su libro de poemas, que al principio quiso llamar *Cráneos de bronce* y firmarlo como César Perú. Sus amigos lo disuadieron de tal propósito. No obstante, ya habían sido impresas las primeras tres páginas del libro y el impresor le dijo al poeta que la reposición de las hojas con los cambios costaría treinta soles de oro más o tres libras peruanas de aquel momento. Según el testimonio de Francisco Xandóval, un amigo cercano de César Vallejo, el nombre *Trilce* se le ocurrió en ese momento debido a la deformación y alargamiento de la palabra «tres».

Sin embargo, en una entrevista hecha en España en 1931, Vallejo respondió que la palabra «trilce» no quiere decir nada y simplemente la había inventado. Otros estudiosos afirman que este título es la unión de las palabras «triste» y «dulce».

El título *Poemas humanos* tiene origen en una libreta que dejó César Vallejo en la que aparecía una lista de nombres posibles, uno de los cuales era *Libro de poemas humanos*. Conjeturamos que Vallejo conoció el libro de Gerardo Diego de 1925 *Versos divinos*. En todo caso, *Poemas humanos* es el título que la gran mayoría de lectores y críticos acepta, con la excepción de Américo Ferrari, quien prefiere llamar a todos los poemas posteriores a 1922 *Poemas de París*, y de Ricardo Silva Santisteban, quien opta por llamar *Poemas póstumos* a todos los publicados después de 1938. Recordamos que Roberto Paoli ha dicho que la fuerza de la tradición tiene un papel que jugar en la denominación de los libros, como ocurre con el libro más importante de Dante, que el autor llamó *Comedia* y que la posteridad lo reconoce como *Divina comedia*.

España, aparta de mí este cáliz fue un libro impreso en 1939 por los propios soldados de la República y trasciende las circunstancias políticas en que fue escrito para transformarse en canto a la justicia y la libertad válido para todo momento histórico.

En el mes de octubre de 2025 se desarrollará en Arequipa un Congreso de la Lengua Española que reunirá a académicos, escritores, críticos literarios, estudiantes, que llegarán a esa magnífica ciudad para intercambiar con los pobladores la alegría de una lengua compartida, un mismo sistema, distintas normas y múltiples hablas. El español del Perú está enriquecido por el contacto con las lenguas originarias, quechua, aimara, mochica, tallán, sec, y unas cuarenta que se hablan en la selva, como el awajún, el shipibo, el bora, el eseeja.

Con ocasión de esta reunión, la más importante para asuntos del español, la Asociación de Academias de la Lengua Española, que abarca a veintitrés países, ha decidido rendir homenaje a César Vallejo publicando su poesía reunida con esta edición que llevará los versos del genial poeta peruano a todos los rincones del orbe hispano. A los versos reunidos se sumará un manojo de ensayos, algunos conocidos, como las páginas iniciales de *Trilce* que escribió Antenor Orrego, o la comparación que hizo Mario Benedetti de la poesía de Vallejo con la de Neruda, y otros textos escritos especialmente para esta ocasión por Ángel Esteban, Alonso Cueto, Ana Luisa Ríos González, Carlos Fernández y Valentino Gianuzzi, Marco Martos Carrera y Stephen M. Hart.

En pocas palabras, César Vallejo alcanzó, desde sus inicios, una calidad no vista en la poesía hispanoamericana como se prueba con el poema inicial de *Los heraldos negros*, se atrevió como nadie a explorar dentro del propio lenguaje como lo hizo en *Trilce*, alcanzó niveles absolutamente originales en su fase europea, con poemas que tienen eficacia en español y en cualquiera de los idiomas que se les traduzca. Vallejo es ciudadano, poeta y político. Es el poeta del dolor, cierto, pero también, el adalid de la esperanza.

Retrato póstumo de César Vallejo, fechado el 9 de junio de 1938, realizado por Pablo Picasso para la primera edición de *España, aparta de mí este cáliz*.

La primera edición de *España, aparta de mí este cáliz* se imprimió en el monasterio de Montserrat, Barcelona, en 1939. La edición, con prólogo de Juan Larrea e ilustrada por Pablo Picasso, estuvo al cuidado de Manuel Altolaguirre. En el colofón se indicaba que «Soldados de la República fabricaron el papel, compusieron el texto y movieron las máquinas. Ediciones Literarias del Comisariado. Ejército del Este, guerra de Independencia. Año de 1939». Juan Larrea encargó a Pablo Picasso el retrato de César Vallejo y el pintor accedió a dibujarlo: «Picasso no conocía a Vallejo. Apenas se produjo la muerte de César, me reuní, una larga tarde, con el pintor y le leí un buen puñado de versos vallejianos. Picasso, profunda y visiblemente emocionado, exclamó: "A este sí que le hago el retrato". Y dicho y hecho. Tras una ojeada a unas cuantas fotografías que le mostré, dejó para la historia no uno, sino tres retratos de César Vallejo» (Santiago Amón, *El País*, 31 de diciembre de 1977). Alonso Cueto nos recuerda en su trabajo cómo, poco tiempo antes, Picasso se había negado a retratar a García Lorca: «Que se lo haga Salvador Dalí».

POESÍA REUNIDA

LOS HERALDOS NEGROS

[1918]

qui pótest cápere capiat

El Evangelio

LOS HERALDOS NEGROS

Hay golpes en la vida, tan fuertes... Yo no sé!
Golpes como del odio de Dios; como si ante ellos,
la resaca de todo lo sufrido
se empozara en el alma... Yo no sé!

Son pocos; pero son... Abren zanjas oscuras
en el rostro más fiero y en el lomo más fuerte.
Serán talvez los potros de bárbaros atilas;
o los heraldos negros que nos manda la Muerte.

Son las caídas hondas de los Cristos del alma,
de alguna fe adorable que el Destino blasfema.
Esos golpes sangrientos son las crepitaciones
de algún pan que en la puerta del horno se nos quema.

Y el hombre... Pobre... pobre! Vuelve los ojos, como
cuando por sobre el hombro nos llama una palmada;
vuelve los ojos locos, y todo lo vivido
se empoza, como charco de culpa, en la mirada.

Hay golpes en la vida, tan fuertes... Yo no sé!

PLAFONES ÁGILES

DESHOJACIÓN SAGRADA

Luna! Corona de una testa inmensa,
que te vas deshojando en sombras gualdas!
Roja corona de un Jesús que piensa
trágicamente dulce de esmeraldas!

Luna! Alocado corazón celeste
¿por qué bogas así, dentro la copa
llena de vino azul, hacia el oeste,
cual derrotada y dolorida popa?

Luna! Y a fuerza de volar en vano,
te holocaustas en ópalos dispersos:
tú eres talvez mi corazón gitano
que vaga en el azul llorando versos...!

COMUNIÓN

Linda Regia! Tus venas son fermentos
de mi noser antiguo y del champaña
negro de mi vivir!

Tu cabello es la ignota raicilla
del árbol de mi vid.
Tu cabello es la hilacha de una mitra
de ensueño que perdí!

Tu cuerpo es la espumante escaramuza
de un rosado Jordán;
y ondea, como un látigo beatífico
que humillara a la víbora del mal!

Tus brazos dan la sed de lo infinito,
con sus castas hespérides de luz,
cual dos blancos caminos redentores,
dos arranques murientes de una cruz.
Y están plasmados en la sangre invicta
de mi imposible azul!

Tus pies son dos heráldicas alondras
que eternamente llegan de mi ayer!
Linda Regia! Tus pies son las dos lágrimas
que al bajar del Espíritu ahogué,
un Domingo de Ramos que entré al Mundo,
ya lejos para siempre de Belén!

NERVAZÓN DE ANGUSTIA

Dulce hebrea, desclava mi tránsito de arcilla;
desclava mi tensión nerviosa y mi dolor...
Desclava, amada eterna, mi largo afán y los
dos clavos de mis alas y el clavo de mi amor!

Regreso del desierto donde he caído mucho;
retira la cicuta y obséquiame tus vinos:
espanta con un llanto de amor a mis sicarios,
cuyos gestos son férreas cegueras de Longinos!

Desclávame mis clavos ¡oh nueva madre mía!
¡Sinfonía de olivos, escancia tu llorar!
Y has de esperar, sentada junto a mi carne muerta,
cuál cede la amenaza, y la alondra se va!

Pasas... vuelves... Tus lutos trenzan mi gran cilicio
con gotas de curare, filos de humanidad,
la dignidad roquera que hay en tu castidad,
y el judithesco azogue de tu miel interior.

Son las ocho de una mañana en crema brujo...
Hay frío... Un perro pasa royendo el hueso de otro
perro que fue... Y empieza a llorar en mis nervios
un fósforo que en cápsulas de silencio apagué!

Y en mi alma hereje canta su dulce fiesta asiática
un dionisíaco hastío de café...!

BORDAS DE HIELO

Vengo a verte pasar todos los días,
vaporcito encantado siempre lejos...
Tus ojos son dos rubios capitanes;
tu labio es un brevísimo pañuelo
rojo que ondea en un adiós de sangre!

Vengo a verte pasar; hasta que un día,
embriagada de tiempo y de crueldad,
vaporcito encantado siempre lejos,
la estrella de la tarde partirá!

Las jarcias; vientos que traicionan; vientos
de mujer que pasó!
Tus fríos capitanes darán orden;
y quien habrá partido seré yo...!

NOCHEBUENA

Al callar la orquesta, pasean veladas
sombras femeninas bajo los ramajes,
por cuya hojarasca se filtran heladas
quimeras de luna, pálidos celajes.

Hay labios que lloran arias olvidadas,
grandes lirios fingen los ebúrneos trajes.
Charlas y sonrisas en locas bandadas
perfuman de seda los rudos boscajes.

Espero que ría la luz de tu vuelta;
y en la epifanía de tu forma esbelta,
cantará la fiesta en oro mayor.

Balarán mis versos en tu predio entonces,
canturreando en todos sus místicos bronces
que ha nacido el niño-jesús de tu amor.

ASCUAS

Para Domingo Parra del Riego

Luciré para Tilia, en la tragedia
mis estrofas en ópimos racimos;
sangrará cada fruta melodiosa,
como un sol funeral, lúgubres vinos.
Tilia tendrá la cruz
que en la hora final será de luz!

Prenderé para Tilia, en la tragedia,
la gota de fragor que hay en mis labios;
y el labio, al encresparse para el beso,
se partirá en cien pétalos sagrados.
Tilia tendrá el puñal,
el puñal floricida y auroral!

Ya en la sombra, heroína, intacta y mártir,
tendrás bajo tus plantas a la Vida;
mientras veles, rezando mis estrofas
mi testa, como una hostia en sangre tinta!
Y en un lirio, voraz,
mi sangre, como un virus, beberás!

MEDIALUZ

He soñado una fuga. Y he soñado
tus encajes dispersos en la alcoba.
A lo largo de un muelle, alguna madre;
y sus quince años dando el seno a una hora.

He soñado una fuga. Un «para siempre»
suspirado en la escala de una proa;
he soñado una madre;
unas frescas matitas de verdura,
y el ajuar constelado de una aurora.

A lo largo de un muelle...
Y a lo largo de un cuello que se ahoga!

SAUCE

Lirismo de invierno, rumor de crespones,
cuando ya se acerca la pronta partida;
agoreras voces de tristes canciones
que en la tarde rezan una despedida.

Visión del entierro de mis ilusiones
en la propia tumba de mortal herida.
Caridad verónica de ignotas regiones,
donde a precio de éter se pierda la vida.

Cerca de la aurora partiré llorando;
y mientras mis años se vayan curvando,
curvará guadañas mi ruta veloz.

Y ante fríos óleos de luna muriente,
con timbres de aceros en tierra indolente,
cavarán los perros, aullando, un adiós!

AUSENTE

Ausente! La mañana en que me vaya
más lejos de lo lejos, al Misterio,
como siguiendo inevitable raya,
tus pies resbalarán al cementerio.

Ausente! La mañana en que a la playa
del mar de sombra y del callado imperio,
como un pájaro lúgubre me vaya,
será el blanco panteón tu cautiverio.

Se habrá hecho de noche en tus miradas;
y sufrirás, y tomarás entonces
penitentes blancuras laceradas.

Ausente! Y en tus propios sufrimientos
ha de cruzar entre un llorar de bronces
una jauría de remordimientos!

AVESTRUZ

Melancolía, saca tu dulce pico ya;
no cebes tus ayunos en mis trigos de luz.
Melancolía, basta! Cuál beben tus puñales
la sangre que extrajera mi sanguijuela azul!

No acabes el maná de mujer que ha bajado;
yo quiero que de él nazca mañana alguna cruz,
mañana que no tenga yo a quien volver los ojos,
cuando abra su gran O de burla el ataúd.

Mi corazón es tiesto regado de amargura;
hay otros viejos pájaros que pastan dentro de él...
Melancolía, deja de secarme la vida,
y desnuda tu labio de mujer...

BAJO LOS ÁLAMOS

Para José Garrido

Cual hieráticos bardos prisioneros,
los álamos de sangre se han dormido.
Rumian arias de yerba al sol caído,
las greyes de Belén en los oteros.

El anciano pastor, a los postreros
martirios de la luz, estremecido,
en sus pascuales ojos ha cogido
una casta manada de luceros.

Labrado en orfandad baja el instante
con rumores de entierro, al campo orante
y se otoñan de sombra las esquilas.

Supervive el azul urdido en hierro,
y en él, amortajadas las pupilas,
traza su aullido pastoral un perro.

BUZOS

LA ARAÑA

Es una araña enorme que ya no anda;
una araña incolora, cuyo cuerpo,
una cabeza y un abdomen, sangra.

Hoy la he visto de cerca. Y con qué esfuerzo
hacia todos los flancos
sus pies innumerables alargaba.
Y he pensado en sus ojos invisibles,
los pilotos fatales de la araña.

Es una araña que temblaba fija
en un filo de piedra;
el abdomen a un lado,
y al otro la cabeza.

Con tantos pies la pobre, y aún no puede
resolverse. Y, al verla
atónita en tal trance,
hoy me ha dado qué pena esa viajera.

Es una araña enorme, a quien impide
el abdomen seguir a la cabeza.
Y he pensado en sus ojos
y en sus pies numerosos...
¡Y me ha dado qué pena esa viajera!

BABEL

Dulce hogar sin estilo, fabricado
de un solo golpe y de una sola pieza
de cera tornasol. Y en el hogar
ella daña y arregla; a veces dice:
«El hospicio es bonito; aquí no más!»
¡Y otras veces se pone a llorar!

ROMERÍA

Pasamos juntos. El sueño
lame nuestros pies qué dulce;
y todo se desplaza en pálidas
renunciaciones sin dulce.

Pasamos juntos. Las muertas
almas, las que, cual nosotros,
cruzaron por el amor,
con enfermos pasos ópalos,
salen en sus lutos rígidos
y se ondulan en nosotros.

Amada, vamos al borde
frágil de un montón de tierra.
Va en aceite ungida el ala,
y en pureza. Pero un golpe,
al caer yo no sé dónde,
afila de cada lágrima
un diente hostil.

Y un soldado, un gran soldado,
heridas por charreteras,
se anima en la tarde heroica,
y a sus pies muestra entre risas,
como una gualdrapa horrenda,
el cerebro de la Vida.

Pasamos juntos, muy juntos,
invicta Luz, paso enfermo;
pasamos juntos las lilas
mostazas de un cementerio.

EL PALCO ESTRECHO

Más acá, más acá. Yo estoy muy bien.
Llueve; y hace una cruel limitación.
Avanza, avanza el pie.

Hasta qué hora no suben las cortinas
esas manos que fingen un zarzal?
Ves? Los otros, qué cómodos, qué efigies.
Más acá, más acá!

Llueve. Y hoy tarde pasará otra nave
cargada de crespón;
será como un pezón negro y deforme
arrancado a la esfíngica Ilusión.

Más acá, más acá. Tú estás al borde
y la nave arrastrarte puede al mar.
Ah, cortinas inmóviles, simbólicas...
Mi aplauso es un festín de rosas negras:
cederte mi lugar!
Y en el fragor de mi renuncia,
un hilo de infinito sangrará.

Yo no debo estar tan bien;
avanza, avanza el pie!

DE LA TIERRA

¿....................

—Si te amara... qué sería?
—Una orgía!
—Y si él te amara?
Sería
todo rituario, pero menos dulce.

Y si tú me quisieras?
La sombra sufriría
justos fracasos en tus niñas monjas.

¿Culebrean latigazos,
cuando el can ama a su dueño?
—No; pero la luz es nuestra.
Estás enfermo... Vete... Tengo sueño!

(Bajo la alameda vesperal
se quiebra un fragor de rosa).
—Idos, pupilas, pronto...
Ya retoña la selva en mi cristal!

EL POETA A SU AMADA

Amada, en esta noche tú te has crucificado
sobre los dos maderos curvados de mi beso;
y tu pena me ha dicho que Jesús ha llorado
y que hay un viernesanto más dulce que ese beso.

En esta noche rara que tanto me has mirado,
la Muerte ha estado alegre y ha cantado en su hueso.
En esta noche de setiembre se ha oficiado
mi segunda caída y el más humano beso.

Amada, moriremos los dos juntos, muy juntos;
se irá secando a pausas nuestra excelsa amargura;
y habrán tocado a sombra nuestros labios difuntos.

Y ya no habrá reproches en tus ojos benditos;
ni volveré a ofenderte. Y en una sepultura
los dos nos dormiremos, como dos hermanitos.

VERANO

Verano, ya me voy. Y me dan pena
las manitas sumisas de tus tardes.
Llegas devotamente; llegas viejo;
y ya no encontrarás en mi alma a nadie.

Verano! Y pasarás por mis balcones
con gran rosario de amatistas y oros,
como un obispo triste que llegara
de lejos a buscar y bendecir
los rotos aros de unos muertos novios.

Verano, ya me voy. Allá, en setiembre
tengo una rosa que te encargo mucho;
la regarás de agua bendita todos
los días de pecado y de sepulcro.

Si a fuerza de llorar el mausoleo,
con luz de fe su mármol aletea,
levanta en alto tu responso, y pide
a Dios que siga para siempre muerta.
Todo ha de ser ya tarde;
y tú no encontrarás en mi alma a nadie.

Ya no llores, Verano! En aquel surco
muere una rosa que renace mucho...

SETIEMBRE

Aquella noche de setiembre, fuiste
tan buena para mí... hasta dolerme!
Yo no sé lo demás; y para eso,
no debiste ser buena, no debiste.

Aquella noche sollozaste al verme
hermético y tirano, enfermo y triste.
Yo no sé lo demás... y para eso,
yo no sé por qué fui triste... tan triste...!

Solo esa noche de setiembre dulce,
tuve a tus ojos de Magdala, toda
la distancia de Dios... y te fui dulce!

Y también fue una tarde de setiembre
cuando sembré en tus brasas, desde un auto,
los charcos de esta noche de diciembre.

HECES

Esta tarde llueve, como nunca; y no
tengo ganas de vivir, corazón.

Esta tarde es dulce. Por qué no ha de ser?
Viste gracia y pena; viste de mujer.

Esta tarde en Lima llueve. Y yo recuerdo
las cavernas crueles de mi ingratitud;
mi bloque de hielo sobre su amapola,
más fuerte que su «No seas así!».

Mis violentas flores negras; y la bárbara
y enorme pedrada; y el trecho glacial.
Y pondrá el silencio de su dignidad
con óleos quemantes el punto final.

Por eso esta tarde, como nunca, voy
con este búho, con este corazón.

Y otras pasan; y viéndome tan triste,
toman un poquito de ti
en la abrupta arruga de mi hondo dolor.

Esta tarde llueve, llueve mucho. ¡Y no
tengo ganas de vivir, corazón!

IMPÍA

Señor! Estabas tras los cristales
humano y triste de atardecer;
y cuál lloraba tus funerales
esa mujer!

Sus ojos eran el jueves santo
dos negros granos de amarga luz!
Con duras gotas de sangre y llanto
clavó tu cruz!

Impía! Desde que tú partiste
Señor, no ha ido nunca al Jordán,
en rojas aguas su piel desviste,
y al vil judío le vende pan!

LA COPA NEGRA

La noche es una copa de mal. Un silbo agudo
del guardia la atraviesa, cual vibrante alfiler.
Oye, tú, mujerzuela, ¿cómo, si ya te fuiste,
la onda aún es negra y me hace aún arder?

La Tierra tiene bordes de féretro en la sombra.
Oye, tú, mujerzuela, no vayas a volver.

Mi carne nada, nada
en la copa de sombra que me hace aún doler;
mi carne nada en ella,
como en un pantanoso corazón de mujer.

Ascua astral... He sentido
secos roces de arcilla
sobre mi loto diáfano caer.
Ah, mujer! Por ti existe
la carne hecha de instinto. Ah, mujer!

Por eso ¡oh, negro cáliz! aun cuando ya te fuiste,
me ahogo con el polvo,
y piafan en mis carnes más ganas de beber!

DESHORA

Pureza amada, que mis ojos nunca
llegaron a gozar. Pureza absurda!

Yo sé que estabas en la carne un día,
cuando yo hilaba aún mi embrión de vida.

Pureza en falda neutra de colegio;
y leche azul dentro del trigo tierno

a la tarde de lluvia, cuando el alma
ha roto su puñal en retirada,

cuando ha cuajado en no sé qué probeta
sin contenido una insolente piedra,

cuando hay gente contenta; y cuando lloran
párpados ciegos en purpúreas bordas.

Oh, pureza que nunca ni un recado
me dejaste, al partir del triste barro

ni una migaja de tu voz; ni un nervio
de tu convite heroico de luceros.

Alejaos de mí buenas maldades,
dulces bocas picantes...

Yo la recuerdo al veros ¡oh, mujeres!
Pues de la vida en la perenne tarde,
nació muy poco ¡pero mucho muere!

FRESCO

Llegué a confundirme con ella,
tanto...! Por sus recodos
espirituales, yo me iba
jugando entre tiernos fresales,
entre sus griegas manos matinales.

Ella me acomodaba después los lazos negros
y bohemios de la corbata. Y yo
volvía a ver la piedra
absorta, desairados los bancos, y el reloj
que nos iba envolviendo en su carrete,
al dar su inacabable molinete.

Buenas noches aquellas,
que hoy la dan por reír
de mi extraño morir,
de mi modo de andar meditabundo.
Alfeñiques de oro,
joyas de azúcar
que al fin se quiebran en
el mortero de losa de este mundo.

Pero para las lágrimas de amor,
los luceros son lindos pañuelitos
lilas,
naranjas,
verdes,
que empapa el corazón.
Y si hay ya mucha hiel en esas sedas,
hay un cariño que no nace nunca,
que nunca muere,
vuela otro gran pañuelo apocalíptico,
la mano azul, inédita de Dios!

YESO

Silencio. Aquí se ha hecho ya de noche,
ya tras del cementerio se fue el sol;
aquí se está llorando a mil pupilas:
no vuelvas; ya murió mi corazón.
Silencio. Aquí ya todo está vestido
de dolor riguroso; y arde apenas,
como un mal kerosene, esta pasión.

Primavera vendrá. Cantarás «Eva»
desde un minuto horizontal, desde un
hornillo en que arderán los nardos de Eros.
¡Forja allí tu perdón para el poeta,
que ha de dolerme aún,
como clavo que cierra un ataúd!

Mas... una noche de lirismo, tu
buen seno, tu mar rojo
se azotará con olas de quince años,
al ver lejos, aviado con recuerdos
mi corsario bajel, mi ingratitud.

Después, tu manzanar, tu labio dándose,
y que se aja por mí por la vez última,
y que muere sangriento de amar mucho,
como un croquis pagano de Jesús.

Amada! Y cantarás;
y ha de vibrar el femenino en mi alma,
como en una enlutada catedral.

NOSTALGIAS IMPERIALES

NOSTALGIAS IMPERIALES

I

En los paisajes de Mansiche labra
imperiales nostalgias el crepúsculo;
y lábrase la raza en mi palabra,
como estrella de sangre a flor de músculo.

El campanario dobla... No hay quien abra
la capilla... Diríase un opúsculo
bíblico que muriera en la palabra
de asiática emoción de este crepúsculo.

Un poyo con tres potos, es retablo
en que acaban de alzar labios en coro
la eucaristía de una chicha de oro.

Más allá, de los ranchos surge al viento
el humo oliendo a sueño y a establo,
como si se exhumara un firmamento.

II

La anciana pensativa, cual relieve
de un bloque pre-incaico, hila que hila;
en sus dedos de Mama el huso leve
la lana gris de su vejez trasquila.

Sus ojos de esclerótica de nieve
un ciego sol sin luz guarda y mutila...!
Su boca está en desdén, y en calma aleve
su cansancio imperial talvez vigila.

Hay ficus que meditan, melenudos
trovadores incaicos en derrota,
la rancia pena de esta cruz idiota,

en la hora en rubor que ya se escapa,
y que es lago que suelda espejos rudos
donde náufrago llora Manco-Cápac.

III

Como viejos curacas van los bueyes
camino de Trujillo, meditando...
Y al hierro de la tarde, fingen reyes
que por muertos dominios van llorando.

En el muro de pie, pienso en las leyes
que la dicha y la angustia van trocando:
ya en las viudas pupilas de los bueyes
se pudren sueños que no tienen cuándo.

La aldea, ante su paso, se reviste
de un rudo gris, en que un mugir de vaca
se aceita en sueño y emoción de huaca.

Y en el festín del cielo azul yodado
gime en el cáliz de la esquila triste
un viejo corequenque desterrado.

IV

La Grama mustia, recogida, escueta
ahoga no sé qué protesta ignota:
parece el alma exhausta de un poeta,
arredrada en un gesto de derrota.

La Ramada ha tallado su silueta,
cadavérica jaula, sola y rota,
donde mi enfermo corazón se aquieta
en un tedio estatual de terracota.

Llega el canto sin sal del mar labrado
en su máscara bufa de canalla
que babea y da tumbos, ahorcado!

La niebla hila una venda al cerro lila
que en ensueños miliarios se enmuralla,
como un huaco gigante que vigila.

HOJAS DE ÉBANO

Fulge mi cigarrillo;
su luz se limpia en pólvoras de alerta.
Y a su guiño amarillo
entona un pastorcillo
el tamarindo de su sombra muerta.

Ahoga en una enérgica negrura
el caserón entero
la mustia distinción de su blancura.
Pena un frágil aroma de aguacero.

Están todas las puertas muy ancianas,
y se hastía en su habano carcomido
una insomne piedad de mil ojeras.
Yo las dejé lozanas;

y hoy ya las telarañas han zurcido
hasta en el corazón de sus maderas,
coágulos de sombra oliendo a olvido.
La del camino, el día
que me miró llegar, trémula y triste,
mientras que sus dos brazos entreabría,
chilló como en un llanto de alegría.
Que en toda fibra existe,
para el ojo que ama, una dormida
novia perla, una lágrima escondida.

Con no sé qué memoria secretea
mi corazón ansioso.
—¿Señora?... —Sí, señor; murió en la aldea;
aún la veo envueltita en su rebozo...

Y la abuela amargura
de un cantar neurasténico de paria
¡oh, derrotada musa legendaria!
afila sus melódicos raudales
bajo la noche oscura;
como si abajo, abajo,
en la turbia pupila de cascajo
de abierta sepultura,
celebrando perpetuos funerales,
se quebrasen fantásticos puñales.

Llueve... llueve... Sustancia el aguacero,
reduciéndolo a fúnebres olores,
el humor de los viejos alcanfores
que velan *tahuashando* en el sendero
con sus ponchos de hielo y sin sombrero.

TERCETO AUTÓCTONO

I

El puño labrador se aterciopela,
y en cruz en cada labio se aperfila.
Es fiesta! El ritmo del arado vuela;
y es un chantre de bronce cada esquila.

Afílase lo rudo. Habla escarcela...
En las venas indígenas rutila
un yaraví de sangre que se cuela
en nostalgias de sol por la pupila.

Las pallas, aquenando hondos suspiros,
como en raras estampas seculares,
enrosarian un símbolo en sus giros.

Luce el Apóstol en su trono, luego;
y es, entre inciensos, cirios y cantares,
el moderno dios-sol para el labriego.

II

Echa una cana al aire el indio triste.
Hacia el altar fulgente va el gentío.
El ojo del crepúsculo desiste
de ver quemado vivo el caserío.

La pastora de lana y llanque viste,
con pliegues de candor en su atavío;
y en su humildad de lana heroica y triste,
copo es su blanco corazón bravío.

Entre músicas, fuegos de bengala,
solfea un acordeón! Algún tendero
da su reclame al viento: «Nadie iguala!»

Las chispas al flotar lindas, graciosas,
son trigos de oro audaz que el chacarero
siembra en los cielos y en las nebulosas.

III

Madrugada. La chicha al fin revienta
en sollozos, lujurias, pugilatos;
entre olores de úrea y de pimienta
traza un ebrio al andar mil garabatos.

«Mañana que me vaya...» se lamenta
un Romeo rural cantando a ratos.
Caldo madrugador hay ya de venta;
y brinca un ruido aperital de platos.

Van tres mujeres... silba un golfo... Lejos
el río anda borracho y canta y llora
prehistorias de agua, tiempos viejos.

Y al sonar una *caja* de Tayanga,
como iniciando un *huaino* azul, remanga
sus pantorrillas de azafrán la Aurora.

ORACIÓN DEL CAMINO

Ni sé para quién es esta amargura!
Oh, Sol, llévala tú que estás muriendo,
y cuelga, como un Cristo ensangrentado,
mi bohemio dolor sobre su pecho.
El valle es de oro amargo;
y el viaje es triste, es largo.

Oyes? Regaña una guitarra. Calla!
Es tu raza, la pobre viejecita
que al saber que eres huésped y que te odian

se hinca la faz con una roncha lila.
El valle es de oro amargo,
y el trago es largo... largo...

Azulea el camino; ladra el río...
Baja esa frente sudorosa y fría,
fiera y deforme. Cae el pomo roto
de una espada humanicida!

Y en el mómico valle de oro santo,
la brasa de sudor se apaga en llanto!

Queda un olor de tiempo abonado de versos,
para brotes de mármoles consagrados que hereden
la aurífera canción
de la alondra que se pudre en mi corazón!

HUACO

Yo soy el corequenque ciego
que mira por la lente de una llaga,
y que atado está al Globo,
como a un huaco estupendo que girara.

Yo soy el llama, a quien tan solo alcanza
la necedad hostil a trasquilar
volutas de clarín,
volutas de clarín brillantes de asco
y bronceadas de un viejo yaraví.

Soy el pichón de cóndor desplumado
por latino arcabuz;
y a flor de humanidad floto en los Andes
como un perenne Lázaro de luz.

Yo soy la gracia incaica que se roe
en áureos coricanchas bautizados
de fosfatos de error y de cicuta.
A veces en mis piedras se encabritan
los nervios rotos de un extinto puma.

Un fermento de Sol;
¡levadura de sombra y corazón!

MAYO

Vierte el humo doméstico en la aurora
su sabor a rastrojo;
y canta, haciendo leña, la pastora
un salvaje aleluya!
Sepia y rojo.

Humo de la cocina, aperitivo
de gesta en este bravo amanecer.
El último lucero fugitivo
lo bebe, y, ebrio ya de su dulzor,
¡oh celeste zagal trasnochador!
se duerme entre un jirón de rosicler.

Hay ciertas ganas lindas de almorzar,
y beber del arroyo, y chivatear!
Aletear con el humo allá, en la altura;
o entregarse a los vientos otoñales
en pos de alguna Ruth sagrada, pura,
que nos brinde una espiga de ternura
bajo la hebraica unción de los trigales!

Hoz al hombro calmoso,
acre el gesto brioso,
va un joven labrador a Irichugo.
Y en cada brazo que parece yugo
se encrespa el férreo jugo palpitante

que en creador esfuerzo cuotidiano
chispea, como trágico diamante,
a través de los poros de la mano
que no ha bizantinado aún el guante.
Bajo un arco que forma verde aliso,
¡oh cruzada fecunda del andrajo!
pasa el perfil macizo
de este Aquiles incaico del trabajo.
La zagala que llora
su yaraví a la aurora,
recoge ¡oh Venus pobre!
frescos leños fragantes
en sus desnudos brazos arrogantes
esculpidos en cobre.
En tanto que un becerro,
perseguido del perro,
por la cuesta bravía
corre, ofrendando al floreciente día
un himno de Virgilio en su cencerro!

Delante de la choza
el indio abuelo fuma;
y el serrano crepúsculo de rosa,
el ara primitiva se sahúma
en el gas del tabaco.
Tal surge de la entraña fabulosa
de epopéyico huaco,
mítico aroma de broncíneos lotos,
el hilo azul de los alientos rotos!

ALDEANA

Lejana vibración de esquilas mustias
en el aire derrama
la fragancia rural de sus angustias.
En el patio silente
sangra su despedida el sol poniente.

El ámbar otoñal del panorama
toma un frío matiz de gris doliente!

Al portón de la casa
que el tiempo con sus garras torna ojosa,
asoma silenciosa
y al establo cercano luego pasa,
la silueta calmosa
de un buey color de oro,
que añora con sus bíblicas pupilas,
oyendo la oración de las esquilas,
su edad viril de toro!

Al muro de la huerta,
aleteando la pena de su canto,
salta un gallo gentil, y, en triste alerta,
cual dos gotas de llanto,
tiemblan sus ojos en la tarde muerta!

Lánguido se desgarra
en la vetusta aldea
el dulce yaraví de una guitarra,
en cuya eternidad de hondo quebranto
la triste voz de un indio dondonea,
como un viejo esquilón de camposanto.

De codos yo en el muro,
cuando triunfa en el alma el tinte oscuro
y el viento reza en los ramajes yertos
llantos de quenas, tímidos, inciertos,
suspiro una congoja,
al ver que en la penumbra gualda y roja
llora un trágico azul de idilios muertos!

IDILIO MUERTO

Qué estará haciendo esta hora mi andina y dulce Rita
de junco y capulí;
ahora que me asfixia Bizancio, y que dormita
la sangre, como flojo cognac, dentro de mí.

Dónde estarán sus manos que en actitud contrita
planchaban en las tardes blancuras por venir;
ahora, en esta lluvia que me quita
las ganas de vivir.

Qué será de su falda de franela; de sus
afanes; de su andar;
de su sabor a cañas de mayo del lugar.

Ha de estarse a la puerta mirando algún celaje,
y al fin dirá temblando: «Qué frío hay... Jesús!»
Y llorará en las tejas un pájaro salvaje.

TRUENOS

EN LAS TIENDAS GRIEGAS

Y el alma se asustó
a las cinco de aquella tarde azul desteñida.
El labio entre los linos la imploró
con pucheros de novio para su prometida.

El Pensamiento, el gran General se ciñó
de una lanza deicida.
El Corazón danzaba; mas, luego sollozó:
¿la bayadera esclava estaba herida?

Nada! Fueron los tigres que la dan por correr
a apostarse en aquel rincón, y tristes ver
los ocasos que llegan desde Atenas.

No habrá remedio para este hospital de nervios,
para el gran campamento irritado de este atardecer!
Y el General escruta volar siniestras penas
allá...
en el desfiladero de mis nervios!

ÁGAPE

Hoy no ha venido nadie a preguntar;
ni me han pedido en esta tarde nada.

No he visto ni una flor de cementerio
en tan alegre procesión de luces.
Perdóname, Señor: qué poco he muerto!

En esta tarde todos, todos pasan
sin preguntarme ni pedirme nada.

Y no sé qué se olvidan y se queda
mal en mis manos, como cosa ajena.

He salido a la puerta,
y me dan ganas de gritar a todos:
Si echan de menos algo, aquí se queda!

Porque en todas las tardes de esta vida,
yo no sé con qué puertas dan a un rostro,
y algo ajeno se toma el alma mía.

Hoy no ha venido nadie;
y hoy he muerto qué poco en esta tarde!

LA VOZ DEL ESPEJO

Así pasa la vida, como raro espejismo.
¡La rosa azul que alumbra y da el ser al cardo!
Junto al dogma del fardo
matador, el sofisma del Bien y la Razón!

Se ha cogido, al acaso, lo que rozó la mano;
los perfumes volaron, y entre ellos se ha sentido
el moho que a mitad de la ruta ha crecido
en el manzano seco de la muerta Ilusión.

Así pasa la vida,
con cánticos aleves de agostada bacante.
Yo voy todo azorado, adelante... adelante,
rezongando mi marcha funeral.

Van al pie de brahacmánicos elefantes reales,
y al sórdido abejeo de un hervor mercurial,
parejas que alzan brindis esculpidos en roca,
y olvidados crepúsculos una cruz en la boca.

Así pasa la vida, vasta orquesta de Esfinges
que arrojan al Vacío su marcha funeral.

ROSA BLANCA

Me siento bien. Ahora
brilla un estoico hielo
en mí.
Me da risa esta soga
rubí
que rechina en mi cuerpo.

Soga sin fin,
como una
voluta
descendente
de
mal...
soga sanguínea y zurda
formada de
mil dagas en puntal.

Que vaya así, trenzando
sus rollos de crespón;
y que ate el gato trémulo
del Miedo al nido helado,
al último fogón.

Yo ahora estoy sereno,
con luz.
Y maya en mi Pacífico
un náufrago ataúd.

LA DE A MIL

El suertero que grita «La de a mil»
contiene no sé qué fondo de Dios.

Pasan todos los labios. El hastío
despunta en una arruga su yanó.
Pasa el suertero que atesora, acaso
nominal, como Dios,
entre panes tantálicos, humana
impotencia de amor.

Yo le miro el andrajo. Y él pudiera
darnos el corazón;
pero la suerte aquella que en sus manos
aporta, pregonando en alta voz,
como un pájaro cruel, irá a parar
adonde no lo sabe ni lo quiere
este bohemio dios.

Y digo en este viernes tibio que anda
a cuestas bajo el sol:
¡por qué se habrá vestido de suertero
la voluntad de Dios!

EL PAN NUESTRO

Para Alejandro Gamboa

Se bebe el desayuno... Húmeda tierra
de cementerio huele a sangre amada.
Ciudad de invierno... La mordaz cruzada
de una carreta que arrastrar parece
una emoción de ayuno encadenada!

Se quisiera tocar todas las puertas,
y preguntar por no sé quién; y luego
ver a los pobres, y, llorando quedos,
dar pedacitos de pan fresco a todos.
Y saquear a los ricos sus viñedos
con las dos manos santas
que a un golpe de luz
volaron desclavadas de la Cruz!

Pestaña matinal, no os levantéis!
¡El pan nuestro de cada día dánoslo,
Señor...!

Todos mis huesos son ajenos;
yo talvez los robé!
Yo vine a darme lo que acaso estuvo
asignado para otro;
y pienso que, si no hubiera nacido,
otro pobre tomara este café!
Yo soy un mal ladrón... A dónde iré!

Y en esta hora fría, en que la tierra
trasciende a polvo humano y es tan triste,
quisiera yo tocar todas las puertas,
y suplicar a no sé quién, perdón,
y hacerle pedacitos de pan fresco
aquí, en el horno de mi corazón...!

ABSOLUTA

Color de ropa antigua. Un julio a sombra,
y un agosto recién segado. Y una
mano de agua que injertó en el pino
resinoso de un tedio malas frutas.

Ahora que has anclado, oscura ropa,
tornas rociada de un suntuoso olor
a tiempo, a abreviación... Y he cantado
el proclive festín que se volcó.

Mas ¿no puedes, Señor, contra la muerte,
contra el límite, contra lo que acaba?
Ay! la llaga en color de ropa antigua,
cómo se entreabre y huele a miel quemada!

Oh unidad excelsa! Oh lo que es uno
por todos!
Amor contra el espacio y contra el tiempo!
Un latido único de corazón;
un solo ritmo: Dios!

Y al encogerse de hombros los linderos
en un bronco desdén irreductible,
hay un riego de sierpes
en la doncella plenitud del 1.
¡Una arruga, una sombra!

CAPITULACIÓN

Anoche, unos abriles granas capitularon
ante mis mayos desarmados de juventud;
los marfiles histéricos de su beso me hallaron
muerto; y en un suspiro de amor los enjaulé.

Espiga extraña, dócil. Sus ojos me asediaron
una tarde amaranto que dije un canto a sus
cantos; y anoche, en medio de los brindis, me hablaron
las dos lenguas de sus senos abrasadas de sed.

Pobre trigueña aquella; pobres sus armas; pobres
sus velas cremas que iban al tope en las salobres
espumas de un marmuerto. Vencedora y vencida,

se quedó pensativa y ojerosa y granate.
Yo me partí de aurora. Y desde aquel combate,
de noche entran dos sierpes esclavas a mi vida.

DESNUDO EN BARRO

Como horribles batracios a la atmósfera,
suben visajes lúgubres al labio.
Por la Sahara azul de la Substancia
camina un verso gris, un dromedario.

Fosforece un mohín de sueños crueles.
Y el ciego que murió lleno de voces
de nieve. Y madrugar, poeta, nómada,
al crudísimo día de ser hombre.

Las Horas van febriles, y en los ángulos
abortan rubios siglos de ventura.
¡Quién tira tanto el hilo; quién descuelga
sin piedad nuestros nervios,
cordeles ya gastados, a la tumba!

Amor! Y tú también. Pedradas negras
se engendran en tu máscara y la rompen.
¡La tumba es todavía
un sexo de mujer que atrae al hombre!

LÍNEAS

Cada cinta de fuego
que, en busca del Amor,
arrojo y vibra en rosas lamentables,
me da a luz el sepelio de una víspera.
Yo no sé si el redoble en que lo busco,
será jadear de roca,
o perenne nacer de corazón.

Hay tendida hacia el fondo de los seres
un eje ultranervioso, honda plomada.
¡La hebra del destino!
Amor desviará tal ley de vida,
hacia la voz del Hombre;
y nos dará la libertad suprema
en transubstanciación azul, virtuosa,
contra lo ciego y lo fatal.

¡Que en cada cifra lata,
recluso en albas frágiles,
el Jesús aún mejor de otra gran Yema!

Y después... La otra línea...
Un Bautista que aguaita, aguaita, aguaita...
Y, cabalgando en intangible curva,
un pie bañado en púrpura.

AMOR PROHIBIDO

Subes centelleante de labios y ojeras!
Por tus venas subo, como un can herido
que busca el refugio de blandas aceras.

Amor, en el mundo tú eres un pecado!
Mi beso es la punta chispeante del cuerno
del diablo; mi beso que es credo sagrado!

Espíritu es el horópter que pasa
¡puro en su blasfemia!
¡el corazón que engendra al cerebro!
que pasa hacia el tuyo, por mi barro triste.
Platónico estambre
que existe en el cáliz donde tu alma existe!

¿Algún penitente silencio siniestro?
Tú acaso lo escuchas? Inocente flor!
.......Y saber que donde no hay un Padrenuestro
el Amor es un Cristo pecador!

LA CENA MISERABLE

Hasta cuándo estaremos esperando lo que
no se nos debe... Y en qué recodo estiraremos
nuestra pobre rodilla para siempre! Hasta cuándo
la cruz que nos alienta no detendrá sus remos.

Hasta cuándo la Duda nos brindará blasones
por haber padecido...
Ya nos hemos sentado
mucho a la mesa, con la amargura de un niño
que a media noche, llora de hambre, desvelado...

Y cuándo nos veremos con los demás, al borde
de una mañana eterna, desayunados todos.
Hasta cuándo este valle de lágrimas, a donde
yo nunca dije que me trajeran.
De codos
todo bañado en llanto, repito cabizbajo
y vencido: hasta cuándo la cena durará.

Hay alguien que ha bebido mucho, y se burla,
y acerca y aleja de nosotros, como negra cuchara
de amarga esencia humana, la tumba...
Y menos sabe
ese oscuro hasta cuándo la cena durará!

PARA EL ALMA IMPOSIBLE DE MI AMADA

Amada: no has querido plasmarte jamás
como lo ha pensado mi divino amor.
Quédate en la hostia,
ciega e impalpable,
como existe Dios.

Si he cantado mucho, he llorado más
por ti ¡oh mi parábola excelsa de amor!
Quédate en el seso,
y en el mito inmenso
de mi corazón!

Es la fe, la fragua donde yo quemé
el terroso hierro de tanta mujer;
y en un yunque impío te quise pulir.
Quédate en la eterna
nebulosa, ahí,
en la multicencia de un dulce noser.

Y si no has querido plasmarte jamás
en mi metafísica emoción de amor,
deja que me azote,
como un pecador.

EL TÁLAMO ETERNO

Solo al dejar de ser, Amor es fuerte!
Y la tumba será una gran pupila,
en cuyo fondo supervive y llora
la angustia del amor, como en un cáliz
de dulce eternidad y negra aurora.

Y los labios se encrespan para el beso,
como algo lleno que desborda y muere;
y, en conjunción crispante,

cada boca renuncia para la otra
una vida de vida agonizante.

Y cuando pienso así, dulce es la tumba
donde todos al fin se compenetran
en un mismo fragor;
dulce es la sombra, donde todos se unen
en una cita universal de amor.

LAS PIEDRAS

Esta mañana bajé
a las piedras ¡oh las piedras!
Y motivé y troquelé
un pugilato de piedras.

Madre nuestra, si mis pasos
en el mundo hacen doler,
es que son los fogonazos
de un absurdo amanecer.

Las piedras no ofenden; nada
codician. Tan solo piden
amor a todos, y piden
amor aun a la Nada.

Y si algunas de ellas se
van cabizbajas, o van
avergonzadas, es que
algo de humano harán...

Mas, no falta quien a alguna
por puro gusto golpee.
Tal, blanca piedra es la luna
que voló de un puntapié...

Madre nuestra, esta mañana
me he corrido con las hiedras,
al ver la azul caravana
de las piedras,
de las piedras,
de las piedras...

RETABLO

Yo digo para mí: por fin escapo al ruido;
nadie me ve que voy a la nave sagrada.
Altas sombras acuden,
y Darío que pasa con su lira enlutada.

Con paso innumerable sale la dulce Musa,
y a ella van mis ojos, cual polluelos al grano.
La acosan tules de éter y azabaches dormidos,
en tanto sueña el mirlo de la vida en su mano.

Dios mío, eres piadoso, porque diste esta nave,
donde hacen estos brujos azules sus oficios.
Darío de las Américas celestes! Tal ellos se parecen
a ti! Y de tus trenzas fabrican sus cilicios.

Como ánimas que buscan entierros de oro absurdo,
aquellos arciprestes vagos del corazón,
se internan, y aparecen... y, hablándonos de lejos,
nos lloran el suicidio monótono de Dios!

PAGANA

Ir muriendo y cantando. Y bautizar la sombra
con sangre babilónica de noble gladiador.
Y rubricar los cuneiformes de la áurea alfombra
con la pluma del ruiseñor y la tinta azul del dolor.

¿La Vida? Hembra proteica. Contemplarla asustada
escaparse en sus velos, infiel, falsa Judith;
verla desde la herida, y asirla en la mirada,
incrustando un capricho de cera en un rubí.

Mosto de Babilonia, Holofernes sin tropas,
en el árbol cristiano yo colgué mi nidal;
la viña redentora negó amor a mis copas;
Judith, la vida aleve, sesgó su cuerpo hostial.

Tal un festín pagano. Y amarla hasta en la muerte,
mientras las venas siembran rojas perlas de mal;
y así volverse al polvo, conquistador sin suerte,
dejando miles de ojos de sangre en el puñal.

LOS DADOS ETERNOS

Para Manuel González Prada esta emoción
bravía y selecta, una de las que, con más entusiasmo,
me ha aplaudido el gran maestro

Dios mío, estoy llorando el ser que vivo;
me pesa haber tomádote tu pan;
pero este pobre barro pensativo
no es costra fermentada en tu costado:
tú no tienes Marías que se van!

Dios mío, si tú hubieras sido hombre,
hoy supieras ser Dios;
pero tú, que estuviste siempre bien,
no sientes nada de tu creación.
Y el hombre sí te sufre: el Dios es él!

Hoy que en mis ojos brujos hay candelas,
como en un condenado,
Dios mío, prenderás todas tus velas,
y jugaremos con el viejo dado...

Talvez ¡oh jugador! al dar la suerte
del universo todo,
surgirán las ojeras de la Muerte,
como dos ases fúnebres de lodo.

Dios mío, y esta noche sorda, oscura,
ya no podrás jugar, porque la Tierra
es un dado roído y ya redondo
a fuerza de rodar a la aventura,
que no puede parar sino en un hueco,
en el hueco de inmensa sepultura.

LOS ANILLOS FATIGADOS

Hay ganas de volver, de amar, de no ausentarse,
y hay ganas de morir, combatido por dos
aguas encontradas que jamás han de istmarse.

Hay ganas de un gran beso que amortaje a la Vida,
que acaba en el áfrica de una agonía ardiente,
suicida!

Hay ganas de... no tener ganas, Señor;
a ti yo te señalo con el dedo deicida:
hay ganas de no haber tenido corazón.

La primavera vuelve, vuelve y se irá. Y Dios,
curvado en tiempo, se repite, y pasa, pasa
a cuestas con la espina dorsal del Universo.

Cuando las sienes tocan su lúgubre tambor,
cuando me duele el sueño grabado en un puñal,
¡hay ganas de quedarse plantado en este verso!

SANTORAL

(Parágrafos)

Viejo Osiris! Llegué hasta la pared
de enfrente de la vida.

Y me parece que he tenido siempre
a la mano esta pared.

Soy la sombra, el reverso: todo va
bajo mis pasos de columna eterna.

Nada he traído por las trenzas; todo
fácil se vino a mí, como una herencia.

Sardanápalo. Tal, botón eléctrico
de máquinas de sueño fue mi boca.

Así he llegado a la pared de enfrente;
y siempre esta pared tuve a la mano.

Viejo Osiris! Perdónote! Que nada
alcanzó a requerirme, nada, nada...

LLUVIA

En Lima... En Lima está lloviendo
el agua sucia de un dolor
qué mortífero. Está lloviendo
de la gotera de tu amor.

No te hagas la que está durmiendo,
recuerda de tu trovador;
que yo ya comprendo... comprendo
la humana ecuación de tu amor.

Truena en la mística dulzaina
la gema tempestuosa y zaina,
la brujería de tu «sí».

Mas, cae, cae el aguacero
al ataúd de mi sendero,
donde me ahueso para ti...

AMOR

Amor, ya no vuelves a mis ojos muertos;
y cuál mi idealista corazón te llora.
Mis cálices todos aguardan abiertos
tus hostias de otoño y vinos de aurora.

Amor, cruz divina, riega mis desiertos
con tu sangre de astros que sueña y que llora.
¡Amor, ya no vuelves a mis ojos muertos
que temen y ansían tu llanto de aurora!

Amor, no te quiero cuando estás distante
rifado en afeites de alegre bacante,
o en frágil y chata facción de mujer.

Amor, ven sin carne, de un icor que asombre;
y que yo, a manera de Dios, sea el hombre
que ama y engendra sin sensual placer!

DIOS

Siento a Dios que camina
tan en mí, con la tarde y con el mar.
Con él nos vamos juntos. Anochece.
Con él anochecemos. Orfandad...

Pero yo siento a Dios. Y hasta parece
que él me dicta no sé qué buen color.
Como un hospitalario, es bueno y triste;
mustia un dulce desdén de enamorado:
debe dolerle mucho el corazón.

Oh, Dios mío, recién a ti me llego,
hoy que amo tanto en esta tarde; hoy
que en la falsa balanza de unos senos,
mido y lloro una frágil Creación.

Y tú, cuál llorarás... tú, enamorado
de tanto enorme seno girador...
Yo te consagro Dios, porque amas tanto;
porque jamás sonríes; porque siempre
debe dolerte mucho el corazón.

UNIDAD

En esta noche mi reloj jadea
junto a la sien oscurecida, como
manzana de revólver que voltea
bajo el gatillo sin hallar el plomo.

La luna blanca, inmóvil, lagrimea,
y es un ojo que apunta... Y siento cómo
se acuña el gran Misterio en una idea
hostil y ovóidea, en un bermejo plomo.

¡Ah, mano que limita, que amenaza
tras de todas las puertas, y que alienta
en todos los relojes, cede y pasa!

Sobre la araña gris de tu armazón,
otra gran Mano hecha de luz sustenta
un plomo en forma azul de corazón.

LOS ARRIEROS

Arriero, vas fabulosamente vidriado de sudor.
La hacienda Menocucho
cobra mil sinsabores diarios por la vida.
Las doce. Vamos a la cintura del día.
El sol que duele mucho.

Arriero, con tu poncho colorado te alejas,
saboreando el romance peruano de tu coca.
Y yo desde una hamaca,
desde un siglo de duda,
cavilo tu horizonte, y atisbo, lamentado
por zancudos y por el estribillo gentil
y enfermo de una «paca-paca».
Al fin tú llegarás donde debes llegar,
arriero, que, detrás de tu burro santurrón,
te vas...
te vas...

Feliz de ti, en este calor en que se encabritan
todas las ansias y todos los motivos;
cuando el espíritu que anima al cuerpo apenas,
va sin coca, y no atina a cabestrar
su bruto hacia los Andes
occidentales de la Eternidad.

CANCIONES DE HOGAR

ENCAJE DE FIEBRE

Por los cuadros de santos en el muro colgados
mis pupilas arrastran un ¡ay! de anochecer;
y en un temblor de fiebre, con los brazos cruzados,
mi ser recibe vaga visita del Noser.

Una mosca llorona en los muebles cansados
yo no sé qué leyenda fatal quiere verter:
una ilusión de Orientes que fugan asaltados;
un nido azul de alondras que mueren al nacer.

En un sillón antiguo sentado está mi padre.
Como una Dolorosa, entra y sale mi madre.
Y al verlos siento un algo que no quiere partir.

Porque antes de la oblea que es hostia hecha de Ciencia,
está la hostia, oblea hecha de Providencia.
Y la visita nace, me ayuda a bien vivir...

LOS PASOS LEJANOS

Mi padre duerme. Su semblante augusto
figura un apacible corazón;
está ahora tan dulce...
si hay algo en él de amargo, seré yo.

Hay soledad en el hogar; se reza;
y no hay noticias de los hijos hoy.
Mi padre se despierta, ausculta
la huida a Egipto, el restañante adiós.
Está ahora tan cerca;
si hay algo en él de lejos, seré yo.

Y mi madre pasea allá en los huertos,
saboreando un sabor ya sin sabor.
Está ahora tan suave,
tan ala, tan salida, tan amor.

Hay soledad en el hogar sin bulla,
sin noticias, sin verde, sin niñez.
Y si hay algo quebrado en esta tarde,
y que baja y que cruje,
son dos viejos caminos blancos, curvos.
Por ellos va mi corazón a pie.

A MI HERMANO MIGUEL

In memoriam

Hermano, hoy estoy en el poyo de la casa,
donde nos haces una falta sin fondo!
Me acuerdo que jugábamos esta hora, y que mamá
nos acariciaba: «Pero, hijos...»

Ahora yo me escondo;
como antes, todas estas oraciones
vespertinas, y espero que tú no des conmigo.

Por la sala, el zaguán, los corredores.
Después, te ocultas tú, y yo no doy contigo.
Me acuerdo que nos hacíamos llorar,
hermano, en aquel juego.

Miguel, tú te escondiste
una noche de agosto, al alborear;
pero, en vez de ocultarte riendo, estabas triste.
Y tu gemelo corazón de esas tardes
extintas se ha aburrido de no encontrarte. Y ya
cae sombra en el alma.

Oye, hermano, no tardes
en salir. Bueno? Puede inquietarse mamá.

ENEREIDA

Mi padre, apenas
en la mañana pajarina, pone
sus setentiocho años, sus setentiocho
ramos de invierno a solear.
El cementerio de Santiago, untado
en alegre año nuevo, está a la vista.
Cuántas veces sus pasos cortaron hacia él,
y tornaron de algún entierro humilde.

Hoy hace mucho tiempo que mi padre no sale!
Una broma de niños se desbanda.

Otras veces le hablaba a mi madre
de impresiones urbanas, de política;
y hoy, apoyado en su bastón ilustre
que sonara mejor en los años de la Gobernación,
mi padre está desconocido, frágil,
mi padre es una víspera.
Lleva, trae, abstraído, reliquias, cosas,
recuerdos, sugerencias.

La mañana apacible le acompaña
con sus alas blancas de hermana de caridad.

Día eterno es este, día ingenuo, infante,
coral, oracional;
se corona el tiempo de palomas,
y el futuro se puebla
de caravanas de inmortales rosas.
Padre, aún sigue todo despertando;
es enero que canta, es tu amor
que resonando va en la Eternidad.
Aún reirás de tus pequeñuelos,
y habrá bulla triunfal en los Vacíos.

Aún será año nuevo. Habrá empanadas;
y yo tendré hambre, cuando toque a misa
en el beato campanario
el buen ciego mélico con quien
departieron mis sílabas escolares y frescas,
mi inocencia rotunda.
Y cuando la mañana llena de gracia,
desde sus senos de tiempo
que son dos renuncias, dos avances de amor
que se tienden y ruegan infinito, eterna vida,
cante, y eche a volar Verbos plurales,
jirones de tu ser,
a la borda de sus alas blancas
de hermana de caridad ¡oh, padre mío!

ESPERGESIA

Yo nací un día
que Dios estuvo enfermo.

Todos saben que vivo,
que soy malo; y no saben
del diciembre de ese enero.

Pues yo nací un día
que Dios estuvo enfermo.

Hay un vacío
en mi aire metafísico
que nadie ha de palpar:
el claustro de un silencio
que habló a flor de fuego.

Yo nací un día
que Dios estuvo enfermo.

Hermano, escucha, escucha...
Bueno. Y que no me vaya
sin llevar diciembres,
sin dejar eneros.
Pues yo nací un día
que Dios estuvo enfermo.

Todos saben que vivo,
que mastico... Y no saben
por qué en mi verso chirrían,
oscuro sinsabor de féretro,
luyidos vientos
desenroscados de la Esfinge
preguntona del Desierto.

Todos saben... Y no saben
que la Luz es tísica,
y la Sombra gorda...
Y no saben que el Misterio sintetiza...
que él es la joroba
musical y triste que a distancia denuncia
el paso meridiano de las lindes a las Lindes.

Yo nací un día
que Dios estuvo enfermo,
grave.

TRILCE

{1922}

I

Quién hace tánta bulla, y ni deja
testar las islas que van quedando.

Un poco más de consideración
en cuanto será tarde, temprano,
y se aquilatará mejor
el guano, la simple calabrina tesórea
que brinda sin querer,
en el insular corazón,
salobre alcatraz, a cada hialóidea
grupada.

Un poco más de consideración,
y el mantillo líquido, seis de la tarde
DE LOS MÁS SOBERBIOS BEMOLES.

Y la península párase
por la espalda, abozaleada, impertérrita
en la línea mortal del equilibrio.

II

Tiempo Tiempo.

Mediodía estancado entre relentes.
Bomba aburrida del cuartel achica
tiempo tiempo tiempo tiempo

Era Era.

Gallos cancionan escarbando en vano.
Boca del claro día que conjuga
era era era era.

Mañana Mañana.

El reposo caliente aún de ser.
Piensa el presente guárdame para
mañana mañana mañana mañana.

Nombre Nombre.

¿Qué se llama cuanto heriza nos?
Se llama Lomismo que padece
nombre nombre nombre nombrE.

III

Las personas mayores
¿a qué hora volverán?
Da las seis el ciego Santiago,
y ya está muy oscuro.

Madre dijo que no demoraría.

Aguedita, Nativa, Miguel,
cuidado con ir por ahí, por donde
acaban de pasar gangueando sus memorias
dobladoras penas,
hacia el silencioso corral, y por donde
las gallinas que se están acostando todavía,
se han espantado tanto.
Mejor estemos aquí no más.
Madre dijo que no demoraría.

Ya no tengamos pena. Vamos viendo
los barcos ¡el mío es más bonito de todos!
con los cuales jugamos todo el santo día,
sin pelearnos, como debe de ser:
han quedado en el pozo de agua, listos,
fletados de dulces para mañana.

Aguardemos así, obedientes y sin más
remedio, la vuelta, el desagravio
de los mayores siempre delanteros
dejándonos en casa a los pequeños,
como si también nosotros
                                        no pudiésemos partir.

Aguedita, Nativa, Miguel?
Llamo, busco al tanteo en la oscuridad.
No me vayan a haber dejado solo,
y el único recluso sea yo.

IV

Rechinan dos carretas contra los martillos
hasta los lagrimales trifurcas,
cuando nunca las hicimos nada.
A aquella otra sí, desamada,
amargurada bajo túnel campero
por lo uno, y sobre duras áljidas
pruebas   espiritivas.

Tendime en són de tercera parte,
mas la tarde —qué la bamos a hhazer—
se anilla en mi cabeza, furiosamente
a no querer dosificarse en madre. Son
                                                    los anillos.
Son los nupciales trópicos ya tascados.
El alejarse, mejor que todo,
rompe a Crisol.

Aquel no haber descolorado
por nada. Lado al lado al destino y llora
y llora. Toda la canción
cuadrada en tres silencios.

Calor. Ovario. Casi transparencia.
Hase llorado todo.   Hase entero velado
en plena izquierda.

V

Grupo dicotiledón. Oberturan
desde él petreles, propensiones de trinidad,
finales que comienzan, ohs de ayes
creyérase avaloriados de heterogeneidad.
¡Grupo de los dos cotiledones!

A ver. Aquello sea sin ser más.
A ver. No trascienda hacia afuera,
y piense en són de no ser escuchado,
y crome y no sea visto.
Y no glise en el gran colapso.

La creada voz rebélase y no quiere
ser malla, ni amor.
Los novios sean novios en eternidad.
Pues no deis 1, que resonará al infinito.
Y no deis 0, que callará tánto,
hasta despertar y poner de pie al 1.

Ah grupo bicardiaco.

VI

El traje que vestí mañana
no lo ha lavado mi lavandera:
lo lavaba en sus venas otilinas,
en el chorro de su corazón, y hoy no he
de preguntarme si yo dejaba
el traje turbio de injusticia.

Ahora que no hay quien vaya a las aguas,
en mis falsillas encañona
el lienzo para emplumar, y todas las cosas
del velador de tánto qué será de mí,
todas no están mías
a mi lado.

Quedaron de su propiedad,
fratesadas, selladas con su trigueña bondad.

Y si supiera si ha de volver;
y si supiera qué mañana entrará
a entregarme las ropas lavadas, mi aquella
lavandera del alma. Qué mañana entrará
satisfecha, capulí de obrería, dichosa
de probar que sí sabe, que sí puede
¡CÓMO NO VA A PODER!
azular y planchar todos los caos.

VII

Rumbé sin novedad por la veteada calle
que yo me sé. Todo sin novedad,
de veras. Y fondeé hacia cosas así,
y fui pasado.

Doblé la calle por la que raras
veces se pasa con bien, salida
heroica por la herida de aquella
esquina viva, nada a medias.

Son los grandores,
el grito aquel, la claridad de careo,
la barreta sumersa en su función de
¡ya!

Cuando la calle está ojerosa de puertas,
y pregona desde descalzos atriles
trasmañanar las salvas en los dobles.

Ahora hormigas minuteras
se adentran dulzoradas, dormitadas, apenas
dispuestas, y se baldan,
quemadas pólvoras, altos de a 1921.

VIII

Mañana esotro día, alguna
vez hallaría para el hifalto poder, entrada eternal.

Mañana algún día,
sería la tienda chapada
con un par de pericardios, pareja,
de carnívoros en celo.

Bien puede afincar todo eso.
Pero un mañana sin mañana,
entre los aros de que enviudemos,
margen de espejo habrá
donde traspasaré mi propio frente
hasta perder el eco
y quedar con el frente hacia la espalda.

IX

Vusco volvvver de golpe el golpe.
Sus dos hojas anchas, su válvula
que se abre en suculenta recepción
de multiplicando a multiplicador,
su condición excelente para el placer,
todo avía verdad.

Busco volvver de golpe el golpe.
A su halago, enveto bolivarianas fragosidades
a treintidós cables y sus múltiples,
se arrequintan pelo por pelo
soberanos belfos, los dos tomos de la Obra,
y no vivo entonces ausencia,
ni al tacto.

Fallo bolver de golpe el golpe.
No ensillaremos jamás el toroso Vaveo
de egoísmo y de aquel ludir mortal
de sábana,
desque la mujer esta
¡cuánto pesa de general!

Y hembra es el alma de la ausente.
Y hembra es el alma mía.

X

Prístina y última piedra de infundada
ventura, acaba de morir
con alma y todo, octubre habitación y encinta.
De tres meses de ausente y diez de dulce.
Cómo el destino,
mitrado monodáctilo, ríe.

Cómo detrás desahucian juntas
de contrarios. Cómo siempre asoma el guarismo
bajo la línea de todo avatar.

Cómo escotan las ballenas a palomas.
Cómo a su vez éstas dejan el pico,
cubicado en tercera ala.
Cómo arzonamos, cara a monótonas ancas.

Se remolca diez meses hacia la decena,
hacia otro más allá.
Dos quedan por lo menos todavía en pañales.
Y los tres meses de ausencia.
Y los nueve de gestación.

No hay ni una violencia.
El paciente incorpórase,
y sentado empavona tranquilas misturas.

XI

He encontrado a una niña
en la calle, y me ha abrazado.
Equis, disertada, quien la halló y la halle,
no la va a recordar.

Esta niña es mi prima. Hoy, al tocarle
el talle, mis manos han entrado en su edad
como en par de mal rebocados sepulcros.
Y por la misma desolación marchose,
                delta al sol tenebloso,
                trina entre los dos.

                «Me he casado»,
me dice. Cuando lo que hicimos de niños
en casa de la tía difunta.

Se ha casado.
Se ha casado.

Tardes años latitudinales,
qué verdaderas ganas nos ha dado
de jugar a los toros, a las yuntas,
pero todo de engaños, de candor, como fue.

XII

Escapo de una finta, peluza a peluza.
Un proyectil que no sé dónde irá a caer.
Incertidumbre. Tramonto. Cervical coyuntura.

Chasquido de moscón que muere
a mitad de su vuelo y cae a tierra.
¿Qué dice ahora Newton?
Pero, naturalmente, vosotros sois hijos.

Incertidumbre. Talones que no giran.
Carilla en nudo, fabrida
cinco espinas por un lado
y cinco por el otro: Chit! Ya sale.

XIII

Pienso en tu sexo.
Simplificado el corazón, pienso en tu sexo,
ante el hijar maduro del día.
Palpo el botón de dicha, está en sazón.
Y muere un sentimiento antiguo
degenerado en seso.

Pienso en tu sexo, surco más prolífico
y armonioso que el vientre de la Sombra,

aunque la Muerte concibe y pare
de Dios mismo.
Oh Conciencia,
pienso, sí, en el bruto libre
que goza donde quiere, donde puede.

Oh, escándalo de miel de los crepúsculos.
Oh estruendo mudo.

¡Odumodneurtse!

XIV

Cual mi explicación.
Esto me lacera de tempranía.

Esa manera de caminar por los trapecios.
Esos corajosos brutos como postizos.
Esa goma que pega el azogue al adentro.

Esas posaderas sentadas para arriba.
Ese no puede ser, sido.
Absurdo.
Demencia.

Pero he venido de Trujillo a Lima.
Pero gano un sueldo de cinco soles.

XV

En el rincón aquel, donde dormimos juntos
tantas noches, ahora me he sentado
a caminar. La cuja de los novios difuntos
fue sacada, o talvez qué habrá pasado.

Has venido temprano a otros asuntos,
y ya no estás. Es el rincón
donde a tu lado, leí una noche,
entre tus tiernos puntos,
un cuento de Daudet. Es el rincón
amado. No lo equivoques.

Me he puesto a recordar los días
de verano idos, tu entrar y salir,
poca y harta y pálida por los cuartos.

En esta noche pluviosa,
ya lejos de ambos dos, salto de pronto...
Son dos puertas abriéndose cerrándose,
dos puertas que al viento van y vienen
sombra   a   sombra.

XVI

Tengo fe en ser fuerte.
Dame, aire manco, dame ir
galoneándome de ceros a la izquierda.
Y tú, sueño, dame tu diamante implacable,
tu tiempo de deshora.

Tengo fe en ser fuerte.
Por allí avanza cóncava mujer,
cantidad incolora, cuya
gracia se cierra donde me abro.

Al aire, fray pasado. Cangrejos, zote!
Avístase la verde bandera presidencial,
arriando las seis banderas restantes,
todas las colgaduras de la vuelta.

Tengo fe en que soy,
y en que he sido menos.

Ea! Buen primero!

XVII

Destílase este 2 en una sola tanda,
y entrambos lo apuramos.
Nadie me hubo oído. Estría urente
abracadabra civil.

La mañana no palpa cual la primera,
cual la última piedra ovulandas
a fuerza de secreto. La mañana descalza.
El barro a medias
entre sustancias gris, más y menos.

Caras no saben de la cara, ni de la
marcha a los encuentros.
Y sin hacia cabecee el exergo.
Yerra la punta del afán.

Junio, eres nuestro. Junio, y en tus hombros
me paro a carcajear, secando
mi metro y mis bolsillos
en tus 21 uñas de estación.

Buena! Buena!

XVIII

Oh las cuatro paredes de la celda.
Ah las cuatro paredes albicantes
que sin remedio dan al mismo número.

Criadero de nervios, mala brecha,
por sus cuatro rincones cómo arranca
las diarias aherrojadas extremidades.

Amorosa llavera de innumerables llaves,
si estuvieras aquí, si vieras hasta
qué hora son cuatro estas paredes.

Contra ellas seríamos contigo, los dos,
más dos que nunca. Y ni lloraras,
di, libertadora!

Ah las paredes de la celda.
De ellas me duelen entretanto, más
las dos largas que tienen esta noche
algo de madres que ya muertas
llevan por bromurados declives,
a un niño de la mano cada una.

Y solo yo me voy quedando,
con la diestra, que hace por ambas manos,
en alto, en busca de terciario brazo
que ha de pupilar, entre mi dónde y mi cuándo,
esta mayoría inválida de hombre.

XIX

A trastear, Hélpide dulce, escampas,
cómo quedamos de tan quedarnos.

Hoy vienes apenas me he levantado.
El establo está divinamente meado
y excrementido por la vaca inocente
y el inocente asno y el gallo inocente.

Penetra en la maría ecuménica.
Oh sangabriel, haz que conciba el alma,
el sin luz amor, el sin cielo,
lo más piedra, lo más nada,
hasta la ilusión monarca.

Quemaremos todas las naves!
Quemaremos la última esencia!

Mas si se ha de sufrir de mito a mito,
y a hablarme llegas masticando hielo,
mastiquemos brasas,
ya no hay dónde bajar,
ya no hay dónde subir.

Se ha puesto el gallo incierto, hombre.

XX

Al ras de batiente nata blindada
de piedra ideal. Pues apenas
acerco el 1 al 1 para no caer.

Ese hombre mostachoso. Sol,
herrada su única rueda, quinta y perfecta,
y desde ella para arriba.
Bulla de botones de bragueta,
libres,
bulla que reprende A vertical subordinada.
El desagüe jurídico. La chirota grata.

Mas sufro. Allende sufro. Aquende sufro.

Y he aquí se me cae la baba, soy
una bella persona, cuando
el hombre guillermosecundario
puja y suda felicidad
a chorros, al dar lustre al calzado
de su pequeña de tres años.

Engállase el barbado y frota un lado.
La niña en tanto pónese el índice
en la lengua que empieza a deletrear
los enredos de enredos de los enredos,

y unta el otro zapato, a escondidas,
con un poquito de saliba y tierra,
pero con un poquito
no má-
.s.

XXI

En un auto arteriado de círculos viciosos,
torna diciembre qué cambiado,
con su oro en desgracia. Quién le viera:
diciembre con sus 31 pieles rotas,
el pobre diablo.

Yo le recuerdo. Hubimos de esplendor,
bocas ensortijadas de mal engreimiento,
todas arrastrando, recelos infinitos.
Cómo no voy a recordarle
al magro señor Doce.

Yo le recuerdo. Y hoy diciembre torna
qué cambiado, el aliento a infortunio,
helado, moqueando humillación.

Y a la ternurosa avestruz
como que la ha querido, como que la ha adorado.
Pero ella se ha calzado todas sus diferencias.

XXII

Es posible me persigan hasta cuatro
magistrados vuelto. Es posible me juzguen pedro.
¡Cuatro humanidades justas juntas!
Don Juan Jacobo está en hacerio,
y las burlas le tiran de su soledad,
como a un tonto. Bien hecho.

Farol rotoso, el día induce a darle algo,
y pende
a modo de asterisco que se mendiga
a sí propio quizás qué enmendaturas.

Ahora que chirapa tan bonito
en esta, paz de una sola línea,
aquí me tienes,
aquí me tienes, de quien yo penda,
para que sacies mis esquinas.
Y si, éstas colmadas,
te derramases de mayor bondad,
sacaré de donde no haya,
forjaré de locura otros posillos,
insaciables ganas
de nivel y amor.
Si pues siempre salimos al encuentro
de cuanto entra por otro lado,
ahora, chirapado eterno y todo,
heme, de quien yo penda,
estoy de filo todavía. Heme!

XXIII

Tahona estuosa de aquellos mis bizcochos
pura yema infantil innumerable, madre.

Oh tus cuatro gorgas, asombrosamente
mal plañidas, madre: tus mendigos.
Las dos hermanas últimas, Miguel que ha muerto
y yo arrastrando todavía
una trenza por cada letra del abecedario.

En la sala de arriba nos repartías
de mañana, de tarde, de dual estiba,
aquellas ricas hostias de tiempo, para

que ahora nos sobrasen
cáscaras de relojes en flexión de las 24
en punto parados.

Madre, y ahora! Ahora, en cuál alvéolo
quedaría, en qué retoño capilar,
cierta migaja que hoy se me ata al cuello
y no quiere pasar. Hoy que hasta
tus puros huesos estarán harina
que no habrá en qué amasar
¡tierna dulcera de amor,
hasta en la cruda sombra, hasta en el gran molar
cuya encía late en aquel lácteo hoyuelo
que inadvertido lábrase y pulula ¡tú lo viste tánto!
en las cerradas manos recién nacidas.

Tal la tierra oirá en tu silenciar,
cómo nos van cobrando todos
el alquiler del mundo donde nos dejas
y el valor de aquel pan inacabable.
Y nos lo cobran, cuando, siendo nosotros
pequeños entonces, como tú verías,
no se lo podíamos haber arrebatado
a nadie; cuando tú nos lo diste,
¿di, mamá?

XXIV

Al borde de un sepulcro florecido
transcurren dos marías llorando,
llorando a mares.

El ñandú desplumado del recuerdo
alarga su postrera pluma,
y con ella la mano negativa de Pedro
graba en un domingo de ramos
resonancias de exequias y de piedras.

Del borde de un sepulcro removido
se alejan dos marías cantando.

Lunes.

XXV

Alfan alfiles a adherirse
a las junturas, al fondo, a los testuces,
al sobrelecho de los numeradores a pie.
Alfiles y cadillos de lupinas parvas.

Al rebufar el socaire de cada caravela
deshilada sin americanizar,
ceden las estevas en espasmo de infortunio,
con pulso párvulo mal habituado
a sonarse en el dorso de la muñeca.
Y la más aguda tiplisonancia
se tonsura y apeálase, y largamente
se ennazala hacia carámbanos
de lástima infinita.

Soberbios lomos resoplan
al portar, pendientes de mustios petrales,
las escarapelas con sus siete colores
bajo cero, desde las islas guaneras
hasta las islas guaneras.
Tal los escarzos a la intemperie de pobre
fe.
Tal el tiempo de las rondas. Tal el del rodeo
para los planos futuros,
cuando innánima grifalda relata solo
fallidas callandas cruzadas.
Vienen entonces alfiles a adherirse
hasta en las puertas falsas y en los borradores.

XXVI

El verano echa nudo a tres años
que, encintados de cárdenas cintas, a todo
sollozo,
aurigan orinientos índices
de moribundas alejandrías,
de cuzcos moribundos.

Nudo alvino deshecho, una pierna por allí,
más allá todavía la otra,
desgajadas,
péndulas.
Deshecho nudo de lácteas glándulas
de la sinamayera,
bueno para alpacas brillantes,
para abrigo de pluma inservible
¡más piernas los brazos que brazos!

Así envérase el fin, como todo,
como polluelo adormido saltón
de la hendida cáscara,
a luz eternamente polla.
Y así, desde el óvalo, con cuatros al hombro,
ya para qué tristura.

Las uñas aquellas dolían
retesando los propios dedos hospicios.
De entonces crecen ellas para adentro,
mueren para afuera,
y al medio ni van ni vienen,
ni van ni vienen.

Las uñas. Apeona ardiente avestruz coja,
desde perdidos sures,
flecha hasta el estrecho ciego
de senos aunados.

Al calor de una punta
de pobre sesgo ESFORZADO,
la griega sota de oros tórnase
morena sota de islas,
cobriza sota de lagos
en frente a moribunda alejandría,
a cuzco moribundo.

XXVII

Me da miedo ese chorro,
buen recuerdo, señor fuerte, implacable
cruel dulzor. Me da miedo.
Esta casa me da entero bien, entero
lugar para este no saber dónde estar.

No entremos. Me da miedo este favor
de tornar por minutos, por puentes volados.
Yo no avanzo, señor dulce,
recuerdo valeroso, triste
esqueleto cantor.

Qué contenido, el de esta casa encantada,
me da muertes de azogue, y obtura
con plomo mis tomas
a la seca actualidad.

El chorro que no sabe a cómo vamos,
dame miedo, pavor.
Recuerdo valeroso, yo no avanzo.
Rubio y triste esqueleto, silba, silba.

XXVIII

He almorzado solo ahora, y no he tenido
madre, ni súplica, ni sírvete, ni agua,
ni padre que, en el facundo ofertorio
de los choclos, pregunte para su tardanza
de imagen, por los broches mayores del sonido.

Cómo iba yo a almorzar. Cómo me iba a servir
de tales platos distantes esas cosas,
cuando habrase quebrado el propio hogar,
cuando no asoma ni madre a los labios.
Cómo iba yo a almorzar nonada.

A la mesa de un buen amigo he almorzado
con su padre recién llegado del mundo,
con sus canas tías que hablan
en tordillo retinte de porcelana,
bisbiseando por todos sus viudos alvéolos;
y con cubiertos francos de alegres tiroriros,
porque estanse en su casa. Así, qué gracia!
Y me han dolido los cuchillos
de esta mesa en todo el paladar.

El yantar de estas mesas así, en que se prueba
amor ajeno en vez del propio amor,
torna tierra el bocado que no brinda la
MADRE,

hace golpe la dura deglución; el dulce,
hiel; aceite funéreo, el café.

Cuando ya se ha quebrado el propio hogar,
y el sírvete materno no sale de la
tumba,
la cocina a oscuras, la miseria de amor.

XXIX

Zumba el tedio enfrascado
bajo el momento improducido y caña.

Pasa una paralela a
ingrata línea quebrada de felicidad.
Me extraña cada firmeza, junto a esa agua
que se aleja, que ríe acero, caña.

Hilo retemplado, hilo, hilo binómico
¿por dónde romperás, nudo de guerra?

Acoraza este ecuador, Luna.

XXX

Quemadura del segundo
en toda la tierna carnecilla del deseo,
picadura de ají vagoroso
a las dos de la tarde inmoral.

Guante de los bordes borde a borde.
Olorosa verdad tocada en vivo, al conectar
la antena del sexo
con lo que estamos siendo sin saberlo.

Lavaza de máxima ablución.
Calderas viajeras
que se chocan y salpican de fresca sombra
unánime, el color, la fracción, la dura vida,
                    la dura vida eterna.
No temamos. La muerte es así.

El sexo sangre de la amada que se queja
dulzorada, de portar tánto
por tan punto ridículo.

Y el circuito
entre nuestro pobre día y la noche grande,
a las dos de la tarde inmoral.

XXXI

Esperanza plañe entre algodones.

Aristas roncas uniformadas
de amenazas tejidas de esporas magníficas
y con porteros botones innatos.
¿Se luden seis de sol?
Natividad. Cállate, miedo.

Cristiano espero, espero siempre
de hinojos en la piedra circular que está
en las cien esquinas de esta suerte
tan vaga a donde asomo.

Y Dios sobresaltado nos oprime
el pulso, grave, mudo,
y como padre a su pequeña,
                    apenas,

pero apenas, entreabre los sangrientos algodones
y entre sus dedos toma a la esperanza.

Señor, lo quiero yo...
Y basta!

XXXII

999 calorías.
Rumbbb. ... Trrraprrrr rrach. ... chaz
Serpentínica u del bizcochero
engirafada al tímpano.

Quién como los hielos. Pero no.
Quién como lo que va ni más ni menos.
Quién como el justo medio.

1.000 calorías.
Azulea y ríe su gran cachaza
el firmamento gringo. Baja
el sol empavado y le alborota los cascos
al más frío.

Remeda al cuco: Roooooooeeeis. ...
tierno autocarril, móvil de sed,
que corre hasta la playa.

Aire, aire! Hielo!
Si al menos el calor (—————— Mejor
no digo nada.

Y hasta la misma pluma
con que escribo por último se troncha.

Treinta y seis trillones trescientos treinta
y tres calorías.

XXXIII

Si lloviera esta noche, retiraríame
de aquí a mil años.
Mejor a cien no más.
Como si nada hubiese ocurrido, haría
la cuenta de que vengo todavía.

O sin madre, sin amada, sin porfía
de agacharme a aguaitar al fondo, a puro
pulso,
esta noche así, estaría escarmenando

la fibra védica,
la lana védica de mi fin final, hilo
del diantre, traza de haber tenido
por las narices
a dos badajos inacordes de tiempo
en una misma campana.

Haga la cuenta de mi vida,
o haga la cuenta de no haber aún nacido,
no alcanzaré a librarme.

No será lo que aún no haya venido, sino
lo que ha llegado y ya se ha ido,
sino lo que ha llegado y ya se ha ido.

XXXIV

Se acabó el extraño, con quien, tarde
la noche, regresabas parla y parla.
Ya no habrá quien me aguarde,
dispuesto mi lugar, bueno lo malo.

Se acabó la calurosa tarde;
tu gran bahía y tu clamor; la charla
con tu madre acabada
que nos brindaba un té lleno de tarde.

Se acabó todo al fin: las vacaciones,
tu obediencia de pechos, tu manera
de pedirme que no me vaya fuera.

Y se acabó el diminutivo, para
mi mayoría en el dolor sin fin,
y nuestro haber nacido así sin causa.

XXXV

El encuentro con la amada
tánto alguna vez, es un simple detalle,
casi un programa hípico en violado,
que de tan largo no se puede doblar bien.

El almuerzo con ella que estaría
poniendo el plato que nos gustara ayer
y se repite ahora,
pero con algo más de mostaza;
el tenedor absorto, su doneo radiante
de pistilo en mayo, y su verecundia
de a centavito, por quítame allá esa paja.
Y la cerveza lírica y nerviosa
a la que celan sus dos pezones sin lúpulo,
y que no se debe tomar mucho!

Y los demás encantos de la mesa
que aquella núbil campaña borda
con sus propias baterías germinales
que han operado toda la mañana,
según me consta, a mí,
amoroso notario de sus intimidades,
y con las diez varillas mágicas
de sus dedos pancreáticos.

Mujer que sin pensar en nada más allá,
suelta el mirlo y se pone a conversarnos
sus palabras tiernas
como lancinantes lechugas recién cortadas.

Otro vaso, y me voy. Y nos marchamos,
ahora sí, a trabajar.

Entre tanto, ella se interna
entre los cortinajes y ¡oh aguja de mis días
desgarrados! se sienta a la orilla

de una costura, a coserme el costado
a su costado,
a pegar el botón de esa camisa,
que se ha vuelto a caer. Pero hase visto!

XXXVI

Pugnamos ensartarnos por un ojo de aguja,
enfrentados, a las ganadas.
Amoniácase casi el cuarto ángulo del círculo.
¡Hembra se continúa el macho, a raíz
de probables senos, y precisamente
a raíz de cuanto no florece.

¿Por ahí estás, Venus de Milo?
Tú manqueas apenas, pululando
entrañada en los brazos plenarios
de la existencia,
de esta existencia que todaviiza
perenne imperfección.
Venus de Milo, cuyo cercenado, increado
brazo revuélvese y trata de encodarse
a través de verdeantes guijarros gagos,
ortivos nautilos, aunes que gatean
recién, vísperas inmortales.
Laceadora de inminencias, laceadora
del paréntesis.

Rehusad, y vosotros, a posar las plantas
en la seguridad dupla de la Armonía.
Rehusad la simetría a buen seguro.
Intervenid en el conflicto
de puntas que se disputan
en la más torionda de las justas
el salto por el ojo de la aguja!

Tal siento ahora al meñique
demás en la siniestra. Lo veo y creo
no debe serme, o por lo menos que está
en sitio donde no debe.
Y me inspira rabia y me azarea
y no hay cómo salir de él, sino haciendo
la cuenta de que hoy es jueves.

¡Ceded al nuevo impar
potente de orfandad!

XXXVII

He conocido a una pobre muchacha
a quien conduje hasta la escena.
La madre, sus hermanas qué amables y también
aquel su infortunado «tú no vas a volver».

Como en cierto negocio me iba admirablemente,
me rodeaban de un aire de dinasta florido.
La novia se volvía agua,
y cuán bien me solía llorar
su amor mal aprendido.

Me gustaba su tímida marinera
de humildes aderezos al dar las vueltas,
y cómo su pañuelo trazaba puntos,
tildes, a la melografía de su bailar de juncia.

Y cuando ambos burlamos al párroco,
quebrose mi negocio y el suyo
y la esfera barrida.

XXXVIII

Este cristal aguarda ser sorbido
en bruto por boca venidera
sin dientes. No desdentada.
Este cristal es pan no venido todavía.

Hiere cuando lo fuerzan
y ya no tiene cariños animales.
Mas si se le apasiona, se melaría
y tomaría la horma de los sustantivos
que se adjetivan de brindarse.

Quienes lo ven allí triste individuo
incoloro, lo enviarían por amor,
por pasado y a lo más por futuro:
si él no dase por ninguno de sus costados;
si él espera ser sorbido de golpe
y en cuanto transparencia, por boca ve-
nidera que ya no tendrá dientes.

Este cristal ha pasado de animal,
y márchase ahora a formar las izquierdas,
los nuevos Menos.
Déjenlo solo no más.

XXXIX

Quién ha encendido fósforo!
Mésome. Sonrío
a columpio por motivo.
Sonrío aún más, si llegan todos
a ver las guías sin color
y a mí siempre en punto. Qué me importa.

Ni ese bueno del Sol que, al morirse de gusto,
lo desposta todo para distribuirlo
entre las sombras, el pródigo,
ni él me esperaría a la otra banda.
Ni los demás que paran sólo
entrando y saliendo.

Llama con toque de retina
el gran panadero. Y pagamos en señas
curiosísimas el tibio valor innegable
horneado, trascendiente.
Y tomamos el café, ya tarde,
con deficiente azúcar que ha faltado,
y pan sin mantequilla. Qué se va a hacer.

Pero, eso sí, los aros receñidos, barreados.
La salud va en un pie. De frente: marchen!

XL

Quién nos hubiera dicho que en domingo
así, sobre arácnidas cuestas
se encabritaría la sombra de puro frontal.
(Un molusco ataca yermos ojos encallados,
a razón de dos o más posibilidades tantálicas
contra medio estertor de sangre remordida).

Entonces, ni el propio revés de la pantalla
deshabitada enjugaría las arterias
trasdoseadas de dobles todavías.
Como si nos hubiesen dejado salir! Como
si no estuviésemos embrazados siempre
a los dos flancos diarios de la fatalidad!

Y cuánto nos habríamos ofendido.
Y aún lo que nos habríamos enojado y peleado
y amistado otra vez
y otra vez.

Quién hubiera pensado en tal domingo,
cuando, a rastras, seis codos lamen
de esta manera, hueras yemas lunesentes.

Habríamos sacado contra él, de bajo
de las dos alas del Amor,
lustrales plumas terceras, puñales,
nuevos pasajes de papel de oriente.
Para hoy que probamos si aún vivimos,
casi un frente no más.

XLI

La Muerte de rodillas mana
su sangre blanca que no es sangre.
Se huele a garantía.
Pero ya me quiero reír.

Murmúrase algo por allí. Callan.
Alguien silba valor de lado,
y hasta se contaría en par
veintitrés costillas que se echan de menos
entre sí, a ambos costados; se contaría
en par también, toda la fila
de trapecios escoltas.

En tanto, el redoblante policial
(otra vez me quiero reír)
se desquita y nos tunde a palos,
dale y dale,
de membrana a membrana,
tas
con
tas.

XLII

Esperaos. Ya os voy a narrar
todo. Esperaos sossiegue
este dolor de cabeza. Esperaos.

¿Dónde os habéis dejado vosotros
que no hacéis falta jamás?

Nadie hace falta! Muy bien.

Rosa, entra del último piso.
Estoy niño. Y otra vez rosa:
ni sabes a dónde voy.

¿Aspa la estrella de la muerte?
O son extrañas máquinas cosedoras
dentro del costado izquierdo.
Esperaos otro momento.

No nos ha visto nadie. Pura
búscate el talle.
¡A dónde se han saltado tus ojos!

Penetra reencarnada en los salones
de ponentino cristal. Suena
música exacta casi lástima.

Me siento mejor. Sin fiebre, y ferviente.
Primavera. Perú. Abro los ojos.
Ave! No salgas. Dios, como si sospechase
algún flujo sin reflujo ay.

Paletada facial, resbala el telón
cabe las conchas.

Acrisis. Tilia, acuéstate.

XLIII

Quién sabe se va a ti. No le ocultes.
Quién sabe madrugada.
Acaríciale. No le digas nada. Está
duro de lo que se ahuyenta.
Acaríciale. Anda! Cómo le tendrías pena.

Narra que no es posible
todos digan que bueno,
cuando ves que se vuelve y revuelve,
animal que ha aprendido a irse... No?
Sí! Acaríciale. No le arguyas.

Quién sabe se va a ti madrugada.
¿Has contado qué poros dan salida solamente,
y cuáles dan entrada?
Acaríciale. Anda! Pero no vaya a saber
que lo haces porque yo te lo ruego.

XLIV

Este piano viaja para adentro,
viaja a saltos alegres.
Luego medita en ferrado reposo,
clavado con diez horizontes.

Adelanta. Arrástrase bajo túneles,
más allá, bajo túneles de dolor,
bajo vértebras que fugan naturalmente.

Otras veces van sus trompas,
lentas asias amarillas de vivir,
van de eclipse,
y se espulgan pesadillas insectiles,
ya muertas para el trueno, heraldo de los génesis.

Piano oscuro ¿a quién atisbas
con tu sordera que me oye,
con tu mudez que me asorda?

Oh pulso misterioso.

XLV

Me desvinculo del mar
cuando vienen las aguas a mí.

Salgamos siempre. Saboreemos
la canción estupenda, la canción dicha
por los labios inferiores del deseo.
Oh prodigiosa doncellez.
Pasa la brisa sin sal.

A lo lejos husmeo los tuétanos
oyendo el tanteo profundo, a la caza
de teclas de resaca.

Y si así diéramos las narices
en el absurdo,
nos cubriremos con el oro de no tener nada,
y empollaremos el ala aún no nacida
de la noche, hermana
de esta ala huérfana del día,
que a fuerza de ser una ya no es ala.

XLVI

La tarde cocinera se detiene
ante la mesa donde tú comiste;
y muerta de hambre tu memoria viene
sin probar ni agua, de lo puro triste.

Mas, como siempre, tu humildad se aviene
a que le brinden la bondad más triste.
Y no quieres gustar, que ves quien viene
filialmente a la mesa en que comiste.

La tarde cocinera te suplica
y te llora en su delantal que aún sórdido
nos empieza a querer de oírnos tánto.

Yo hago esfuerzos también; porque no hay
valor para servirse de estas aves.
Ah! qué nos vamos a servir ya nada.

XLVII

Ciliado arrecife donde nací,
según refieren cronicones y pliegos
de labios familiares historiados
en segunda gracia.

Ciliado archipiélago, te desislas a fondo,
a fondo, archipiélago mío!

Duras todavía las articulaciones
al camino, como cuando nos instan,
y nosotros no cedemos por nada.

Al ver los párpados cerrados,
implumes mayorcitos, devorando azules bombones,
se carcajean pericotes viejos.
Los párpados cerrados, como si, cuando nacemos
siempre no fuese tiempo todavía.

Se va el altar, el cirio para
que no le pasase nada a mi madre,
y por mí que sería con los años, si Dios

querría, Obispo, Papa, Santo, o talvez
sólo un columnario dolor de cabeza.

Y las manitas que se abarquillan
asiéndose de algo flotante,
a no querer quedarse.
Y siendo ya la 1.

XLVIII

Tengo ahora 70 soles peruanos.
Cojo la penúltima moneda, la que suena
69 veces púnicas.
Y he aquí, al finalizar su rol,
quémase toda y arde llameante,
llameante,
redonda entre mis tímpanos alucinados.

Ella, siendo 69, dase contra 70;
luego escala 71, rebota en 72.
Y así se multiplica y espejea impertérrita
en todos los demás piñones.

Ella, vibrando y forcejeando,
pegando grittttos,
soltando arduos, chisporroteantes silencios,
orinándose de natural grandor,
en unánimes postes surgentes,
acaba por ser todos los guarismos,
la vida entera.

XLIX

Murmurado en inquietud, cruzo,
el traje largo de sentir, los lunes
de la verdad.
Nadie me busca ni me reconoce,
y hasta yo he olvidado
de quién seré.

Cierta guardarropía, sólo ella, nos sabrá
a todos en las blancas hojas
de las partidas.
Esa guardarropía, ella sola,
al volver de cada facción,
de cada candelabro
ciego de nacimiento.

Tampoco yo descubro a nadie, bajo
este mantillo que iridice los lunes
de la razón;
y no hago más que sonreír a cada púa
de las verjas, en la loca búsqueda
del conocido.

Buena guardarropía, ábreme
tus blancas hojas:
quiero reconocer siquiera al 1,
quiero el punto de apoyo, quiero
saber de estar siquiera.

En los bastidores donde nos vestimos,
no hay, no Hay nadie: hojas tan sólo
de par en par.

Y siempre los trajes descolgándose
por sí propios, de perchas
como ductores índices grotescos,
y partiendo sin cuerpos vacantes,
hasta el matiz prudente

de un gran caldo de alas con causas
y lindes fritas.
Y hasta el hueso!

L

El cancerbero cuatro veces
al día maneja su candado, abriéndonos
cerrándonos los esternones, en guiños
que entendemos perfectamente.

Con los fundillos lelos melancólicos,
amuchachado de trascendental desaliño,
parado, es adorable el pobre viejo.
Chancea con los presos, hasta el tope
los puños en las ingles. Y hasta mojarrilla
les roe algún mendrugo; pero siempre
cumpliendo su deber.

Por entre los barrotes pone el punto
fiscal, inadvertido, izándose en la falangita
del meñique,
a la pista de lo que hablo,
lo que como,
lo que sueño.
Quiere el corvino ya no hayan adentros,
y cómo nos duele esto que quiere el cancerbero.

Por un sistema de relojería, juega
el viejo inminente, pitagórico!
a lo ancho de las aortas. Y sólo
de tarde en noche, con noche
soslaya alguna su excepción de metal.
Pero, naturalmente,
siempre cumpliendo su deber.

LI

Mentira. Si lo hacía de engaños,
y nada más. Ya está. De otro modo,
también tú vas a ver
cuánto va a dolerme el haber sido así.

Mentira. Calla.
Ya está bien.
Como otras veces tú me haces esto mismo,
por eso yo también he sido así.

A mí, que había tanto atisbado si de veras
llorabas,
ya que otras veces sólo te quedaste
en tus dulces pucheros,
a mí, que ni soñé que los creyeses,
me ganaron tus lágrimas.
Ya está.

Mas ya lo sabes: todo fue mentira.
Y si sigues llorando, bueno, pues!
Otra vez ni he de verte cuando juegues.

LII

Y nos levantaremos cuando se nos dé
la gana, aunque mamá toda claror
nos despierte con cantora
y linda cólera materna.
Nosotros reiremos a hurtadillas de esto,
mordiendo el canto de las tibias colchas
de vicuña ¡y no me vayas a hacer cosas!

Los humos de los bohíos ¡ah golfillos
en rama! madrugarían a jugar
a las cometas azulinas, azulantes,
y, apañuscando alfarjes y piedras, nos darían
su estímulo fragante de boñiga,
                                    para sacarnos
al aire nene que no conoce aún las letras,
a pelearles los hilos.

Otro día querrás pastorear
entre tus huecos onfalóideos
                                ávidas cavernas,
                            meses nonos,
                              mis telones.

O querrás acompañar a la ancianía
a destapar la toma de un crepúsculo,
para que de día surja
toda el agua que pasa de noche.
Y llegas muriéndote de risa,
y en el almuerzo musical,
cancha reventada, harina con manteca,
con manteca,
le tomas el pelo al peón decúbito
que hoy otra vez olvida dar los buenos días,
esos sus días, buenos con b de baldío,
que insisten en salirle al pobre
por la culata de la v
dentilabial que vela en él.

LIII

Quién clama las once no son doce!
Como si las hubiesen pujado, se afrontan
de dos en dos las once veces.

Cabezazo brutal. Asoman
las coronas a oír,
pero sin traspasar los eternos
trescientos sesenta grados, asoman
y exploran en balde, dónde ambas manos
ocultan el otro puente que les nace
entre veras y litúrgicas bromas.

Vuelve la frontera a probar
las dos piedras que no alcanzan a ocupar
una misma posada a un mismo tiempo.
La frontera, la ambulante batuta, que sigue
inmutable, igual, sólo
más ella a cada esguince en alto.

Veis lo que es sin poder ser negado,
veis lo que tenemos que aguantar,
mal que nos pese.
¡Cuánto se aceita en codos
que llegan hasta la boca!

LIV

Forajido tormento, entra, sal
por un mismo forado cuadrangular.
Duda. El balance punza y punza
hasta las cachas.

A veces doyme contra todas las contras,
y por ratos soy el alto más negro de las ápices
en la fatalidad de la Armonía.
Entonces las ojeras se irritan divinamente,
y solloza la sierra del alma,
se violentan oxígenos de buena voluntad,
arde cuanto no arde y hasta
el dolor dobla el pico en risa.

Pero un día no podrás entrar
ni salir, con el puñado de tierra
que te echaré a los ojos, forajido!

LV

Samain diría el aire es quieto y de una contenida tristeza.

Vallejo dice hoy la Muerte está soldando cada
lindero a cada hebra de cabello perdido, desde la cubeta de un frontal, donde
hay algas, toronjiles que cantan divinos almácigos en guardia, y versos antisépticos sin dueño.

El miércoles, con uñas destronadas se abre las propias uñas
de alcanfor, e instila por polvorientos
harneros, ecos, páginas vueltas, sarros,
zumbidos de moscas
cuando hay muerto, y pena clara esponjosa y cierta esperanza.

Un enfermo lee La Prensa, como en facistol.
Otro está tendido palpitante, longirrostro,
cerca a estarlo sepulto.
Y yo advierto un hombro está en su sitio
todavía y casi queda listo tras de éste, el otro lado.

Ya la tarde pasó diez y seis veces por el subsuelo empatrullado,
y se está casi ausente
en el número de madera amarilla
de la cama que está desocupada tanto tiempo
allá.............................
enfrente.

LVI

Todos los días amanezco a ciegas
a trabajar para vivir; y tomo el desayuno,
sin probar ni gota de él, todas las mañanas.
Sin saber si he logrado, o más nunca,
algo que brinca del sabor
o es sólo corazón y que ya vuelto, lamentará
hasta dónde esto es lo menos.

El niño crecerá ahíto de felicidad
                oh albas,
ante el pesar de los padres de no poder dejarnos
de arrancar de sus sueños de amor a este mundo;
ante ellos que, como Dios, de tanto amor
se comprendieron hasta creadores
y nos quisieron hasta hacernos daño.

Flecos de invisible trama,
dientes que huronean desde la neutra emoción,
                pilares

libres de base y coronación,
en la gran boca que ha perdido el habla.

Fósforo y fósforo en la oscuridad,
lágrima y lágrima en la polvareda.

LVII

Craterizados los puntos más altos, los puntos
del amor, de ser mayúsculo, bebo, ayuno, ab-
sorbo heroína para la pena, para el latido
lacio y contra toda corrección.

¿Puedo decir que nos han traicionado? No.
¿Que todos fueron buenos? Tampoco. Pero
allí está una buena voluntad, sin duda,
y sobre todo, el ser así.

Y qué quien se ame mucho! Yo me busco
en mi propio designio que debió ser obra
mía, en vano: nada alcanzó a ser libre.

Y sin embargo, quién me empuja.
A que no me atrevo a cerrar la quinta ventana.
Y el papel de amarse y persistir, junto a las
horas y a lo indebido.

Y el éste y el aquél.

LVIII

En la celda, en lo sólido, también
se acurrucan los rincones.

Arreglo los desnudos que se ajan,
se doblan, se harapan.

Apéome del caballo jadeante, bufando
líneas de bofetadas y de horizontes;
espumoso pie contra tres cascos.
Y le ayudo: Anda, animal!

Se tomaría menos, siempre menos, de lo
que me tocase erogar,
en la celda, en lo líquido.

El compañero de prisión comía el trigo
de las lomas, con mi propia cuchara,
cuando, a la mesa de mis padres, niño,
me quedaba dormido masticando.

Le soplo al otro:
Vuelve, sal por la otra esquina;
apura... aprisa.... apronta!

E inadvertido aduzco, planeo,
cabe camastro desvencijado, piadoso:
No creas. Aquel médico era un hombre sano.

Ya no reiré cuando mi madre rece
en infancia y en domingo, a las cuatro
de la madrugada, por los caminantes,
encarcelados,
enfermos
y pobres.

En el redil de niños, ya no le asestaré
puñetazos a ninguno de ellos, quien, después,
todavía sangrando, lloraría: El otro sábado
te daré mi fiambre, pero
no me pegues!
Ya no le diré que bueno.

En la celda, en el gas ilimitado
hasta redondearse en la condensación,
¿quién tropieza por afuera?

LIX

La esfera terrestre del amor
que rezagose abajo, da vuelta
y vuelta sin parar segundo,
y nosotros estamos condenados a sufrir
como un centro su girar.

Pacífico inmóvil, vidrio, preñado
de todos los posibles.
Andes frío, inhumanable, puro.
Acaso. Acaso.

Gira la esfera en el pedernal del tiempo,
y se afila,
y se afila hasta querer perderse;
gira forjando, ante los desertados flancos,
aquel punto tan espantablemente conocido,
porque él ha gestado, vuelta
y vuelta,
el corralito consabido.

Centrífuga que sí, que sí,
que Sí,
que sí, que sí, que sí, que sí: NO!
Y me retiro hasta azular, y retrayéndome
endurezco, hasta apretarme el alma!

LX

Es de madera mi paciencia,
sorda, vegetal.

Día que has sido puro, niño, inútil
que naciste desnudo, las leguas
de tu marcha, van corriendo sobre
tus doce extremidades, ese doblez ceñudo
que después deshiláchase
en no se sabe qué últimos pañales.

Constelado de hemisferios de grumo,
bajo eternas américas inéditas, tu gran plumaje,
te partes y me dejas, sin tu emoción ambigua,
sin tu nudo de sueños, domingo.

Y se apolilla mi paciencia,
y me vuelvo a exclamar: ¡Cuándo vendrá
el domingo bocón y mudo del sepulcro;
cuándo vendrá a cargar este sábado

de harapos, esta horrible sutura
del placer que nos engendra sin querer,
y el placer que nos DestieRRa!

LXI

Esta noche desciendo del caballo,
ante la puerta de la casa, donde
me despedí con el cantar del gallo.
Está cerrada y nadie responde.

El poyo en que mamá alumbró
al hermano mayor, para que ensille
lomos que había yo montado en pelo,
por rúas y por cercas, niño aldeano;
el poyo en que dejé que se amarille al sol
mi adolorida infancia... ¿Y este duelo
que enmarca la portada?

Dios en la paz foránea,
estornuda, cual llamando también, el bruto;
husmea, golpeando el empedrado. Luego duda
relincha,
orejea a viva oreja.

Ha de velar papá rezando, y quizás
pensará se me hizo tarde.
Las hermanas, canturreando sus ilusiones
sencillas, bullosas,
en la labor para la fiesta que se acerca,
y ya no falta casi nada.
Espero, espero, el corazón
un huevo en su momento, que se obstruye.

Numerosa familia que dejamos
no ha mucho, hoy nadie en vela, y ni una cera
puso en el ara para que volviéramos.

Llamo de nuevo, y nada.
Callamos y nos ponemos a sollozar, y el animal
relincha, relincha más todavía.

Todos están durmiendo para siempre,
y tan de lo más bien, que por fin
mi caballo acaba fatigado por cabecear
a su vez, y entre sueños, a cada venia, dice
que está bien, que todo está muy bien.

LXII

Alfombra
Cuando vayas al cuarto que tú sabes,
entra en él, pero entorna con tiento la mampara
        que tánto se entreabre,
casa bien los cerrojos para que ya no puedan
        volverse otras espaldas.

Corteza
Y cuando salgas, di que no tardarás
a llamar al canal que nos separa:
fuertemente cogido de un canto de tu suerte,
te soy inseparable,
y me arrastras de borde de tu alma.

Almohada
Y sólo cuando hayamos muerto ¡quién sabe!

Oh nó. Quién sabe!
entonces nos habremos separado.
Mas si, al cambiar el paso, me tocase a mí
la desconocida bandera, te he de esperar allá,
en la confluencia del soplo y el hueso,
como antaño,
como antaño en la esquina de los novios
                ponientes de la tierra.

Y desde allí te seguiré a lo largo
de otros mundos, y siquiera podrán
servirte mis nós musgosos y arrecidos,
para que en ellos poses las rodillas
en las siete caídas de esa cuesta infinita,
y así te duelan menos.

LXIII

Amanece lloviendo. Bien peinada
la mañana chorrea el pelo fino.
Melancolía está amarrada;
y en mal asfaltado oxidente de muebles indúes,
vira, se asienta apenas el destino.

Cielos de puna descorazonada
por gran amor, los cielos de platino, torvos
de imposible.

Rumia la majada y se subraya
de un relincho andino.

Me acuerdo de mí mismo. Pero bastan
las astas del viento, los timones quietos hasta
hacerse uno,
y el grillo del tedio y el jiboso codo inquebrantable.

Basta la mañana de libres crinejas
de brea preciosa, serrana,
cuando salgo y busco las once
y no son más que las doce deshoras.

LXIV

Hitos vagarosos enamoran, desde el minuto montuoso que
obstetriza y fecha los amotinados nichos de la atmósfera.

Verde está el corazón de tánto esperar; y en el canal de Panamá
¡hablo con vosotros, mitades, bases, cúspides! retoñan los peldaños,
pasos que suben,
pasos que baja-
n.
Y yo que pervivo,
y yo que sé plantarme.

Oh valle sin altura madre, donde todo duerme
horrible mediatinta, sin ríos frescos, sin entradas de
amor. Oh voces y ciudades que pasan cabalgando en
un dedo tendido que señala a calva Unidad. Mientras
pasan, de mucho en mucho, gañanes de gran costado
sabio, detrás de las tres tardas dimensiones.

Hoy Mañana Ayer.
(No, hombre!)

LXV

Madre, me voy mañana a Santiago,
a mojarme en tu bendición y en tu llanto.
Acomodando estoy mis desengaños y el rosado
de llaga de mis falsos trajines.

Me esperará tu arco de asombro,
las tonsuradas columnas de tus ansias
que se acaban la vida. Me esperará el patio,
el corredor de abajo con sus tondos y repulgos
de fiesta. Me esperará mi sillón ayo,
aquel buen quijarudo trasto de dinástico

cuero, que pára no más rezongando a las nalgas
tataranietas, de correa a correhuela.

Estoy cribando mis cariños más puros.
Estoy ejeando ¿no oyes jadear la sonda?
¿no oyes tascar dianas?
estoy plasmando tu fórmula de amor
para todos los huecos de este suelo.
Oh si se dispusieran los tácitos volantes
para todas las cintas más distantes,
para todas las citas más distintas.

Así, muerta inmortal. Así.
Bajo los dobles arcos de tu sangre, por donde
hay que pasar tan de puntillas, que hasta mi padre
para ir por allí,
humildose hasta menos de la mitad del hombre,
hasta ser el primer pequeño que tuviste.

Así, muerta inmortal.
Entre la columnata de tus huesos
que no puede caer ni a lloros,
y a cuyo lado ni el Destino pudo entrometer
ni un solo dedo suyo.

Así, muerta inmortal.
Así.

LXVI

Dobla el dos de Noviembre.

Estas sillas son buenas acogidas.
La rama del presentimiento
va, viene, sube, ondea sudorosa,
fatigada en esta sala.
Dobla triste el dos de Noviembre.

Difuntos, qué bajo cortan vuestros dientes
abolidos, repasando ciegos nervios,
sin recordar la dura fibra
que cantores obreros redondos remiendan
con cáñamo inacabable, de innumerables nudos
latientes de encrucijada.

Vosotros, difuntos, de las nítidas rodillas
puras a fuerza de entregaros,
cómo aserráis el otro corazón
con vuestras blancas coronas, ralas
de cordialidad. Sí. Vosotros, difuntos.

Dobla triste el dos de Noviembre.
Y la rama del presentimiento
se la muerde un carro que simplemente
rueda por la calle.

LXVII

Canta cerca el verano, y ambos
diversos erramos, al hombro
recodos, cedros, compases unípedos,
espatarrados en la sola recta inevitable.

Canta el verano y en aquellas paredes
endulzadas de marzo,
lloriquea, gusanea la arácnida acuarela
de la melancolía.

Cuadro enmarcado de trisado anélido, cuadro
que faltó en ese sitio para donde
pensamos que vendría el gran espejo ausente.
Amor, éste es el cuadro que faltó.

Mas, para qué me esforzaría
por dorar pajilla para tal encantada aurícula,
si, a espaldas de astros queridos,
se consiente el vacío, a pesar de todo.

Cuánta madre quedábase adentrada
siempre, en tenaz atavío de carbón, cuando
el cuadro faltaba, y para lo que crecería
al pie de ardua quebrada de mujer.

Así yo me decía: Si vendrá aquel espejo
que de tan esperado, ya pasa de cristal.
Me acababa la vida ¿para qué?
Me acababa la vida, para alzarnos

sólo de espejo a espejo.

LXVIII

Estamos a catorce de julio.
Son las cinco de la tarde. Llueve en toda
una tercera esquina de papel secante.
Y llueve más de abajo ay para arriba.

Dos lagunas las manos avanzan
de diez en fondo,
desde un martes cenagoso que ha seis días
está en los lagrimales helado.

Se ha degollado una semana
con las más agudas caídas; hase hecho
todo lo que puede hacer miserable genial
en gran taberna sin rieles. Ahora estamos
bien, con esta lluvia que nos lava
y nos alegra y nos hace gracia suave.

Hemos a peso bruto caminado, y, de un solo
desafío,
blanqueó nuestra pureza de animales.
Y preguntamos por el eterno amor,
por el encuentro absoluto,
por cuanto pasa de aquí para allá.
Y respondimos desde dónde los míos no son los tuyos,
desde qué hora el bordón, al ser portado,
sustenta y no es sustentado. (Neto).

Y era negro, colgado en un rincón,
sin proferir ni jota, mi paletó,
a
t
o
d
a
s
t
A

LXIX

Qué nos buscas, oh mar, con tus volúmenes
docentes! Qué inconsolable, qué atroz
estás en la febril solana.

Con tus azadones saltas,
con tus hojas saltas,
hachando, hachando en loco sésamo,
mientras tornan llorando las olas, después
de descalcar los cuatro vientos
y todos los recuerdos, en labiados plateles
de tungsteno, contractos de colmillos
y estáticas eles quelonias.

Filosofía de alas negras que vibran
al medroso temblor de los hombros del día.

El mar, y una edición en pie,
en su única hoja el anverso
de cara al reverso.

LXX

Todos sonríen del desgaire con que voyme a fondo, celular
de comer bien y bien beber.

Los soles andan sin yantar? O hay quien
les da granos como a pajarillos? Francamente,
yo no sé de esto casi nada.

Oh piedra, almohada bienfaciente al fin. Amémonos los vivos
a los vivos, que a las buenas cosas muertas será después. Cuánto
tenemos que quererlas
y estrecharlas, cuánto. Amemos las actualidades, que siempre no
estaremos como estamos.
Que interinos Barrancos no hay en los esenciales cementerios.

El porteo va en el alfar, a pico. La jornada nos da en el
cogollo, con su docena de escaleras, escaladas, en horizontizante
frustración de pies, por pávidas sandalias vacantes.

Y temblamos avanzar el paso, que no sabemos si damos con
el péndulo, o ya lo hemos cruzado.

LXXI

Serpea el sol en tu mano fresca,
y se derrama cauteloso en tu curiosidad.

Cállate. Nadie sabe que estás en mí,
toda entera. Cállate. No respires. Nadie
sabe mi merienda suculenta de unidad:
legión de oscuridades, amazonas de lloro.

Vanse los carros flagelados por la tarde,
y entre ellos los míos, cara atrás, a las riendas
fatales de tus dedos.
Tus manos y mis manos recíprocas se tienden
polos en guardia, practicando depresiones,
y sienes y costados.

Calla también, crepúsculo futuro,
y recógete a reír en lo íntimo, de este celo
de gallos ajisecos soberbiamente,
soberbiamente ennavajados
de cúpulas, de viudas mitades cerúleas.
Regocíjate, huérfano; bebe tu copa de agua
desde la pulpería de una esquina cualquiera.

LXXII

Lento salón en cono, te cerraron, te cerré,
aunque te quise, tú lo sabes,
y hoy de qué manos penderán tus llaves.

Desde estos muros derribamos los últimos
escasos pabellones que cantaban.
Los verdes han crecido. Veo labriegos trabajando,
los cerros llenos de triunfo.
Y el mes y medio transcurrido alcanza
para una mortaja, hasta demás.

Salón de cuatro entradas y sin una salida,
hoy que has honda murria, te hablo
por tus seis dialectos enteros.
Ya ni he de violentarte a que me seas,

de para nunca; ya no saltaremos
ningún otro portillo querido.

Julio estaba entonces de nueve. Amor
contó en sonido impar. Y la dulzura
dio para toda la mortaja, hasta demás.

LXXIII

Ha triunfado otro ay. La verdad está allí.
Y quien tal actúa ¿no va a saber
amaestrar excelentes digitigrados
para el ratón? Sí... No...?

Ha triunfado otro ay y contra nadie.
Oh exósmosis de agua químicamente pura.
Ah míos australes. Oh nuestros divinos.
                    Tengo pues derecho
a estar verde y contento y peligroso, y a ser
el cincel, miedo del bloque basto y vasto;
a meter la pata y a la risa.

Absurdo, sólo tú eres puro.
Absurdo, este exceso sólo ante ti se
suda de dorado placer.

LXXIV

Hubo un día tan rico el año pasado...!
que ya ni sé qué hacer con él.

Severas madres guías al colegio,
asedian las reflexiones, y nosotros enflechamos
la cara apenas. Para ya tarde saber
que en aquello gozna la travesura

y se rompe la sien.
Qué día el del año pasado,
que ya ni sé qué hacer con él,
rota la sien y todo.

Por esto nos separarán,
por eso y para ya no hagamos mal.
Y las reflexiones técnicas aún dicen
¿no las vas a oír?
que dentro de dos gráfilas oscuras y aparte,
por haber sido niños y también
por habernos juntado mucho en la vida,
reclusos para siempre nos irán a encerrar.

Para que te compongas.

LXXV

Estáis muertos.

Qué extraña manera de estarse muertos. Quienquiera diría no lo estáis. Pero, en verdad, estáis muertos.

Flotáis nadamente detrás de aquesa membrana que, péndula del zenit al nadir, viene y va de crepúsculo a crepúsculo, vibrando ante la sonora caja de una herida que a vosotros no os duele. Os digo, pues, que la vida está en el espejo, y que vosotros sois el original, la muerte.

Mientras la onda va, mientras la onda viene, cuán impunemente se está uno muerto. Sólo cuando las aguas se quebrantan en los bordes enfrentados, y se doblan y doblan, entonces os transfiguráis y creyendo morir, percibís la sexta cuerda que ya no es vuestra.

Estáis muertos, no habiendo antes vivido jamás. Quienquiera diría que, no siendo ahora, en otro tiempo fuisteis. Pero, en verdad, vosotros sois los cadáveres de una vida que nunca fue. Triste destino. El no haber sido sino muertos siempre. El ser hoja seca, sin haber sido verde jamás. Orfandad de orfandades.

Y sinembargo, los muertos no son, no pueden ser cadáveres de una vida que todavía no han vivido. Ellos murieron siempre de vida.

Estáis muertos.

LXXVI

De la noche a la mañana voy
sacando lengua a las más mudas equis.

En nombre de esa pura
que sabía mirar hasta ser 2.

En nombre de que la fui extraño,
llave y chapa muy diferentes.

En nombre della que no tuvo voz
ni voto, cuando se dispuso
esta su suerte de hacer.

Ebullición de cuerpos, sinembargo,
aptos; ebullición que siempre
tan sólo estuvo a 99 burbujas.

¡Remates, esposados en naturaleza,
de dos días que no se juntan,
que no se alcanzan jamás.

LXXVII

Graniza tánto, como para que yo recuerde
y acreciente las perlas
que he recogido del hocico mismo
de cada tempestad.

No se vaya a secar esta lluvia.
A menos que me fuese dado
caer ahora para ella, o que me enterrasen
mojado en el agua
que surtiera de todos los fuegos.

¿Hasta dónde me alcanzará esta lluvia?
Temo me quede con algún flanco seco;
temo que ella se vaya, sin haberme probado
en las sequías de increíbles cuerdas vocales,
por las que,
para dar armonía,
hay siempre que subir ¡nunca bajar!
¿No subimos acaso para abajo?

Canta, lluvia, en la costa aún sin mar!

[HAY UN LUGAR QUE YO ME SÉ]

Hay un lugar que yo me sé
en este mundo, nada menos,
adonde nunca llegaremos.

Donde, aun si nuestro pie
llegase a dar por un instante
será, en verdad, como no estarse.

Es ese sitio que se ve
a cada rato en esta vida,
andando, andando de uno en fila.

Más acá de mí mismo y de
mi par de yemas, lo he entrevisto
siempre lejos de los destinos.

Ya podéis iros a pie
o a puro sentimiento en pelo,
que a él no arriban ni los sellos.

El horizonte color té
se muere por colonizarle
para su gran Cualquiera parte.

Mas el lugar que yo me sé,
en este mundo, nada menos,
hombreado va con los reversos.

—Cerrad aquella puerta que
está entreabierta en las entrañas
de ese espejo. —¿Está?— No; su hermana.

—No se puede cerrar. No se
puede llegar nunca a aquel sitio
do van en rama los pestillos.

Tal es el lugar que yo me sé.

ESPAÑA, APARTA DE MÍ ESTE CÁLIZ

[1937]

I

HIMNO A LOS VOLUNTARIOS DE LA REPÚBLICA

Voluntario de España, miliciano
de huesos fidedignos, cuando marcha a morir tu corazón,
cuando marcha a matar con su agonía
mundial, no sé verdaderamente
qué hacer, dónde ponerme; corro, escribo, aplaudo,
lloro, atisbo, destrozo, apagan, digo
a mi pecho que acabe, al que bien que venga,
y quiero desgraciarme;
descúbrome la frente impersonal hasta tocar
el vaso de la sangre, me detengo,
detienen mi tamaño esas famosas caídas de arquitecto
con las que se honra el animal que me honra;
refluyen mis instintos a sus sogas,
humea ante mi tumba la alegría
y, otra vez, sin saber qué hacer, sin nada, déjame,
desde mi piedra en blanco, déjame,
solo,
cuadrumano, más acá, mucho más lejos,
al no caber entre mis manos tu largo rato extático,
quiebro contra tu rapidez de doble filo
mi pequeñez en traje de grandeza!

Un día diurno, claro, atento, fértil
¡oh bienio, el de los lóbregos semestres suplicantes,
por el que iba la pólvora mordiéndose los codos!

¡Oh dura pena y más duros pedernales!
¡Oh frenos los tascados por el pueblo!
Un día prendió el pueblo su fósforo cautivo, oró de cólera
y soberanamente pleno, circular,
cerró su natalicio con manos electivas;
arrastraban candado ya los déspotas
y en el candado, sus bacterias muertas...

¿Batallas? ¡No! ¡Pasiones Y pasiones precedidas
de dolores con rejas de esperanzas,
de dolores de pueblos con esperanzas de hombres!
¡Muerte y pasión de paz, las populares!
¡Muerte y pasión guerreras entre olivos, entendámosnos!
Tal en tu aliento cambian de agujas atmosféricas los vientos
y de llave las tumbas en tu pecho,
tu frontal elevándose a primera potencia de martirio.

El mundo exclama: «¡Cosas de españoles!» Y es verdad.
[Consideremos,
durante una balanza, a quema ropa,
a Calderón, dormido sobre la cola de un anfibio muerto
o a Cervantes, diciendo: «Mi reino es de este mundo, pero
también del otro»: ¡punta y filo en dos papeles!
Contemplemos a Goya, de hinojos y rezando ante un espejo,
a Coll, el paladín en cuyo asalto cartesiano
tuvo un sudor de nube el paso llano
o a Quevedo, ese abuelo instantáneo de los dinamiteros
o a Cajal, devorado por su pequeño infinito, o todavía
a Teresa, mujer, que muere porque no muere
o a Lina Odena, en pugna en más de un punto con Teresa...
(Todo acto o voz genial viene del pueblo
y va hacia él, de frente o transmitidos
por incesantes briznas, por el humo rosado
de amargas contraseñas sin fortuna).
Así tu criatura, miliciano, así tu exangüe criatura,
agitada por una piedra inmóvil,
se sacrifica, apártase,
decae para arriba y por su llama incombustible sube,
sube hasta los débiles,

distribuyendo españas a los toros,
toros a las palomas...

Proletario que mueres de universo, ¡en qué frenética armonía
acabará tu grandeza, tu miseria, tu vorágine impelente,
tu violencia metódica, tu caos teórico y práctico, tu gana
dantesca, españolísima, de amar, aunque sea a traición, a tu enemigo!
Liberador ceñido de grilletes,
sin cuyo esfuerzo hasta hoy continuaría sin asas la extensión,
vagarían acéfalos los clavos,
antiguo, lento, colorado, el día,
nuestros amados cascos, insepultos!
¡Campesino caído con tu verde follaje por el hombre,
con la inflexión social de tu meñique,
con tu buey que se queda, con tu física,
también con tu palabra atada a un palo
y tu cielo arrendado
y con la arcilla inserta en tu cansancio
y la que estaba en tu uña, caminando!
¡Constructores
agrícolas, civiles y guerreros,
de la activa, hormigueante eternidad: estaba escrito
que vosotros haríais la luz entornando
con la muerte vuestros ojos;
que, a la caída cruel de vuestras bocas,
vendrá en siete bandejas la abundancia, todo
en el mundo será de oro súbito
y el oro,
fabulosos mendigos de vuestra propia secreción de sangre,
y el oro mismo será entonces de oro!

¡Se amarán todos los hombres
y comerán tomados de las puntas de vuestros pañuelos tristes
y beberán en nombre
de vuestras gargantas infaustas!
Descansarán andando al pie de esta carrera,
sollozarán pensando en vuestras órbitas, venturosos
serán y al son
de vuestro atroz retorno, florecido, innato,

ajustarán mañana sus quehaceres, sus figuras soñadas y cantadas!
¡Unos mismos zapatos irán bien al que asciende
sin vías a su cuerpo
y al que baja hasta la forma de su alma!
¡Entrelazándose hablarán los mudos, los tullidos andarán!
¡Verán, ya de regreso, los ciegos
y palpitando escucharán los sordos!
¡Sabrán los ignorantes, ignorarán los sabios!
¡Serán dados los besos que no pudisteis dar!
¡Solo la muerte morirá! ¡La hormiga
traerá pedacitos de pan al elefante encadenado
a su brutal delicadeza; volverán
los niños abortados a nacer perfectos, espaciales
y trabajarán todos los hombres,
engendrarán todos los hombres,
comprenderán todos los hombres!

¡Obrero, salvador, redentor nuestro,
perdónanos, hermano, nuestras deudas!
Como dice un tambor al redoblar, en sus adagios:
¡qué jamás tan efímero, tu espalda!
¡qué siempre tan cambiante, tu perfil!

¡Voluntario italiano, entre cuyos animales de batalla
un león abisinio va cojeando!
¡Voluntario soviético, marchando a la cabeza de tu pecho universal!
¡Voluntarios del sur, del norte, del oriente
y tú, el occidental, cerrando el canto fúnebre del alba!
¡Soldado conocido, cuyo nombre desfila en el sonido de un abrazo!

¡Combatiente que la tierra criara, armándote
de polvo,
calzándote de imanes positivos,
vigentes tus creencias personales,
distinto de carácter, íntima tu férula,
el cutis inmediato,
andándote tu idioma por los hombros
y el alma coronada de guijarros!
¡Voluntario fajado de tu zona fría,

templada o tórrida,
héroes a la redonda,
víctima en columna de vencedores:
en España, en Madrid, están llamando
a matar, voluntarios de la vida!

¡Porque en España matan, otros matan
al niño, a su juguete que se para,
a la madre Rosenda esplendorosa,
al viejo Adán que hablaba en alta voz con su caballo
y al perro que dormía en la escalera.
Matan al libro, tiran a sus verbos auxiliares,
a su indefensa página primera!
Matan el caso exacto de la estatua,
al sabio, a su bastón, a su colega,
al barbero de al lado —me cortó posiblemente,
pero buen hombre y, luego, infortunado;
al mendigo que ayer cantaba enfrente,
a la enfermera que hoy pasó llorando,
al sacerdote a cuestas con la altura tenaz de sus rodillas...

¡Voluntarios,
por la vida, por los buenos, matad
a la muerte, matad a los malos!
¡Hacedlo por la libertad de todos,
del explotado y del explotador,
por la paz indolora —la sospecho
cuando duermo al pie de mi frente
y más cuando circulo dando voces—
y hacedlo, voy diciendo,
por el analfabeto a quien escribo,
por el genio descalzo y su cordero,
por los camaradas caídos,
sus cenizas abrazadas al cadáver de un camino!

Para que vosotros,
voluntarios de España y del mundo, vinierais,
soñé que era yo bueno, y era para ver
vuestra sangre, voluntarios...

De esto hace mucho pecho, muchas ansias,
muchos camellos en edad de orar.
Marcha hoy de vuestra parte el bien ardiendo,
os siguen con cariño los reptiles de pestaña inmanente
y, a dos pasos, a uno,
la dirección del agua que corre a ver su límite antes que arda.

II

BATALLAS

Hombre de Extremadura,
oigo bajo tu pie el humo del lobo,
el humo de la especie,
el humo del niño,
el humo solitario de dos trigos,
el humo de Ginebra, el humo de Roma, el humo de Berlín
y el de París y el humo de tu apéndice penoso
y el humo que, al fin, sale del futuro.
¡Oh vida! ¡Oh tierra! ¡Oh España!
¡Onzas de sangre,
metros de sangre, líquidos de sangre, sangre
a caballo, a pie, mural, sin diámetro,
sangre de cuatro en cuatro, sangre de agua
y sangre muerta de la sangre viva!

Extremeño, ¡oh no ser aún ese hombre
por el que te mató la vida y te parió la muerte
y quedarse tan solo a verte así, desde este lobo,
cómo sigues arando en nuestros pechos!
¡Extremeño, conoces
el secreto en dos voces, popular y táctil,
del cereal: ¡que nada vale tánto
como una gran raíz en trance de otra!
Extremeño acodado, representando al alma en su retiro,
acodado a mirar
el caber de una vida en una muerte!

¡Extremeño, y no haber tierra que hubiere
el peso de su arado, ni más mundo
que el color de tu yugo entre dos épocas; no haber
el orden de tus póstumos ganados!
¡Extremeño, dejásteme
verte desde este lobo, padecer,
pelear por todos y pelear
para que el individuo sea un hombre,
para que los señores sean hombres,
para que todo el mundo sea un hombre, y para
que hasta los animales sean hombres,
el caballo, un hombre,
el reptil, un hombre,
el buitre, un hombre honesto,
la mosca, un hombre, y el olivo, un hombre
y hasta el ribazo, un hombre
y el mismo cielo todo un hombrecito!

Luego, retrocediendo desde Talavera,
en grupos de a uno, armados de hambre, en masas de a uno,
armados de pecho hasta la frente,
sin aviones, sin guerra, sin rencor,
el perder a la espalda
y el ganar
más abajo del plomo, heridos mortalmente de honor,
locos de polvo, el brazo a pie,
amando por las malas,
ganando en español toda la tierra,
retroceder aún, y no saber
dónde poner su España,
dónde ocultar su beso de orbe,
dónde plantar su olivo de bolsillo!

Más desde aquí, más tarde,
desde el punto de vista de esta tierra,
desde el duelo al que fluye el bien satánico,
se ve la gran batalla de Guernica.
¡Lid a priori, fuera de la cuenta,

lid en paz, lid de las almas débiles
contra los cuerpos débiles, lid en que el niño pega,
sin que le diga nadie que pegara,
bajo su atroz diptongo
y bajo su habilísimo pañal,
y en que la madre pega con su grito, con el dorso de una lágrima
y en que el enfermo pega con su mal, con su pastilla y su hijo
y en que el anciano pega
con sus canas, sus siglos y su palo
y en que pega el presbítero con dios!
¡Tácitos defensores de Guernica!
¡Oh débiles! ¡Oh suaves ofendidos
que os eleváis, crecéis
y llenáis de poderosos débiles el mundo!

En Madrid, en Bilbao, en Santander,
los cementerios fueron bombardeados,
y los muertos inmortales,
de vigilantes huesos y hombro eterno, de las tumbas,
los muertos inmortales, de sentir, de ver, de oír
tan bajo el mal, tan muertos a los viles agresores,
reanudaron entonces sus penas inconclusas,
acabaron de llorar, acabaron
de esperar, acabaron
de sufrir, acabaron de vivir,
acabaron, en fin, de ser mortales!

!Y la pólvora fue, de pronto, nada,
cruzándose los signos y los sellos,
y a la explosión saliole al paso un paso,
y al vuelo a cuatro patas, otro paso
y al cielo apocalíptico, otro paso
y a los siete metales, la unidad,
sencilla, justa, colectiva, eterna.

¡Málaga sin padre ni madre
ni piedrecilla, ni horno, ni perro blanco!
¡Málaga sin defensa, donde nació mi muerte dando pasos
y murió de pasión mi nacimiento!

¡Málaga caminando tras de tus pies, en éxodo,
bajo el mal, bajo la cobardía, bajo la historia cóncava, indecible,
con la yema en tu mano: tierra orgánica!
y la clara en la punta del cabello: todo el caos!
¡Málaga huyendo
de padre a padre, familiar, de tu hijo a tu hijo,
a lo largo del mar que huye del mar,
a través del metal que huye del plomo,
a ras del suelo que huye de la tierra
y a las órdenes ¡ay!
de la profundidad que te quería!
¡Málaga a golpes, a fatídico coágulo, a bandidos, e infiernazos,
a cielazos,
andando sobre duro vino, en multitud,
sobre la espuma lila, de uno en uno,
sobre huracán estático y más lila,
y al compás de las cuatro órbitas que aman
y de las dos costillas que se matan!
¡Málaga de mi sangre diminuta
y mi coloración a gran distancia,
la vida sigue con tambor a tus honores alazanes,
con cohetes, a tus niños eternos
y con silencio a tu último tambor,
con nada, a tu alma,
y con más nada, a tu esternón genial!
¡Málaga, no te vayas con tu nombre!
¡Que si te vas,
te vas
toda, hacia ti, infinitamente en son total,
concorde con tu tamaño fijo en que me aloco,
con tu suela feraz y su agujero
y tu navaja antigua atada a tu hoz enferma
y tu madero atado a un martillo!
¡Málaga literal y malagüeña,
huyendo a Egipto, puesto que estás clavada,
alargando en sufrimiento idéntico tu danza,
resolviéndose en ti el volumen de la esfera,
perdiendo tu botijo, tus cánticos, huyendo
con tu España exterior y tu orbe innato!

¡Málaga por derecho propio
y en el jardín biológico, más Málaga!
¡Málaga en virtud
del camino, en atención al lobo que te sigue
y en razón del lobezno que te espera!
¡Málaga, que estoy llorando!
¡Málaga, que lloro y lloro!

III

Solía escribir con su dedo grande en el aire:
«¡Viban los compañeros! Pedro Rojas»,
de Miranda de Ebro, padre y hombre,
marido y hombre, ferroviario y hombre,
padre y más hombre, Pedro y sus dos muertes.

Papel de viento, lo han matado: ¡pasa!
Pluma de carne, lo han matado: ¡pasa!
¡Abisa a todos compañeros pronto!

Palo en el que han colgado su madero,
lo han matado;
¡lo han matado al pie de su dedo grande!
¡Han matado, a la vez, a Pedro, a Rojas!

¡Viban los compañeros
a la cabecera de su aire escrito!
¡Viban con esta b del buitre en las entrañas
de Pedro
y de Rojas, del héroe y del mártir!

Registrándole, muerto, sorprendiéronle
en su cuerpo un gran cuerpo, para
el alma del mundo,
y en la chaqueta una cuchara muerta.

Pedro también solía comer
entre las criaturas de su carne, asear, pintar
la mesa y vivir dulcemente
en representación de todo el mundo.
Y esta cuchara anduvo en su chaqueta,
despierto o bien cuando dormía, siempre,
cuchara muerta viva, ella y sus símbolos.
¡Abisa a todos compañeros pronto!
¡Viban los compañeros al pie de esta cuchara para siempre!

Lo han matado, obligándole a morir a
Pedro, a Rojas, al obrero, al hombre, a aquel
que nació muy niñín, mirando al cielo,
y que luego creció, se puso rojo
y luchó con sus células, sus nos, sus todavías, sus hambres,
[sus pedazos.
Lo han matado suavemente
entre el cabello de su mujer, la Juana Vásquez,
a la hora del fuego, al año del balazo
y cuando andaba cerca ya de todo.

Pedro Rojas, así, después de muerto,
se levantó, besó su catafalco ensangrentado,
lloró por España
y volvió a escribir con el dedo en el aire:
«¡Viban los compañeros! Pedro Rojas».

Su cadáver estaba lleno de mundo.

IV

Los mendigos pelean por España,
mendigando en París, en Roma, en Praga
y refrendando así, con mano gótica, rogante,
los pies de los Apóstoles, en Londres, en New York, en Méjico.

Los pordioseros luchan suplicando infernalmente
a Dios por Santander,
la lid en que ya nadie es derrotado.
Al sufrimiento antiguo
danse, encarnízanse en llorar plomo social
al pie del individuo,
y atacan a gemidos, los mendigos,
matando con tan solo ser mendigos.

Ruegos de infantería,
en que el arma ruega del metal para arriba,
y ruega la ira, más acá de la pólvora iracunda.
Tácitos escuadrones que disparan
con cadencia mortal, su mansedumbre,
desde un umbral, desde sí mismos, ¡ay! desde sí mismos.
Potenciales guerreros
sin calcetines al calzar el trueno,
satánicos, numéricos,
arrastrando sus títulos de fuerza,
migaja al cinto,
fusil doble calibre: sangre y sangre.
¡El poeta saluda al sufrimiento armado!

V

IMAGEN ESPAÑOLA DE LA MUERTE

¡Ahí pasa! ¡Llamadla! ¡Es su costado!
¡Ahí pasa la muerte por Irún;
sus pasos de acordeón, su palabrota,
su metro del tejido que te dije,
su gramo de aquel peso que he callado... si son ellos!

¡Llamadla! ¡Daos prisa! Va buscándome en los rifles,
como que sabe bien dónde la venzo,
cuál es mi maña grande, mis leyes especiosas, mis códigos
[terribles.

¡Llamadla! Ella camina exactamente como un hombre, entre las [fieras,
se apoya de aquel brazo que se enlaza a nuestros pies
cuando dormimos en los parapetos
y se pára a las puertas elásticas del sueño.

¡Gritó! ¡Gritó! ¡Gritó su grito nato, sensorial!
Gritara de vergüenza, de ver cómo ha caído entre las plantas,
de ver cómo se aleja de las bestias,
de oír cómo decimos: ¡Es la muerte!
¡De herir nuestros más grandes intereses!

(Porque elabora su hígado la gota que te dije, camarada;
porque se come el alma del vecino).

¡Llamadla! Hay que seguirla
hasta el pie de los tanques enemigos,
que la muerte es un ser sido a la fuerza,
cuyo principio y fin llevo grabados
a la cabeza de mis ilusiones,
por mucho que ella corra el peligro corriente
que tú sabes
y que haga como que hace que me ignora.
¡Llamadla! No es un ser, muerte violenta,
sino, apenas, lacónico suceso;
más bien su modo tira, cuando ataca,
tira a tumulto simple, sin órbitas ni cánticos de dicha;
más bien tira su tiempo audaz, a céntimo impreciso
y sus sordos quilates, a déspotas aplausos.
Llamadla, que en llamándola con saña, con figuras,
se la ayuda a arrastrar sus tres rodillas,
como, a veces,
a veces duelen, punzan fracciones enigmáticas, globales,
como, a veces, me palpo y no me siento.

¡Llamadla! ¡Daos prisa! Va buscándome,
con su coñac, su pómulo moral,
sus pasos de acordeón, su palabrota.
¡Llamadla! No hay que perderle el hilo en que la lloro.

De su olor para arriba, ¡ay de mi polvo, camarada!
De su pus para arriba, ¡ay de mi férula, teniente!
De su imán para abajo, ¡ay de mi tumba!

VI

CORTEJO TRAS LA TOMA DE BILBAO

Herido y muerto, hermano,
criatura veraz, republicana, están andando en tu trono,
desde que tu espinazo cayó famosamente;
están andando, pálido, en tu edad flaca y anual,
laboriosamente absorta ante los vientos.

Guerrero en ambos dolores,
siéntate a oír, acuéstate al pie del palo súbito,
inmediato de tu trono;
voltea;
están las nuevas sábanas, extrañas;
están andando, hermano, están andando.

Han dicho: «¡Cómo! ¡Dónde!...», expresándose
en trozos de paloma,
y los niños suben sin llorar a tu polvo.
Ernesto Zúñiga, duerme con la mano puesta,
con el concepto puesto,
en descanso tu paz, en paz tu guerra.

Herido mortalmente de vida, camarada,
camarada jinete,
camarada caballo entre hombre y fiera,
tus huesecillos de alto y melancólico dibujo
forman pompa española, pompa
laureada de finísimos andrajos!

Siéntate, pues, Ernesto,
oye que están andando, aquí, en tu trono,

desde que tu tobillo tiene canas.
¿Qué trono?
¡Tu zapato derecho! ¡Tu zapato!

VII

Varios días el aire, compañeros,
muchos días el viento cambia de aire,
el terreno, de filo,
de nivel el fusil republicano.
Varios días España está española.

Varios días el mal
mobiliza sus órbitas, se abstiene,
paraliza sus ojos escuchándolos.
Varios días orando con sudor desnudo,
los milicianos cuélganse del hombre.
Varios días, el mundo, camaradas,
el mundo está español hasta la muerte.

Varios días ha muerto aquí el disparo
y ha muerto el cuerpo en su papel de espíritu
y el alma es ya nuestra alma, compañeros.
Varios días el cielo,
este, el del día, el de la pata enorme.

Varios días Gijón;
muchos días, Gijón;
mucho tiempo, Gijón;
mucha tierra, Gijón;
mucho hombre, Gijón;
y mucho dios, Gijón,
muchísimas Españas ¡ay! Gijón.

Camaradas,
varios días el viento cambia de aire.

VIII

Aquí,
Ramón Collar,
prosigue tu familia soga a soga,
se sucede,
en tanto que visitas, tú, allá, a las siete espadas, en Madrid,
en el frente de Madrid.

¡Ramón Collar, yuntero
y soldado hasta yerno de tu suegro,
marido, hijo limítrofe del viejo Hijo del Hombre!
Ramón de pena, tú, Collar valiente,
paladín de Madrid y por cojones; Ramonete,
aquí,
los tuyos piensan mucho en tu peinado!

¡Ansiosos, ágiles de llorar, cuando la lágrima!
¡Y cuando los tambores, andan; hablan
delante de tu buey, cuando la tierra!

¡Ramón! ¡Collar! ¡A ti! ¡Si eres herido,
no seas malo en sucumbir; ¡refrénate!
Aquí,
tu cruel capacidad está en cajitas;
aquí,
tu pantalón oscuro, andando el tiempo,
sabe ya andar solísimo, acabarse;
aquí,
Ramón, tu suegro, el viejo,
te pierde a cada encuentro con su hija!

Te diré que han comido aquí tu carne,
sin saberlo,
tu pecho, sin saberlo,
tu pie;
pero cavilan todos en tus pasos coronados de polvo!

¡Han rezado a Dios,
aquí;
se han sentado en tu cama, hablando a voces
entre tu soledad y tus cositas;
no sé quién ha tomado tu arado, no sé quién
fue a ti, ni quién volvió de tu caballo!

¡Aquí, Ramón Collar, en fin, tu amigo!
¡Salud, hombre de Dios, mata y escribe!

IX

PEQUEÑO RESPONSO A UN HÉROE DE LA REPÚBLICA

Un libro quedó al borde de su cintura muerta,
un libro retoñaba de su cadáver muerto.
Se llevaron al héroe,
y corpórea y aciaga entró su boca en nuestro aliento;
sudamos todos, el hombligo a cuestas;
caminantes las lunas nos seguían;
también sudaba de tristeza el muerto.

Y un libro en la batalla de Toledo,
un libro, atrás un libro, arriba un libro, retoñaba del cadáver.
Poesía del pómulo morado, entre el decirlo
y el callarlo,
poesía en la carta moral que acompañara
a su corazón.
Quedose el libro y nada más, que no hay
insectos en la tumba,
y quedó al borde de su manga el aire remojándose
y haciéndose gaseoso, infinito.

Todos sudamos, el hombligo a cuestas,
también sudaba de tristeza el muerto
y un libro, yo lo vi sentidamente,
un libro, atrás un libro, arriba un libro
retoño del cadáver exabrupto.

X

INVIERNO EN LA BATALLA DE TERUEL

Cae agua de revólveres lavados!
Precisamente,
es la gracia metálica del agua,
en la tarde nocturna en Aragón,
no obstante las construidas yerbas,
las legumbres ardientes, las plantas industriales.

Precisamente,
es la rama serena de la química,
la rama de explosivos en un pelo,
la rama de automóviles en frecuencias y adioses.

Así responde el hombre, así a la muerte,
así mira de frente y escucha de costado,
así el agua, al contrario de la sangre, es de agua,
así el fuego, al revés de la ceniza, alisa sus rumiantes ateridos.

¿Quién va bajo la nieve? ¿Están matando? No.
Precisamente,
va la vida coleando, con su segunda soga.

¡Y horrísima es la guerra, solivianta,
lo pone a uno largo, ojoso;
da tumba la guerra, da caer,
da dar un salto extraño de antropoide!
Tú lo hueles, compañero, perfectamente,
al pisar
por distracción tu brazo entre cadáveres;
tú lo ves, pues tocaste tus testículos, poniéndote rojísimo;
tú lo oyes en tu boca de soldado natural.

Vamos, pues, compañero;
nos espera tu sombra apercibida,
nos espera tu sombra acuartelada,
mediodía capitán, noche soldado raso...

Por eso, al referirme a esta agonía,
aléjome de mí gritando fuerte:
¡Abajo mi cadáver!... Y sollozo.

XI

Miré el cadáver, su raudo orden visible
y el desorden lentísimo de su alma;
le vi sobrevivir; hubo en su boca
la edad entrecortada de dos bocas.
Le gritaron su número: pedazos.
Le gritaron su amor: ¡más le valiera!
Le gritaron su bala: ¡también muerta!

Y su orden digestivo sosteníase
y el desorden de su alma, atrás, en balde.
Le dejaron y oyeron, y es entonces
que el cadáver
casi vivió en secreto, en un instante;
mas le auscultaron mentalmente, ¡y fechas!
lloráronle al oído, ¡y también fechas!

XII

MASA

Al fin de la batalla,
y muerto el combatiente, vino hacia él un hombre
y le dijo: «No mueras; te amo tánto!».
Pero el cadáver ¡ay! siguió muriendo.

Se le acercaron dos y repitiéronle:
«¡No nos dejes! ¡Valor! ¡Vuelve a la vida!».
Pero el cadáver ¡ay! siguió muriendo.

Acudieron a él veinte, cien, mil, quinientos mil,
clamando: «¡Tánto amor y no poder nada contra la muerte!».
Pero el cadáver ¡ay! siguió muriendo.

Le rodearon millones de individuos,
con un ruego común: «¡Quédate hermano!».
Pero el cadáver ¡ay! siguió muriendo.

Entonces todos los hombres de la tierra
le rodearon; les vio el cadáver triste, emocionado;
incorporose lentamente,
abrazó al primer hombre; echose a andar...

XIII

REDOBLE FÚNEBRE A LOS ESCOMBROS DE DURANGO

Padre polvo que subes de España,
Dios te salve, libere y corone,
padre polvo que asciendes del alma.

Padre polvo que subes del fuego,
Dios te salve, te calce y dé un trono,
padre polvo que estás en los cielos.

Padre polvo, biznieto del humo,
Dios te salve y ascienda a infinito,
padre polvo, biznieto del humo.

Padre polvo en que acaban los justos,
Dios te salve y devuelva a la tierra,
padre polvo en que acaban los justos.

Padre polvo que creces en palmas,
Dios te salve y revista de pecho,
padre polvo, terror de la nada.

Padre polvo, compuesto de hierro,
Dios te salve y te dé forma de hombre,
padre polvo que marchas ardiendo.

Padre polvo, sandalia del paria,
Dios te salve y jamás te desate,
padre polvo, sandalia del paria.

Padre polvo que avientan los bárbaros,
Dios te salve y te ciña de dioses,
padre polvo que escoltan los átomos.

Padre polvo, sudario del pueblo,
Dios te salve del mal para siempre,
padre polvo español, padre nuestro!

Padre polvo que vas al futuro,
Dios te salve, te guíe y te dé alas,
padre polvo que vas al futuro.

XIV

¡Cuídate, España, de tu propia España!
¡Cuídate de la hoz sin el martillo,
cuídate del martillo sin la hoz!
¡Cuídate de la víctima apesar suyo,
del verdugo apesar suyo,
y del indiferente apesar suyo!
¡Cuídate del que, antes de que cante el gallo,
negárate tres veces,
y del que te negó, después, tres veces!
¡Cuídate de las calaveras sin las tibias,
y de las tibias sin las calaveras!
¡Cuídate de los nuevos poderosos!
¡Cuídate del que come tus cadáveres,
del que devora muertos a tus vivos!
¡Cuídate del leal ciento por ciento!

¡Cuídate del cielo más acá del aire
y cuídate del aire más allá del cielo!
¡Cuídate de los que te aman!
¡Cuídate de tus héroes!
¡Cuídate de tus muertos!
¡Cuídate de la República!
¡Cuídate del futuro!...

XV

ESPAÑA, APARTA DE MÍ ESTE CÁLIZ

Niños del mundo,
si cae España —digo, es un decir—
si cae
del cielo abajo su antebrazo que asen,
en cabestro, dos láminas terrestres;
niños, ¡qué edad la de las sienes cóncavas!
¡qué temprano en el sol lo que os decía!
¡qué pronto en vuestro pecho el ruido anciano!
¡qué viejo vuestro 2 en el cuaderno!

¡Niños del mundo, está
la madre España con su vientre a cuestas;
está nuestra maestra con sus férulas,
está madre y maestra,
cruz y madera, porque os dio la altura,
vértigo y división y suma, niños;
está con ella, padres procesales!

Si cae —digo, es un decir— si cae
España, de la tierra para abajo,
niños ¡cómo vais a cesar de crecer!
¡cómo va a castigar el año al mes!
¡cómo van a quedarse en diez los dientes,
en palote el diptongo, la medalla en llanto!
¡Cómo va el corderillo a continuar

atado por la pata al gran tintero!
¡Cómo vais a bajar las gradas del alfabeto
hasta la letra en que nació la pena!

Niños,
hijos de los guerreros, entre tanto,
bajad la voz que España está ahora mismo repartiendo
la energía entre el reino animal,
las florecillas, los cometas y los hombres.
¡Bajad la voz, que está
con su rigor, que es grande, sin saber
qué hacer, y está en su mano
la calavera hablando y habla y habla,
la calavera, aquella de la trenza,
la calavera, aquella de la vida!

¡Bajad la voz, os digo;
bajad la voz, el canto de las sílabas, el llanto
de la materia y el rumor menor de las pirámides, y aún
el de las sienes que andan con dos piedras!
¡Bajad el aliento, y si
el antebrazo baja,
si las férulas suenan, si es la noche,
si el cielo cabe en dos limbos terrestres,
si hay ruido en el sonido de las puertas,
si tardo,
si no veis a nadie, si os asustan
los lápices sin punta, si la madre
España cae —digo, es un decir—
salid, niños del mundo; id a buscarla!...

POEMAS HUMANOS

[1931-1937]

ALTURA Y PELOS

¿Quién no tiene su vestido azul?
¿Quién no almuerza y no toma el tranvía,
con su cigarrillo contratado y su dolor de bolsillo?
¡Yo que tan solo he nacido!
¡Yo que tan solo he nacido!

¿Quién no escribe una carta?
¿Quién no habla de un asunto muy importante,
muriendo de costumbre y llorando de oído?
¡Yo que solamente he nacido!
¡Yo que solamente he nacido!

¿Quién no se llama Carlos o cualquier otra cosa?
¿Quién al gato no dice gato gato?
¡Ay, yo que solo he nacido solamente!
¡Ay, yo que solo he nacido solamente!

YUNTAS

Completamente. Además, ¡vida!
Completamente. Además, ¡muerte!

Completamente. Además, ¡todo!
Completamente. Además, ¡nada!

Completamente. Además, ¡mundo!
Completamente. Además, ¡polvo!

Completamente. Además, ¡Dios!
Completamente. Además, ¡nadie!

Completamente. Además, ¡nunca!
Completamente. Además, ¡siempre!

Completamente. Además, ¡oro!
Completamente. Además, ¡humo!

Completamente. Además, ¡lágrimas!
Completamente. Además, ¡risas!...

¡Completamente!

[UN HOMBRE ESTÁ MIRANDO A UNA MUJER]

Un hombre está mirando a una mujer,
está mirándola inmediatamente,
con su mal de tierra suntuosa
y la mira a dos manos
y la tumba a dos pechos
y la mueve a dos hombres.

Pregúntome entonces, oprimiéndome
la enorme, blanca, acérrima costilla:
Y este hombre
¿no tuvo a un niño por creciente padre?
¿Y esta mujer, a un niño
por constructor de su evidente sexo?

Puesto que un niño veo ahora,
niño ciempiés, apasionado, enérgico;
veo que no le ven
sonarse entre los dos, colear, vestirse;

puesto que los acepto,
a ella en condición aumentativa,
a él en la flexión del heno rubio.

Y exclamo entonces, sin cesar ni uno
de vivir, sin volver ni uno
a temblar en la justa que venero:
¡Felicidad seguida
tardíamente del Padre,
del Hijo y de la Madre!
¡Instante redondo,
familiar, que ya nadie siente ni ama!
¡De qué deslumbramiento áfono, tinto,
se ejecuta el cantar de los cantares!
¡De qué tronco, el florido carpintero!
¡De qué perfecta axila, el frágil remo!
¡De qué casco, ambos cascos delanteros!

PRIMAVERA TUBEROSA

Esta vez, arrastrando briosa sus pobrezas
al sesgo de mi pompa delantera,
coteja su coturno con mi traspié sin taco,
la primavera exacta de picotón de buitre.

La perdí en cuanto tela de mis despilfarros,
juguela en cuanto pomo de mi aplauso;
el termómetro puesto, puesto el fin, puesto el gusano,
contusa mi doblez del otro día,
aguardela al arrullo de un grillo fugitivo
y despedila uñoso, somático, sufrido.

Veces latentes de astro,
ocasiones de ser gallina negra,
entabló la bandida primavera
con mi chusma de aprietos,
con mis apocamientos en camisa,
mi derecho soviético y mi gorra.

Veces las del bocado lauríneo,
con símbolos, tabaco, mundo y carne,
deglución translaticia bajo palio,
al són de los testículos cantores;
talentoso torrente el de mi suave suavidad,
rebatible a pedradas, ganable con tan solo suspirar...
Flora de estilo, plena,
citada en fangos de honor por rosas auditivas...
Respingo, coz, patada sencilla,
triquiñuela adorada... Cantan... Sudan...

TERREMOTO

¿Hablando de la leña, callo el fuego?
¿Barriendo el suelo, olvido el fósil?
Razonando,
¿mi trenza, mi corona de carne?
(Contesta, amado Hermeregildo, el brusco;
pregunta, Luis, el lento!)

¡Encima, abajo, con tamaña altura!
¡Madera, tras el reino de las fibras!
¡Isabel, con horizonte de entrada!
¡Lejos, al lado, astutos Atanacios!

¡Todo, la parte!
Unto a ciegas en luz mis calcetines,
en riesgo, la gran paz de este peligro,
y mis cometas, en la miel pensada,
el cuerpo, en miel llorada.

¡Pregunta, Luis; responde, Hermeregildo!
¡Abajo, arriba, al lado, lejos!
¡Isabel, fuego, diplomas de los muertos!
¡Horizonte, Atanacio, parte, todo!
¡Miel de miel, llanto de frente!

¡Reino de la madera,
corte oblicuo a la línea del camello,
fibra de mi corona de carne!

SOMBRERO, ABRIGO, GUANTES

Enfrente a la Comedia Francesa, está el Café
de la Regencia; en él hay una pieza
recóndita, con una butaca y una mesa.
Cuando entro, el polvo inmóvil se ha puesto ya de pie.

Entre mis labios hechos de jebe, la pavesa
de un cigarrillo humea, y en el humo se ve
dos humos intensivos, el tórax del Café,
y en el tórax, un óxido profundo de tristeza.

Importa que el otoño se injerte en los otoños,
importa que el otoño se integre de retoños,
la nube, de semestres; de pómulos, la arruga.

Importa oler a loco postulando
¡qué cálida es la nieve, qué fugaz la tortuga,
el cómo qué sencillo, qué fulminante el cuándo!

[HASTA EL DÍA EN QUE VUELVA, DE ESTA PIEDRA]

Hasta el día en que vuelva, de esta piedra
nacerá mi talón definitivo,
con su juego de crímenes, su yedra,
su obstinación dramática, su olivo.

Hasta el día en que vuelva, prosiguiendo,
con franca rectitud de cojo amargo,
de pozo en pozo, mi periplo, entiendo
que el hombre ha de ser bueno, sin embargo.

Hasta el día en que vuelva y hasta que ande
el animal que soy, entre sus jueces,
nuestro bravo meñique será grande,
digno, infinito dedo entre los dedos.

SALUTACIÓN ANGÉLICA

Eslavo con respecto a la palmera,
alemán de perfil al sol, inglés sin fin,
francés en cita con los caracoles,
italiano ex profeso, escandinavo de aire,
español de pura bestia, tal el cielo
ensartado en la tierra por los vientos,
tal el beso del límite en los hombros.

Mas solo tú demuestras, descendiendo
o subiendo del pecho, bolchevique,
tus trazos confundibles,
tu gesto marital,
tu cara de padre,
tus piernas de amado,
tu cutis por teléfono,
tu alma perpendicular
a la mía,
tus codos de justo
y un pasaporte en blanco en tu sonrisa.

Obrando por el hombre, en nuestras pausas,
matando, tú, a lo largo de tu muerte
y a lo ancho de un abrazo salubérrimo,
vi que cuando comías después, tenías gusto,
vi que en tus sustantivos creció yerba.
Yo quisiera, por eso,
tu calor doctrinal, frío y en barras,
tu añadida manera de mirarnos
y aquesos tuyos pasos metalúrgicos,
aquesos tuyos pasos de otra vida.

Y digo, bolchevique, tomando esa flaqueza
en su feroz linaje de exhalación terrestre:
hijo natural del bien y del mal
y viviendo talvez por vanidad, para que digan,
me dan tus simultáneas estaturas mucha pena,
puesto que tú no ignoras en quién se me hace tarde diariamente,
en quién estoy callado y medio tuerto.

EPÍSTOLA A LOS TRANSEÚNTES

Reanudo mi día de conejo,
mi noche de elefante en descanso.

Y, entre mí, digo:
esta es mi inmensidad en bruto, a cántaros,
este es mi grato peso, que me buscara abajo para pájaro;
este es mi brazo
que por su cuenta rehusó ser ala,
estas son mis sagradas escrituras,
estos mis alarmados compañones.

Lúgubre isla me alumbrará continental,
mientras el capitolio se apoye en mi íntimo derrumbe
y la asamblea en lanzas clausure mi desfile.

Pero cuando yo muera
de vida y no de tiempo,
cuando lleguen a dos mis dos maletas,
este ha de ser mi estómago en que cupo mi lámpara en pedazos,
esta aquella cabeza que expió los tormentos del círculo en mis pasos,
estos esos gusanos que el corazón contó por unidades,
este ha de ser mi cuerpo solidario
por el que vela el alma individual; este ha de ser
mi hombligo en que maté mis piojos natos,
esta mi cosa cosa, mi cosa tremebunda.
En tanto, convulsiva, ásperamente

convalece mi freno,
sufriendo como sufro del lenguaje directo del león;
y, puesto que he existido entre dos potestades de ladrillo,
convalezco yo mismo, sonriendo de mis labios.

[LOS MINEROS SALIERON DE LA MINA]

Los mineros salieron de la mina
remontando sus ruinas venideras,
fajaron su salud con estampidos
y, elaborando su función mental,
cerraron con sus voces
el socavón, en forma de síntoma profundo.

¡Era de ver sus polvos corrosivos!
¡Era de oír sus óxidos de altura!
Cuñas de boca, yunques de boca, aparatos de boca (¡Es formidable!)

El orden de sus túmulos,
sus inducciones plásticas, sus respuestas corales,
agolpáronse al pie de ígneos percances
y airente amarillura conocieron los trístidos y tristes,
imbuidos
del metal que se acaba, del metaloide pálido y pequeño.

Craneados de labor,
y calzados de cuero de vizcacha
calzados de senderos infinitos,
y los ojos de físico llorar,
creadores de la profundidad,
saben, a cielo intermitente de escalera,
bajar mirando para arriba,
saben subir mirando para abajo.

¡Loor al antiguo juego de su naturaleza,
a sus insomnes órganos, a su saliva rústica!
¡Temple, filo y punta, a sus pestañas!

¡Crezcan la yerba, el liquen y la rana en sus adverbios!
¡Felpa de hierro a sus nupciales sábanas!
¡Mujeres hasta abajo, sus mujeres!
¡Mucha felicidad para los suyos!
¡Son algo portentoso, los mineros
remontando sus ruinas venideras,
elaborando su función mental
y abriendo con sus voces
el socavón, en forma de síntoma profundo!
¡Loor a su naturaleza amarillenta,
a su linterna mágica,
a sus cubos y rombos, a sus percances plásticos,
a sus ojazos de seis nervios ópticos
y a sus hijos que juegan en la iglesia
y a sus tácitos padres infantiles!
¡Salud, oh creadores de la profundidad!... (Es formidable.)

[FUE DOMINGO EN LAS CLARAS OREJAS DE MI BURRO]

Fue domingo en las claras orejas de mi burro,
de mi burro peruano en el Perú (Perdonen la tristeza).
Mas hoy ya son las once en mi experiencia personal,
experiencia de un solo ojo, clavado en pleno pecho,
de una sola burrada, clavada en pleno pecho,
de una sola hecatombe, clavada en pleno pecho.

Tal de mi tierra veo los cerros retratados,
ricos en burros, hijos de burros, padres hoy de vista,
que tornan ya pintados de creencias,
cerros horizontales de mis penas.

En su estatua, de espada,
Voltaire cruza su capa y mira el zócalo,
pero el sol me penetra y espanta de mis dientes incisivos
un número crecido de cuerpos inorgánicos.

Y entonces sueño en una piedra
verduzca, diecisiete,
peñasco numeral que he olvidado,
sonido de años en el rumor de aguja de mi brazo,
lluvia y sol en Europa, y ¡cómo toso! ¡cómo vivo!
¡cómo me duele el pelo al columbrar los siglos semanales!
y cómo, por recodo, mi ciclo microbiano,
quiero decir mi trémulo, patriótico peinado.

TELÚRICA Y MAGNÉTICA

¡Mecánica sincera y peruanísima
la del cerro colorado!
¡Suelo teórico y práctico!
¡Surcos inteligentes; ejemplo: el monolito y su cortejo!
¡Papales, cebadales, alfalfares, cosa buena!
¡Cultivos que integra una asombrosa jerarquía de útiles
y que integran con viento los mujidos,
las aguas con su sorda antigüedad!

¡Cuaternarios maíces, de opuestos natalicios,
los oigo por los pies cómo se alejan,
los huelo retornar cuando la tierra
tropieza con la técnica del cielo!
¡Molécula exabrupto! ¡Átomo terso!

¡Oh campos humanos!
¡Solar y nutricia ausencia de la mar,
y sentimiento oceánico de todo!
¡Oh climas encontrados dentro del oro, listos!
¡Oh campo intelectual de cordillera,
con religión, con campo, con patitos!
¡Paquidermos en prosa cuando pasan
y en verso cuando páranse!
¡Roedores que miran con sentimiento judicial en torno!
¡Oh patrióticos asnos de mi vida!
¡Vicuña, descendiente
nacional y graciosa de mi mono!

¡Oh luz que dista apenas un espejo de la sombra,
que es vida con el punto y, con la línea, polvo
y que por eso acato, subiendo por la idea a mi osamenta!

¡Siega en época del dilatado molle,
del farol que colgaron de la sien
y del que descolgaron de la barreta espléndida!
¡Ángeles de corral,
aves por un descuido de la cresta!
¡Cuya o cuy para comerlos fritos
con el bravo rocoto de los templos!
(¿Cóndores? ¡Me friegan los cóndores!).
¡Leños cristianos en gracia
al tronco feliz y al tallo competente!
¡Familia de los líquenes,
especies en formación basáltica que yo
respeto
desde este modestísimo papel!
¡Cuatro operaciones, os sustraigo
para salvar al roble y hundirlo en buena ley!
¡Cuestas en infraganti!
¡Auquénidos llorosos, almas mías!
¡Sierra de mi Perú, Perú del mundo,
y Perú al pie del orbe; yo me adhiero!
¡Estrellas matutinas si os aromo
quemando hojas de coca en este cráneo,
y cenitales, si destapo,
de un solo sombrerazo, mis diez templos!
¡Brazo de siembra, bájate, y a pie!
¡Lluvia a base del mediodía,
bajo el techo de tejas donde muerde
la infatigable altura
y la tórtola corta en tres su trino!
¡Rotación de tardes modernas
y finas madrugadas arqueológicas!
¡Indio después del hombre y antes de él!
¡Lo entiendo todo en dos flautas
y me doy a entender en una quena!
¡Y lo demás, me las pelan!...

GLEBA

Con efecto mundial de vela que se enciende,
el prepucio directo, hombres a golpes,
funcionan los labriegos a tiro de neblina,
con alabadas barbas,
pie práctico y reginas sinceras de los valles.

Hablan como les vienen las palabras,
cambian ideas bebiendo
orden sacerdotal de una botella;
cambian también ideas tras de un árbol, parlando
de escrituras privadas, de la luna menguante
y de los ríos públicos! (Inmenso! Inmenso! Inmenso!)

Función de fuerza
sorda y de zarza ardiendo,
paso de palo,
gesto de palo,
acápites de palo,
la palabra colgando de otro palo.

De sus hombros arranca, carne a carne, la herramienta florecida,
de sus rodillas bajan ellos mismos por etapas hasta el cielo,
y, agitando
y
agitando sus faltas en forma de antiguas calaveras,
levantan sus defectos capitales con cintas,
su mansedumbre y sus
vasos sanguíneos, tristes, de jueces colorados.

Tienen su cabeza, su tronco, sus extremidades,
tienen su pantalón, sus dedos metacarpos y un palito;
para comer vistiéronse de altura
y se lavan la cara acariciándose con sólidas palomas.

Por cierto, aquestos hombres
cumplen años en los peligros,
echan toda la frente en sus salutaciones;

carecen de reloj, no se jactan jamás de respirar
y, en fin, suelen decirse: Allá, las putas, Luis Taboada, los ingleses;
allá ellos, allá ellos, allá ellos!

[PERO ANTES QUE SE ACABE]

Pero antes que se acabe
toda esta dicha, piérdela atajándola,
tómale la medida, por si rebasa tu ademán; rebásala,
ve si cabe tendida en tu extensión.

Bien la sé por su llave,
aunque no sepa a veces, si esta dicha
anda sola, apoyada en tu infortunio
o tañida, por solo darte gusto, en tus falanjas.
Bien la sé única, sola,
de una sabiduría solitaria.

En tu oreja el cartílago está hermoso
y te escribo por eso, te medito:
No olvides en tu sueño de pensar que eres feliz,
que la dicha es un hecho profundo, cuando acaba,
pero al llegar, asume
un caótico aroma de asta muerta.

Silbando a tu muerte,
sombrero a la pedrada,
blanco, ladeas a ganar tu batalla de escaleras,
soldado del tallo, filósofo del grano, mecánico del sueño.
(¿Me percibes, animal?
¿me dejo comparar como tamaño?
No respondes y callado me miras
a través de la edad de tu palabra).

Ladeando así tu dicha, volverá
a clamarla tu lengua, a despedirla,
dicha tan desgraciada de durar.

Antes, se acabará violentamente,
dentada, pedernalina estampa,
y entonces oirás cómo medito
y entonces tocarás cómo tu sombra es ésta mía desvestida
y entonces olerás cómo he sufrido.

PIENSAN LOS VIEJOS ASNOS

Ahora vestiríame
de músico por verle,
chocaría con su alma, sobándole el destino con mi mano,
le dejaría tranquilo, ya que es un alma a pausas,
en fin, le dejaría
posiblemente muerto sobre su cuerpo muerto.

Podría hoy dilatarse en este frío,
podría toser; le vi bostezar, duplicándose en mi oído
su aciago movimiento muscular.
Tal me refiero a un hombre, a su placa positiva
y, ¿por qué nó? a su boldo ejecutante,
aquel horrible filamento lujoso;
a su bastón con puño de plata con perrito,
y a los niños
que él dijo eran sus fúnebres cuñados.

Por eso vestiríame hoy de músico,
chocaría con su alma que quedose mirando a mi materia...

¡Mas ya nunca verele afeitándose al pie de su mañana;
ya nunca, ya jamás, ya para qué!

¡Hay que ver! ¡qué cosa cosa!
¡qué jamás de jamases su jamás!

[HOY ME GUSTA LA VIDA MUCHO MENOS]

Hoy me gusta la vida mucho menos,
pero siempre me gusta vivir: ya lo decía.
Casi toqué la parte de mi todo y me contuve
con un tiro en la lengua detrás de mi palabra.

Hoy me palpo el mentón en retirada
y en estos momentáneos pantalones yo me digo:
¡Tánta vida y jamás!
¡Tántos años y siempre mis semanas!...
Mis padres enterrados con su piedra
y su triste estirón que no ha acabado;
de cuerpo entero hermanos, mis hermanos,
y, en fin, mi sér parado y en chaleco.

Me gusta la vida enormemente,
pero, desde luego,
con mi muerte querida y mi café
y viendo los castaños frondosos de París
y diciendo:
Es un ojo éste, aquél; una frente esta, aquella... Y repitiendo:
¡Tánta vida y jamás me falla la tonada!
¡Tántos años y siempre, siempre, siempre!

Dije chaleco, dije
todo, parte, ansia, dije casi, por no llorar.
Que es verdad que sufrí en aquel hospital que queda al lado
y está bien y está mal haber mirado
de abajo para arriba mi organismo.

Me gustará vivir siempre, así fuese de barriga,
porque, como iba diciendo y lo repito,
¡tánta vida y jamás! ¡Y tántos años,
y siempre, mucho siempre, siempre siempre!

[CONFIANZA EN EL ANTEOJO, NÓ EN EL OJO]

Confianza en el anteojo, nó en el ojo;
en la escalera, nunca en el peldaño;
en el ala, nó en el ave
y en ti solo, en ti solo, en ti solo.

Confianza en la maldad, nó en el malvado;
en el vaso, mas nunca en el licor;
en el cadáver, no en el hombre
y en ti solo, en ti solo, en ti solo.

Confianza en muchos, pero ya no en uno;
en el cauce, jamás en la corriente;
en los calzones, no en las piernas
y en ti solo, en ti solo, en ti solo.

Confianza en la ventana, no en la puerta;
en la madre, mas no en los nueve meses;
en el destino, no en el dado de oro,
y en ti solo, en ti solo, en ti solo.

DOS NIÑOS ANHELANTES

No. No tienen tamaño sus tobillos; no es su espuela
suavísima, que da en las dos mejillas.
Es la vida no más, de bata y yugo.

No. No tiene plural su carcajada,
ni por haber salido de un molusco perpetuo, aglutinante,
ni por haber entrado al mar descalza,
es la que piensa y marcha, es la finita.
Es la vida no más; solo la vida.

Lo sé, lo intuyo cartesiano, autómata,
moribundo, cordial, en fin, espléndido.

Nada hay
sobre la ceja cruel del esqueleto;
nada, entre lo que dio y tomó con guante
la paloma, y con guante,
la eminente lombriz aristotélica;
nada delante ni detrás del yugo;
nada de mar en el océano
y nada
en el orgullo grave de la célula.
Solo la vida; así: cosa bravísima.

Plenitud inextensa,
alcance abstracto, venturoso, de hecho,
glacial y arrebatado, de la llama;
freno del fondo, rabo de la forma.
Pero aquello
para lo cual nací ventilándome
y crecí con afecto y drama propios,
mi trabajo rehúsalo,
mi sensación y mi arma lo involucran.
Es la vida y no más, fundada, escénica.

Y por este rumbo,
su serie de órganos extingue mi alma
y por este indecible, endemoniado cielo,
mi maquinaria da silbidos técnicos,
paso la tarde en la mañana triste
y me esfuerzo, palpito, tengo frío.

[OTRO POCO DE CALMA, CAMARADA]

Otro poco de calma, camarada;
un mucho inmenso, septentrional, completo,
feroz, de calma chica,
al servicio menor de cada triunfo
y en la audaz servidumbre del fracaso.

Embriaguez te sobra, y no hay
tanta locura en la razón, como este
tu raciocinio muscular, y no hay
más racional error que tu experiencia.

Pero, hablando más claro
y pensándolo en oro, eres de acero,
a condición que no seas
tonto y rehúses
entusiasmarte por la muerte tánto
y por la vida, con tu sola tumba.

Necesario es que sepas
contener tu volumen sin correr, sin afligirte,
tu realidad molecular entera
y más allá, la marcha de tus vivas
y más acá, tus mueras legendarios.

Eres de acero, como dicen,
con tal que no tiembles y no vayas
a reventar, compadre
de mi cálculo, enfático ahijado
de mis sales luminosas!

Anda, no más; resuelve,
considera tu crisis, suma, sigue,
tájala, bájala, ájala;
el destino, las energías íntimas, los catorce
versículos del pan: ¡cuántos diplomas
y poderes, al borde fehaciente de tu arranque!
¡Cuánto detalle en síntesis, contigo!
¡Cuánta presión idéntica, a tus pies!
¡Cuánto rigor y cuánto patrocinio!

Es idiota
ese método de padecimiento,
esa luz modulada y virulenta,
si con solo la calma haces señales
serias, características, fatales.

Vamos a ver, hombre;
cuéntame lo que me pasa,
que yo, aunque grite, estoy siempre a tus órdenes.

[ESTO]

Esto
sucedió entre dos párpados; temblé
en mi vaina, colérico, alcalino,
parado junto al lúbrico equinoccio,
al pie del frío incendio en que me acabo.

Resbalón alcalino, voy diciendo,
más acá de los ajos, sobre el sentido almíbar,
más adentro, muy más, de las herrumbres,
al ir el agua y al volver la ola.
Resbalón alcalino
también y grandemente, en el montaje colosal del cielo.

¡Qué venablos y harpones lanzaré, si muero
en mi vayna; daré en hojas de plátano sagrado
mis cinco huesecillos subalternos,
y en la mirada, la mirada misma!
(Dicen que en los suspiros se edifican
entonces acordeones óseos, táctiles;
dicen que cuando mueren así los que se acaban,
¡ay! mueren fuera del reloj, la mano
agarrada a un zapato solitario).

Comprendiéndolo y todo, coronel
y todo, en el sentido llorante de esta voz,
me hago doler yo mismo, extraigo tristemente,
por la noche, mis uñas;
luego no tengo nada y hablo solo,
reviso mis semestres
y para henchir mi vértebra, me toco.

[AL CAVILAR EN LA VIDA, AL CAVILAR]

Al cavilar en la vida, al cavilar
despacio en el esfuerzo del torrente,
alivia, ofrece asiento el existir,
condena a muerte;
envuelto en trapos blancos cae,
cae planetariamente
el clavo hervido en pesadumbre; cae!
(Acritud oficial, la de mi izquierda;
viejo bolsillo, en sí considerada, esta derecha).

¡Todo está alegre, menos mi alegría
y todo, largo, menos mi candor,
mi incertidumbre!
A juzgar por la forma, no obstante, voy de frente,
cojeando antiguamente,
y olvido por mis lágrimas mis ojos (Muy interesante)
y subo hasta mis pies desde mi estrella.

Tejo; de haber hilado, heme tejiendo.
Busco lo que me sigue y se me esconde entre arzobispos,
por debajo de mi alma y tras del humo de mi aliento.
Tal era la sensual desolación
de la cabra doncella que ascendía,
exhalando petróleos fatídicos,
ayer domingo en que perdí mi sábado.

Tal es la muerte, con su audaz marido.

[QUISIERA HOY SER FELIZ DE BUENA GANA]

Quisiera hoy ser feliz de buena gana,
ser feliz y portarme frondoso de preguntas,
abrir por temperamento de par en par mi cuarto, como loco,
y reclamar, en fin,
en mi confianza física acostado,

solo por ver si quieren,
solo por ver si quieren probar de mi espontánea posición,
reclamar, voy diciendo,
por qué me dan así tánto en el alma.

Pues quisiera en sustancia ser dichoso,
obrar sin bastón, laica humildad, ni burro negro.
Así las sensaciones de este mundo,
los cantos subjuntivos,
el lápiz que perdí en mi cavidad
y mis amados órganos de llanto.

Hermano persuasible, camarada,
padre por la grandeza, hijo mortal,
amigo y contendor, inmenso documento de Darwin:
¿a qué hora, pues, vendrán con mi retrato?
¿A los goces? ¿Acaso sobre goce amortajado?
¿Más temprano? ¿Quién sabe, a las porfías?

A las misericordias, camarada,
hombre mío en rechazo y observación, vecino
en cuyo cuello enorme sube y baja,
al natural, sin hilo, mi esperanza...

LOS NUEVE MONSTRUOS

I, desgraciadamente,
el dolor crece en el mundo a cada rato,
crece a treinta minutos por segundo, paso a paso,
y la naturaleza del dolor, es el dolor dos veces
y la condición del martirio, carnívora, voraz,
es el dolor dos veces
y la función de la yerba purísima, el dolor
dos veces
y el bien de sér, dolernos doblemente.

Jamás, hombres humanos,
hubo tánto dolor en el pecho, en la solapa, en la cartera,
en el vaso, en la carnicería, en la aritmética!
Jamás tánto cariño doloroso,
jamás tan cerca arremetió lo lejos,
jamás el fuego nunca
jugó mejor su rol de frío muerto!
Jamás, señor ministro de salud, fue la salud
más mortal
y la migraña extrajo tánta frente de la frente!
Y el mueble tuvo en su cajón, dolor,
el corazón, en su cajón, dolor,
la lagartija, en su cajón, dolor.

Crece la desdicha, hermanos hombres,
más pronto que la máquina, a diez máquinas, y crece
con la res de Rousseau, con nuestras barbas;
crece el mal por razones que ignoramos
y es una inundación con propios líquidos,
con propio barro y propia nube sólida!
Invierte el sufrimiento posiciones, da función
en que el humor acuoso es vertical
al pavimento,
el ojo es visto y esta oreja oída,
y esta oreja da nueve campanadas a la hora
del rayo, y nueve carcajadas
a la hora del trigo, y nueve sones hembras
a la hora del llanto, y nueve cánticos
a la hora del hambre y nueve truenos
y nueve látigos, menos un grito.

El dolor nos agarra, hermanos hombres,
por detrás, de perfil,
y nos aloca en los cinemas,
nos clava en los gramófonos,
nos desclava en los lechos, cae perpendicularmente
a nuestros boletos, a nuestras cartas;
y es muy grave sufrir, puede uno orar...
Pues de resultas

del dolor, hay algunos
que nacen, otros crecen, otros mueren,
y otros que nacen y no mueren, otros
que sin haber nacido, mueren, y otros
que no nacen ni mueren (son los más).

Y también de resultas
del sufrimiento, estoy triste
hasta la cabeza, y más triste hasta el tobillo,
de ver al pan, crucificado, al nabo,
ensangrentado,
llorando, a la cebolla,
al cereal, en general, harina,
a la sal, hecha polvo, al agua, huyendo,
al vino, un *ecce-homo*,
tan pálida a la nieve, al sol tan ardio!
¡Cómo, hermanos humanos,
no deciros que ya no puedo y
ya no puedo con tánto cajón,
tánto minuto, tánta
lagartija y tánta
inversión, tánto lejos y tánta sed de sed!
Señor Ministro de Salud: ¿qué hacer?
¡Ah! desgraciadamente, hombres humanos,
hay, hermanos, muchísimo que hacer.

[ME VIENE, HAY DÍAS, UNA GANA UBÉRRIMA, POLÍTICA]

Me viene, hay días, una gana ubérrima, política,
de querer, de besar al cariño en sus dos rostros,
y me viene de lejos un querer
demostrativo, otro querer amar, de grado o fuerza,
al que me odia, al que rasga su papel, al muchachito,
a la que llora por el que lloraba,
al rey del vino, al esclavo del agua,
al que ocultose en su ira,
al que suda, al que pasa, al que sacude su persona en mi alma.

Y quiero, por lo tanto, acomodarle
al que me habla, su trenza; sus cabellos, al soldado;
su luz, al grande; su grandeza, al chico.
Quiero planchar directamente
un pañuelo al que no puede llorar
y, cuando estoy triste o me duele la dicha,
remendar a los niños y a los genios.

Quiero ayudar al bueno a ser su poquillo de malo
y me urge estar sentado
a la diestra del zurdo, y responder al mudo,
tratando de serle útil
en todo lo que puedo, y también quiero muchísimo
lavarle al cojo el pie,
y ayudarle a dormir al tuerto próximo.

¡Ah querer, este, el mío, éste, el mundial,
interhumano y parroquial, provecto!
Me viene a pelo,
desde el cimiento, desde la ingle pública,
y, viniendo de lejos, da ganas de besarle
la bufanda al cantor,
y al que sufre, besarle en su sartén,
al sordo, en su rumor craneano, impávido;
al que me da lo que olvidé en mi seno,
en su Dante, en su Chaplin, en sus hombros.

Quiero, para terminar,
cuando estoy al borde célebre de la violencia
o lleno de pecho el corazón, querría
ayudar a reír al que sonríe,
ponerle un pajarillo al malvado en plena nuca,
cuidar a los enfermos enfadándolos,
comprarle al vendedor,
ayudarle a matar al matador —cosa terrible—
y quisiera yo ser bueno conmigo
en todo.

SERMÓN SOBRE LA MUERTE

Y, en fin, pasando luego al dominio de la muerte,
que actúa en escuadrón, previo corchete,
párrafo y llave, mano grande y diéresis,
¿a qué el pupitre asirio? ¿a qué el cristiano púlpito,
el intenso jalón del mueble vándalo
o, todavía menos, este esdrújulo retiro?

¿Es para terminar,
mañana, en prototipo del alarde fálico,
en diabetis y en blanca vacinica,
en rostro geométrico, en difunto,
que se hacen menester sermón y almendras,
que sobran literalmente patatas
y este espectro fluvial en que arde el oro
y en que se quema el precio de la nieve?
¿Es para eso, que morimos tánto?
¿Para solo morir,
tenemos que morir a cada instante?
¿Y el párrafo que escribo?
¿Y el corchete deísta que enarbolo?
¿Y el escuadrón en que falló mi casco?
¿Y la llave que va a todas las puertas?
¿Y la forense diéresis, la mano,
mi patata y mi carne y mi contradicción bajo la sábana?

Loco de mí, lovo de mí, cordero
de mí, sensato, caballísimo de mí!
¡Pupitre, sí, toda la vida; púlpito,
también, toda la muerte!
Sermón de la barbarie: estos papeles;
esdrújulo retiro: este pellejo.

De esta suerte, cogitabundo, aurífero, brazudo,
defenderé mi presa en dos momentos,
con la voz y también con la laringe,
y del olfato físico con que oro
y del instinto de inmovilidad con que ando,

me honraré mientras viva —hay que decirlo;
se enorgullecerán mis moscardones,
porque, al centro, estoy yo, y a la derecha,
también, y, a la izquierda, de igual modo.

[CONSIDERANDO EN FRÍO, IMPARCIALMENTE]

Considerando en frío, imparcialmente,
que el hombre es triste, tose y, sin embargo,
se complace en su pecho colorado;
que lo único que hace es componerse
de días;
que es lóbrego mamífero y se peina...

Considerando
que el hombre procede suavemente del trabajo
y repercute jefe, suena subordinado;
que el diagrama del tiempo
es constante diorama en sus medallas
y, a medio abrir, sus ojos estudiaron,
desde lejanos tiempos,
su fórmula famélica de masa...

Comprendiendo sin esfuerzo
que el hombre se queda, a veces, pensando,
como queriendo llorar,
y, sujeto a tenderse como objeto,
se hace buen carpintero, suda, mata
y luego canta, almuerza, se abotona...

Considerando también
que el hombre es en verdad un animal
y, no obstante, al voltear, me da con su tristeza en la cabeza...
Examinando, en fin,
sus encontradas piezas, su retrete,
su desesperación, al terminar el día atroz, borrándolo...

Comprendiendo
que él sabe que le quiero,
que le odio con afecto y me es, en suma, indiferente...

Considerando sus documentos generales
y mirando con lentes aquel certificado
que prueba que nació muy pequeñito...

le hago una seña,
viene,
y le doy un abrazo, emocionado.
¡Qué más da! Emocionado... Emocionado...

GUITARRA

El placer de sufrir, de odiar, me tiñe
la garganta con plásticos venenos,
mas la cerda que implanta su orden mágico,
su grandeza taurina, entre la prima
y la sexta
y la octava mendaz, las sufre todas.

El placer de sufrir... ¿Quién? ¿a quién?
¿quién, las muelas? ¿a quién la sociedad,
los carburos de rabia de la encía?
¿Cómo ser
y estar, sin darle cólera al vecino?

Vales más que mi número, hombre solo,
y valen más que todo el diccionario,
con su prosa en verso,
con su verso en prosa,
tu función águila,
tu mecanismo tigre, blando prójimo.

El placer de sufrir,
de esperar esperanzas en la mesa,

el domingo con todos los idiomas,
el sábado con horas chinas, belgas,
la semana, con dos escupitajos.

El placer de esperar en zapatillas,
de esperar encogido tras de un verso,
de esperar con pujanza y mala poña;
el placer de sufrir: zurdazo de hembra
muerta con una piedra en la cintura
y muerta entre la cuerda y la guitarra,
llorando días y cantando meses.

ANIVERSARIO

¡Cuánto catorce ha habido en la existencia!
¡Qué créditos con bruma, en una esquina!
¡Qué diamante sintético, el del casco!
¡Cuanta más dulcedumbre
a lo largo, más honda superficie:
¡cuánto catorce ha habido en tan poco uno!

¡Qué deber,
qué cortar y qué tajo,
de memoria a memoria, en la pestaña!
¡Cuanto más amarillo, más granate!
¡Cuánto catorce en un solo catorce!

Acordeón de la tarde, en esa esquina,
piano de la mañana, aquella tarde;
clarín de carne,
tambor de un solo palo,
guitarra sin cuarta ¡cuánta quinta,
y cuánta reunión de amigos tontos
y qué nido de tigres el tabaco!
¡Cuánto catorce ha habido en la existencia!

¿Qué te diré ahora,
quince feliz, ajeno, quince de otros?
Nada más que no crece ya el cabello,
que han venido por las cartas,
que me brillan los seres que he parido,
que no hay nadie en mi tumba
y que me han confundido con mi llanto.

¡Cuánto catorce ha habido en la existencia!

[PARADO EN UNA PIEDRA]

Parado en una piedra,
desocupado,
astroso, espeluznante,
a la orilla del Sena, va y viene.
Del río brota entonces la conciencia,
con peciolo y rasguños de árbol ávido:
del río sube y baja la ciudad, hecha de lobos abrazados.

El parado la ve yendo y viniendo,
monumental, llevando sus ayunos en la cabeza cóncava,
en el pecho sus piojos purísimos
y abajo
su pequeño sonido, el de su pelvis,
callado entre dos grandes decisiones,
y abajo,
más abajo,
un papelito, un clavo, una cerilla...

¡Este es, trabajadores, aquel
que en la labor sudaba para afuera,
que suda hoy para adentro su secreción de sangre rehusada!
Fundidor del cañón, que sabe cuántas zarpas son acero,
tejedor que conoce los hilos positivos de sus venas,
albañil de pirámides,
constructor de descensos por columnas

serenas, por fracasos triunfales,
parado individual entre treinta millones de parados,
andante en multitud,
¡qué salto el retratado en su talón
y qué humo el de su boca ayuna, y cómo
su talle incide, canto a canto, en su herramienta atroz, parada,
y qué idea de dolorosa válvula en su pómulo!
También parado el hierro frente al horno,
paradas las semillas con sus sumisas síntesis al aire,
parados los petróleos conexos,
parada en sus auténticos apóstrofes la luz,
parados de crecer los laureles,
paradas en un pie las aguas móviles
y hasta la tierra misma, parada de estupor ante este paro,
¡qué salto el retratado en sus tendones!
¡qué transmisión entablan sus cien pasos!
¡cómo chilla el motor en su tobillo!
¡cómo gruñe el reloj, paseándose impaciente a sus espaldas!
¡cómo oye deglutir a los patrones
el trago que le falta, camaradas,
y el pan que se equivoca de saliva,
y, oyéndolo, sintiéndolo, en plural, humanamente,
¡cómo clava el relámpago
su fuerza sin cabeza en su cabeza!
y lo que hacen, abajo, entonces, ¡ay!
más abajo, camaradas,
el papelucho, el clavo, la cerilla,
el pequeño sonido, el piojo padre!

[VA CORRIENDO, ANDANDO, HUYENDO]

Va corriendo, andando, huyendo
de sus pies...
Va con dos nubes en su nube,
sentado apócrifo, en la mano insertos
sus tristes paras, sus entonces fúnebres.

Corre de todo, andando
entre protestas incoloras; huye
subiendo, huye
bajando, huye
a paso de sonata, huye
alzando al mal en brazos,
huye
directamente a sollozar a solas.

Adonde vaya,
lejos de sus fragosos, cáusticos talones,
lejos del aire, lejos de su viaje,
a fin de huir, huir y huir y huir
de sus pies —hombre en dos pies, parado
de tánto huir— habrá sed de correr.

¡Y ni el árbol, si endosa hierro de oro!
¡Y ni el hierro, si cubre su hojarasca!
Nada, sino sus pies,
nada sino su breve calofrío,
sus paras vivos, sus entonces vivos...

[POR ÚLTIMO, SIN ESE BUEN AROMA SUCESIVO]

Por último, sin ese buen aroma sucesivo,
sin él,
sin su cuociente melancólico,
cierra su manto mi ventaja suave,
mis condiciones cierran sus cajitas.

¡Ay, cómo la sensación arruga tánto!
¡ay, cómo una idea fija me ha entrado en una uña!

Albino, áspero, abierto, con temblorosa hectárea,
mi deleite cae viernes,
mas mi triste tristumbre se compone de cólera y tristeza
y, a su borde arenoso e indoloro,
la sensación me arruga, me arrincona.

Ladrones de oro, víctimas de plata:
el oro que robara yo a mis víctimas,
¡rico de mí olvidándolo!;
la plata que robara a mis ladrones,
¡pobre de mí olvidándolo!

Execrable sistema, clima en nombre del cielo, del bronquio
[y la quebrada,
la cantidad enorme de dinero que cuesta el ser pobre...

PIEDRA NEGRA SOBRE UNA PIEDRA BLANCA

Me moriré en París con aguacero,
un día del cual tengo ya el recuerdo.
Me moriré en París —y no me corro—
talvez un jueves, como es hoy, de otoño.

Jueves será, porque hoy, jueves, que proso
estos versos, los húmeros me he puesto
a la mala y, jamás como hoy, me he vuelto,
con todo mi camino, a verme solo.

César Vallejo ha muerto, le pegaban
todos sin que él les haga nada;
le daban duro con un palo y duro

también con una soga; son testigos
los días jueves y los huesos húmeros,
la soledad, la lluvia, los caminos...

POEMA PARA SER LEÍDO Y CANTADO

Sé que hay una persona
que me busca en su mano, día y noche,
encontrándome, a cada minuto, en su calzado.

¿Ignora que la noche está enterrada
con espuelas detrás de la cocina?

Sé que hay una persona compuesta de mis partes,
a la que integro cuando va mi talle
cabalgando en su exacta piedrecilla.
¿Ignora que a su cofre
no volverá moneda que salió con su retrato?

Sé el día,
pero el sol se me ha escapado;
sé el acto universal que hizo en su cama
con ajeno valor y esa agua tibia, cuya
superficial frecuencia es una mina.
¿Tan pequeña es, acaso, esa persona,
que hasta sus propios pies así la pisan?

Un gato es el lindero entre ella y yo,
al lado mismo de su tasa de agua.
La veo en las esquinas, se abre y cierra
su veste, antes palmera interrogante...
¿Qué podrá hacer sino cambiar de llanto?

Pero me busca y busca. ¡Es una historia!

[DE DISTURBIO EN DISTURBIO]

De disturbio en disturbio
subes a acompañarme a estar solo;
yo lo comprendo andando de puntillas,
con un pan en la mano, un camino en el pie
y haciendo, negro hasta sacar espuma,
mi perfil su papel espeluznante.

Ya habías disparado para atrás tu violencia
neumática, otra época, mas luego
me sostienes ahora en brazo de honra fúnebre

y sostienes el rumbo de las cosas en brazo de honra fúnebre,
la muerte de las cosas resumida en brazo de honra fúnebre.

Pero, realmente y puesto
que tratamos de la vida,
cuando el hecho de entonces eche crin en tu mano,
al seguir tu rumor como regando,
cuando sufras en suma de kanguro,
olvídame, sosténme todavía, compañero de cantidad pequeña,
azotado de fechas con espinas,
olvídame y sosténme por el pecho,
jumento que te paras en dos para abrazarme;
duda de tu excremento unos segundos,
observa cómo el aire empieza a ser el cielo levantándose,
hombrecillo,
hombrezuelo,
hombre con taco, quiéreme, acompáñame...

Ten presente que un día
ha de cantar un mirlo de sotana
sobre mi tonelada ya desnuda.
(Cantó un mirlo llevando las cintas de mi gramo entre su pico)
Ha de cantar calzado de este sollozo innato,
hombre con taco,
y, simultánea, doloridamente,
ha de cantar calzado de mi paso,
y no oírlo, hombrezuelo, será malo,
será denuesto y hoja,
pesadumbre, trenza, humo quieto.

Perro parado al borde de una piedra
es el vuelo en su curva;
también tenlo presente, hombrón hasta arriba.
Te lo recordarán el peso bajo, de ribera adversa,
el peso temporal, de gran silencio,
más eso de los meses y aquello que regresa de los años.

INTENSIDAD Y ALTURA

Quiero escribir, pero me sale espuma,
quiero decir muchísimo y me atollo;
no hay cifra hablada que no sea suma,
no hay pirámide escrita, sin cogollo.

Quiero escribir, pero me siento puma;
quiero laurearme, pero me encebollo.
No hay toz hablada, que no llegue a bruma,
no hay dios ni hijo de dios, sin desarrollo.

Vámonos, pues, por eso, a comer yerba,
carne de llanto, fruta de gemido,
nuestra alma melancólica en conserva.

Vámonos! Vámonos! Estoy herido;
Vámonos a beber lo ya bebido,
vámonos, cuervo, a fecundar tu cuerva.

[¡DE PURO CALOR TENGO FRÍO]

¡De puro calor tengo frío,
hermana Envidia!
Lamen mi sombra leones
y el ratón me muerde el nombre,
¡madre alma mía!

¡Al borde del fondo voy,
cuñado Vicio!
La oruga tañe su voz,
y la voz tañe su oruga,
¡padre cuerpo mío!

¡Está de frente mi amor,
nieta Paloma!

De rodillas, mi terror
y de cabeza, mi angustia,
¡madre alma mía!

Hasta que un día sin dos,
esposa Tumba,
mi último hierro dé el son
de una víbora que duerme,
¡padre cuerpo mío!...

[UN PILAR SOPORTANDO CONSUELOS]

Un pilar soportando consuelos,
pilar otro,
pilar en duplicado, pilaroso
y como nieto de una puerta oscura.
Ruido perdido, el uno, oyendo, al borde del cansancio;
bebiendo, el otro, dos a dos, con asas.

¿Ignoro acaso el año de este día,
el odio de este amor, las tablas de esta frente?
¿Ignoro que esta tarde cuesta días?
¿Ignoro que jamás se dice «nunca», de rodillas?

Los pilares que vi me están oyendo;
otros pilares son, doses y nietos tristes de mi pierna.
¡Lo digo en cobre americano,
que le debe a la plata tánto fuego!

Consolado en terceras nupcias,
pálido, nacido,
voy a cerrar mi pila bautismal, esta vidriera,
este susto con tetas,
este dedo en capilla,
corazónmente unido a mi esqueleto.

[CALOR, CANSADO VOY CON MI ORO, A DONDE]

Calor, cansado voy con mi oro, a donde
acaba mi enemigo de quererme.
¡C'est Septembre attiédi, por ti, Febrero!
Es como si me hubieran puesto aretes.

París, y 4, y 5, y la ansiedad
colgada, en el calor, de mi hecho muerto.
¡C'est París reine du monde!
Es como si se hubieran orinado.

Hojas amargas de mensual tamaño
y hojas del Luxemburgo polvorosas.
¡C'est l'été, por ti, invierno de alta pleura!
Es como si se hubieran dado vuelta.

Calor, París, Otoño, ¡cuánto estío
en medio del calor y de la urbe!
¡C'est la vie mort de la Mort!
Es como si contaran mis pisadas.

¡Es como si me hubieran puesto aretes!
¡Es como si se hubieran orinado!
¡Es como si te hubieras dado vuelta!
¡Es como si contaran mis pisadas!

PANTEÓN

He visto ayer sonidos generales,
　　　　　　　　　　mortuoriamente,
　　　　　　　　　　puntualmente alejarse,
cuando oí desprenderse del ocaso
　　　　　　　　　　tristemente
　　　　　　　　　　exactamente un arco, un arcoíris.

Vi el tiempo generoso del minuto,
infinitamente
atado locamente al tiempo grande,
pues que estaba la hora
suavemente
premiosamente henchida de dos horas.

Dejóse comprender, llamar, la tierra
terrenalmente;
negóse brutalmente así a mi historia,
y si vi, que me escuchen, pues, en bloque,
si toqué esta mecánica, que vean
lentamente,
despacio, vorazmente, mis tinieblas.

Y si vi en la lesión de la respuesta,
claramente,
la lesión mentalmente de la incógnita,

si escuché, si pensé en mis ventanillas
nasales, funerales, temporales,
fraternalmente, piadosamente echadme
[a los filósofos.

Mas no más inflexión precipitada
en canto llano, y no más
el hueso colorado, el son del alma
tristemente
erguida ecuestremente en mi espinazo,
ya que, en suma, la vida es
implacablemente,
imparcialmente horrible, estoy seguro.

[QUEDEME A CALENTAR LA TINTA EN QUE ME AHOGO]

Quedeme a calentar la tinta en que me ahogo
y a escuchar mi caverna alternativa,
noches de tacto, días de abstracción.

Se estremeció la incógnita en mi amígdala
y crují de una anual melancolía,
noches de sol, días de luna, ocasos de París.

Y todavía, hoy mismo, al atardecer,
digiero sacratísimas constancias,
noches de madre, días de biznieta
bicolor, voluptuosa, urgente, linda.

Y aun
alcanzo, llego hasta mí en avión de dos asientos,
bajo la mañana doméstica y la bruma
que emergió eternamente de un instante.

Y todavía,
aun ahora,
al cabo del cometa en que he ganado
mi bacilo feliz y doctoral,
he aquí que caliente, oyente, tierro, sol y luno,
incógnito atravieso el cementerio,
tomo a la izquierda, hiendo
la yerba con un par de endecasílabos,
años de tumba, litros de infinito,
tinta, pluma, ladrillos y perdones.

[ACABA DE PASAR EL QUE VENDRÁ]

Acaba de pasar el que vendrá
proscrito, a sentarse en mi triple desarrollo;
acaba de pasar criminalmente.

Acaba de sentarse más acá,
a un cuerpo de distancia de mi alma,
el que vino en un asno a enflaquecerme;
acaba de sentarse de pie, lívido.

Acaba de darme lo que está acabado,
el calor del fuego y el pronombre inmenso
que el animal crio bajo su cola.

Acaba
de expresarme su duda sobre hipótesis lejanas
que él aleja, aún más, con la mirada.

Acaba de hacer al bien los honores que le tocan
en virtud del infame paquidermo,
por lo soñado en mí y en él matado.

Acaba de ponerme (no hay primera)
su segunda aflixión en plenos lomos
y su tercer sudor en plena lágrima.

Acaba de pasar sin haber venido.

LA RUEDA DEL HAMBRIENTO

Por entre mis propios dientes salgo humeando,
dando voces, pujando,
bajándome los pantalones...
Váca mi estómago, váca mi yeyuno,
la miseria me saca por entre mis propios dientes,
cogido con un palito por el puño de la camisa.

Una piedra en qué sentarme
¿no habrá ahora para mí?
Aun aquella piedra en que tropieza la mujer que ha dado a luz,
la madre del cordero, la causa, la raíz,
¿ésa no habrá ahora para mí?
¡Siquiera aquella otra,
que ha pasado agachándose por mi alma!
Siquiera
la calcárida o la mala (humilde océano)

o la que ya no sirve ni para ser tirada contra el hombre,
¡ésa dádmela ahora para mí!

Siquiera la que hallaren atravesada y sola en un insulto,
¡ésa dádmela ahora para mí!
Siquiera la torcida y coronada, en que resuena
solamente una vez el andar de las rectas conciencias,
o, al menos, esa otra, que arrojada en digna curva,
va a caer por sí misma,
en profesión de entraña verdadera,
¡ésa dádmela ahora para mí!

Un pedazo de pan, ¿tampoco habrá ahora para mí?
Ya no más he de ser lo que siempre he de ser,
pero dadme
una piedra en que sentarme,
pero dadme,
por favor, un pedazo de pan en que sentarme,
pero dadme
en español
algo, en fin, de beber, de comer, de vivir, de reposarse,
y después me iré...
Hallo una extraña forma, está muy rota
y sucia mi camisa
y ya no tengo nada, esto es horrendo.

[LA VIDA, ESTA VIDA]

La vida, esta vida
me placía, su instrumento, esas palomas...
Me placía escucharlas gobernarse en lontananza,
advenir naturales, determinado el número,
y ejecutar, según sus aflicciones, sus dianas de animales.

Encogido,
oí desde mis hombros
su sosegada producción,

cave los albañales sesgar sus trece huesos,
dentro viejo tornillo hincharse el plomo.
Sus paujiles picos,
pareadas palomitas,
las póbridas, hojeándose los hígados,
sobrinas de la nube... Vida! Vida! Esta es la vida!

Zurear su tradición rojo les era,
rojo moral, palomas vigilantes,
talvez rojo de herrumbre,
si caían entonces azulmente.

Su elemental cadena,
sus viajes de individuales pájaros viajeros,
echaron humo denso,
pena física, pórtico influyente.

Palomas saltando, indelebles
palomas olorosas,
manferidas venían, advenían
por azarosas vías digestivas,
a contarme sus cosas fosforosas,
pájaros de contar,
pájaros transitivos y orejones...

No escucharé ya más desde mis hombros
huesudo, enfermo, en cama,
ejecutar sus dianas de animales... Me doy cuenta.

PALMAS Y GUITARRA

Ahora, entre nosotros, aquí,
ven conmigo, trae por la mano a tu cuerpo
y cenemos juntos y pasemos un instante la vida
a dos vidas y dando una parte a nuestra muerte.
Ahora, ven contigo, hazme el favor
de quejarte en mi nombre y a la luz de la noche teneblosa

en que traes a tu alma de la mano
y huimos en puntillas de nosotros.

Ven a mí, sí, y a ti, sí,
con paso par, a vernos a los dos con paso impar,
marcar el paso de la despedida.
¡Hasta cuando volvamos! ¡Hasta la vuelta!
¡Hasta cuando leamos, ignorantes!
¡Hasta cuando volvamos, despidámonos!

¿Qué me importan los fusiles,
escúchame;
escúchame, ¿qué impórtanme,
si la bala circula ya en el rango de mi firma?
¿Qué te importan a ti las balas,
si el fusil está humeando ya en tu olor?
Hoy mismo pesaremos
en los brazos de un ciego nuestra estrella
y, una vez que me cantes, lloraremos.
Hoy mismo, hermosa, con tu paso par
y tu confianza a que llegó mi alarma,
saldremos de nosotros, dos a dos,
¡Hasta cuando seamos ciegos!
¡Hasta
que lloremos de tánto volver!

Ahora,
entre nosotros, trae
por la mano a tu dulce personaje
y cenemos juntos y pasemos un instante la vida
a dos vidas y dando una parte a nuestra muerte.
Ahora, ven contigo, hazme el favor
de cantar algo
y de tocar en tu alma, haciendo palmas.
¡Hasta cuando volvamos! ¡Hasta entonces!
¡Hasta cuando partamos, despidámonos!

[¿QUÉ ME DA, QUE ME AZOTO CON LA LÍNEA]

¿Qué me da, que me azoto con la línea
y creo que me sigue, al trote, el punto?

¿Qué me da, que me he puesto
en los hombros un huevo en vez de un manto?

¿Qué me ha dado, que vivo?
¿Qué me ha dado, que muero?

¿Qué me da, que tengo ojos?
¿Qué me da, que tengo alma?

¿Qué me da, que se acaba en mí mi prójimo
y empieza en mi carrillo el rol del viento?

¿Qué me ha dado, que cuento mis dos lágrimas,
sollozo tierra y cuelgo el horizonte?

¿Qué me ha dado, que lloro de no poder llorar
y río de lo poco que he reído?

¿Qué me da, que ni vivo ni muero?

[OYE A TU MASA, A TU COMETA, ESCÚCHALOS; NO GIMAS]

Oye a tu masa, a tu cometa, escúchalos; no gimas
de memoria, gravísimo cetáceo;
oye a la túnica en que estás dormido,
oye a tu desnudez, dueña del sueño.

Relátate agarrándote
de la cola del fuego y a los cuernos
en que acaba la crin su atroz carrera;
rómpete, pero en círculos;

fórmate, pero en columnas combas;
descríbete atmosférico, sér de humo,
a paso redoblado de esqueleto.

¿La muerte? ¡Opónle todo tu vestido!
¿La vida? ¡Opónle parte de tu muerte!
Bestia dichosa, piensa;
dios desgraciado, quítate la frente.
Luego, hablaremos.

[¡Y SI DESPUÉS DE TÁNTAS PALABRAS]

¡Y si después de tántas palabras,
no sobrevive la palabra!
¡Si después de las alas de los pájaros,
no sobrevive el pájaro parado!
¡Más valdría, en verdad,
que se lo coman todo y acabemos!

¡Haber nacido para vivir de nuestra muerte!
¡Levantarse del cielo hacia la tierra
por sus propios desastres
y espiar el momento de apagar con su sombra su tiniebla!
¡Más valdría, francamente,
que se lo coman todo y qué más da...!

¡Y si después de tánta historia, sucumbimos,
no ya de eternidad,
sino de esas cosas sencillas, como estar
en la casa o ponerse a cavilar!
¡Y si luego encontramos,
de buenas a primeras, que vivimos,
a juzgar por la altura de los astros,
por el peine y las manchas del pañuelo!
¡Más valdría, en verdad,
que se lo coman todo, desde luego!

Se dirá que tenemos
en uno de los ojos mucha pena
y también en el otro, mucha pena
y en los dos, cuando miran, mucha pena...
Entonces... ¡Claro!... Entonces... ¡ni palabra!

PARÍS, OCTUBRE 1936

De todo esto yo soy el único que parte.
De este banco me voy, de mis calzones,
de mi gran situación, de mis acciones,
de mi número hendido parte a parte,
de todo esto yo soy el único que parte.

De los Campos Elíseos o al dar vuelta
la extraña callejuela de la Luna,
mi defunción se va, parte mi cuna,
y, rodeada de gente, sola, suelta,
mi semejanza humana dase vuelta
y despacha sus sombras una a una.

Y me alejo de todo, porque todo
se queda para hacer la coartada:
mi zapato, su ojal, también su lodo
y hasta el doblez del codo
de mi propia camisa abotonada.

DESPEDIDA RECORDANDO UN ADIÓS

Al cabo, al fin, por último,
torno, volví y acábome y os gimo, dándoos
la llave, mi sombrero, esta cartita para todos.
Al cabo de la llave está el metal en que aprendiéramos
a desdorar el oro, y está, al fin

de mi sombrero, este pobre cerebro mal peinado,
y, último vaso de humo, en su papel dramático,
yace este sueño práctico del alma.

¡Adiós, hermanos san pedros,
heráclitos, erasmos, espinozas!
¡Adiós, tristes obispos bolcheviques!
¡Adiós, gobernadores en desorden!
¡Adiós, vino que está en el agua como vino!
¡Adiós, alcohol que está en la lluvia!

¡Adiós también, me digo a mí mismo,
adiós, vuelo formal de los milígramos!
¡También adiós, de modo idéntico,
frío del frío y frío del calor!
Al cabo, al fin, por último, la lógica,
los linderos del fuego,
la despedida recordando aquel adiós.

[Y NO ME DIGAN NADA]

Y no me digan nada,
que uno puede matar perfectamente,
ya que, sudando tinta,
uno hace cuanto puede, no me digan...

Volveremos, señores, a vernos con manzanas;
tarde la criatura pasará,
la expresión de Aristóteles armada
de grandes corazones de madera,
la de Heráclito injerta en la de Marx,
la del suave sonando rudamente...
Es lo que bien narraba mi garganta:
uno puede matar perfectamente.

Señores,
caballeros, volveremos a vernos sin paquetes;

hasta entonces exijo, exijiré de mi flaqueza
el acento del día, que,
según veo, estuvo ya esperándome en mi lecho.
Y exijo del sombrero la infausta analogía del recuerdo,
ya que, a veces, asumo con éxito mi inmensidad llorada,
ya que, a veces, me ahogo en la voz de mi vecino
y padezco
contando en maíces los años,
cepillando mi ropa al son de un muerto
o sentado borracho en mi ataúd...

[EN SUMA, NO POSEO PARA EXPRESAR MI VIDA, SINO MI MUERTE]

En suma, no poseo para expresar mi vida, sino mi muerte.
Y, después de todo, al cabo de la escalonada naturaleza y del gorrión en bloque, me duermo, mano a mano con mi sombra.
Y, al descender del acto venerable y del otro gemido, me reposo pensando en la marcha impertérrita del tiempo.
¿Por qué la cuerda, entonces, si el aire es tan sencillo? ¿Para qué la cadena, si existe el hierro por sí solo?
César Vallejo, el acento con que amas, el verbo con que escribes, el vientecillo con que oyes, solo saben de ti por tu garganta.
César Vallejo, póstrate, por eso, con indistinto orgullo, con tálamo de ornamentales áspides y exagonales ecos.
Restitúyete al corpóreo panal, a la beldad; aroma los florecidos corchos, cierra ambas grutas al sañudo antropoide; repara, en fin, tu antipático venado; tente pena.
¡Que no hay cosa más densa que el odio en voz pasiva, ni más mísera ubre que el amor!
¡Que ya no puedo andar, sino en dos harpas!
¡Que ya no me conoces, sino porque te sigo instrumental, prolijamente!
¡Que ya no doy gusanos, sino breves!
¡Que ya te implico tánto, que medio que te afilas!
¡Que ya llevo unas tímidas legumbres y otras bravas!
Pues el afecto que quiébrase de noche en mis bronquios, lo trajeron

de día ocultos deanes y, si amanezco pálido, es por mi obra; y, si anochezco rojo, por mi obrero. Ello explica, igualmente, estos cansancios míos y estos despojos, mis famosos tíos. Ello explica, en fin, esta lágrima que brindo por la dicha de los hombres.
César Vallejo, parece
mentira que así tarden tus parientes,
sabiendo que ando cautivo,
sabiendo que yaces libre!
¡Vistosa y perra suerte!
¡César Vallejo, te odio con ternura!

LOS DESGRACIADOS

Ya va a venir el día; da
cuerda a tu brazo, búscate debajo
del colchón, vuelve a pararte
en tu cabeza, para andar derecho.
Ya va a venir el día, ponte el saco.

Ya va a venir el día; ten
fuerte en la mano a tu intestino grande, reflexiona
antes de meditar, pues es horrible
cuando le cae a uno la desgracia
y se le cae a uno a fondo el diente.

Necesitas comer, pero, me digo,
no tengas pena, que no es de pobres
la pena, el sollozar junto a su tumba;
remiéndate, recuerda,
confía en tu hilo blanco, fuma, pasa lista
a tu cadena y guárdala detrás de tu retrato.
Ya va a venir el día, ponte el alma.

Ya va a venir el día; pasan,
han abierto en el hotel un ojo,
azotándolo, dándole con un espejo tuyo...

¿Tiemblas? Es el estado remoto de la frente
y la nación reciente del estómago.
Roncan aún... ¡Qué universo se lleva este ronquido!
¡Cómo quedan tus poros, enjuiciándolo!
¡Con cuántos doses ¡ay! estás tan solo!
Ya va a venir el día, ponte el sueño.

Ya va a venir el día, repito
por el órgano oral de tu silencio
y urge tomar la izquierda con el hambre
y tomar la derecha con la sed; de todos modos,
abstente de ser pobre con los ricos,
atiza
tu frío, porque en él se integra mi calor, amada víctima.
Ya va a venir el día, ponte el cuerpo.

Ya va a venir el día;
la mañana, la mar, el meteoro, van
en pos de tu cansancio, con banderas,
y, por tu orgullo clásico, las hienas
cuentan sus pasos al compás del asno,
la panadera piensa en ti,
el carnicero piensa en ti, palpando
el hacha en que están presos
el acero y el hierro y el metal; jamás olvides
que durante la misa no hay amigos.
Ya va a venir el día, ponte el sol.

Ya viene el día; dobla
el aliento, triplica
tu bondad rencorosa
y da codos al miedo, nexo y énfasis,
pues tú, como se observa en tu entrepierna y siendo
el malo ¡ay! inmortal,
has soñado esta noche que vivías
de nada y morías de todo...

[EL ACENTO ME PENDE DEL ZAPATO]

El acento me pende del zapato;
le oigo perfectamente
sucumbir, lucir, doblarse en forma de ámbar
y colgar, colorante, mala sombra.
Me sobra así el tamaño,
me ven jueces desde un árbol,
me ven con sus espaldas ir de frente,
entrar a mi martillo,
pararme a ver a una niña
y, al pie de un urinario, alzar los hombros.

Seguramente nadie está a mi lado,
me importa poco, no lo necesito;
seguramente han dicho que me vaya:
lo siento claramente.

¡Cruelísimo tamaño el de rezar!
¡Humillación, fulgor, profunda selva!
Me sobra ya tamaño, bruma elástica,
rapidez por encima y desde y junto.
¡Imperturbable! ¡Imperturbable! Suenan
luego, después, fatídicos teléfonos.
Es el acento; es él.

[LA PUNTA DEL HOMBRE]

La punta del hombre,
el ludibrio pequeño de encogerse
tras de fumar su universal ceniza;
punta al darse en secretos caracoles,
punta donde se agarra uno con guantes,
punta el lunes sujeto por seis frenos,
punta saliendo de escuchar a su alma.

De otra manera,
fueran lluvia menuda los soldados
y ni cuadrada pólvora, al volver de los bravos desatinos,
y ni letales plátanos; tan solo
un poco de patilla en la silueta.
De otra manera, caminantes suegros,
cuñados en misión sonora,
yernos por la vía ingratísima del jebe,
toda la gracia caballar andando
puede fulgir esplendorosamente!

¡Oh pensar geométrico al trasluz!
¡Oh no morir bajamente
de majestad tan rauda y tan fragante!
¡Oh no cantar; apenas
escribir y escribir con un palito
o con el filo de la oreja inquieta!
Acorde de lápiz, tímpano sordísimo,
dondoneo en mitades robustas
y comer de memoria buena carne,
jamón, si falta carne,
y, un pedazo de queso con gusanos hembras,
gusanos machos y gusanos muertos.

[¡OH BOTELLAS SIN VINO! ¡OH VINO]

¡Oh botella sin vino! ¡oh vino que enviudó de esta botella!
Tarde cuando la aurora de la tarde
flameó funestamente en cinco espíritus.
Viudez sin pan ni mugre, rematando en horrendos metaloides
y en células orales acabando.

¡Oh siempre, nunca dar con el jamás de tánto siempre!
¡oh mis buenos amigos, cruel falacia,
parcial, penetrativa en nuestro trunco,
volátil, jugarino desconsuelo!

¡Sublime, baja perfección del cerdo,
palpa mi general melancolía!
¡Zuela sonante en sueños,
zuela
zafia, inferior, vendida, lícita, ladrona,
baja y palpa lo que eran mis ideas!

Tú y él y ellos y todos,
sin embargo,
entraron a la vez en mi camisa,
en los hombros madera, entre los fémures, palillos;
tú particularmente,
habiéndome influido;
él, fútil, colorado, con dinero
y ellos, zánganos de ala de otro peso.

¡Oh botella sin vino! ¡oh vino que enviudó de esta botella!

[AL FIN, UN MONTE]

Al fin, un monte
detrás de la bajura; al fin, humeante nimbo
alrededor, durante un rostro fijo.

Monte en honor del pozo,
sobre filones de gratuita plata de oro.

Es la franja a que arrástranse,
seguras de sus tonos de verano,
las que eran largas válvulas difuntas;
el taciturno marco de este arranque
natural, de este augusto zapatazo,
de esta piel, de este intrínseco destello
digital, en que estoy entero, lúbrico.

Quehaceres en un pie, mecha de azufre,
oro de plata y plata hecha de plata
y mi muerte, mi hondura, mi colina.

¡Pasar
abrazado a mis brazos,
destaparme después o antes del corcho!
Monte que tántas veces manara
oración, prosa fluvial de llanas lágrimas;
monte bajo, compuesto de suplicantes gradas
y, más allá, de torrenciales torres;
niebla entre el día y el alcohol del día,
caro verdor de coles, tibios asnos
complementarios, palos y maderas;
filones de gratuita plata de oro.

[QUIERE Y NO QUIERE SU COLOR MI PECHO]

Quiere y no quiere su color mi pecho,
por cuyas bruscas vías voy, lloro con palo,
trato de ser feliz, lloro en mi mano,
recuerdo, escribo
y remacho una lágrima en mi pómulo.

Quiere su rojo el mal, el bien su rojo enrojecido
por el hacha suspensa,
por el trote del ala a pie volando,
y no quiere y sensiblemente
no quiere aquesto el hombre;
no quiere estar en su alma
acostado, en la sien latidos de asta,
el bimano, el muy bruto, el muy filósofo.

Así, casi no soy, me vengo abajo
desde el arado en que socorro a mi alma
y casi, en proporción, casi enaltézcome.
Que saber por qué tiene la vida este perrazo,
por qué lloro, por qué,
cejón, inhábil, veleidoso, hube nacido
gritando;

saberlo, comprenderlo
al son de un alfabeto competente,
sería padecer por un ingrato.

¡Y no! ¡No! ¡No! ¡Qué ardid, ni paramento!
Congoja, sí, con sí firme y frenético,
coriáceo, rapaz, quiere y no quiere, cielo y pájaro;
congoja, sí, con toda la bragueta.
Contienda entre dos llantos, robo de una sola ventura,
vía indolora en que padezco en chanclos
de la velocidad de andar a ciegas.

[LA PAZ, LA ABISPA, EL TACO, LAS VERTIENTES]

La paz, la abispa, el taco, las vertientes,
el muerto, los decílitros, el búho,
los lugares, la tiña, los sarcófagos, el vaso, las morenas,
el desconocimiento, la olla, el monaguillo,
las gotas, el olvido,
la potestad, los primos, los arcángeles, la aguja,
los párrocos, el ébano, el desaire,
la parte, el tipo, el estupor, el alma...

Dúctil, azafranado, externo, nítido,
portátil, viejo, trece, ensangrentado,
fotografiadas, listas, tumefactas,
conexas, largas, encintadas, pérfidas...

Ardiendo, comparando,
viviendo, enfureciéndose,
golpeando, analizando, oyendo, estremeciéndose,
muriendo, sosteniéndose, situándose, llorando...

Después, estos, aquí,
después, encima,
quizá, mientras, detrás, tánto, tan nunca,

debajo, acaso, lejos,
siempre, aquello, mañana, cuánto,
cuánto!...

Lo horrible, lo suntuario, lo lentísimo,
lo augusto, lo infructuoso,
lo aciago, lo crispante, lo mojado, lo fatal,
lo todo, lo purísimo, lo lóbrego,
lo acerbo, lo satánico, lo táctil, lo profundo...

[TRANSIDO, SALOMÓNICO, DECENTE]

Transido, salomónico, decente,
ululaba; compuesto, caviloso, cadavérico, perjuro,
iba, tornaba, respondía; osaba,
fatídico, escarlata, irresistible.

En sociedad, en vidrio, en polvo, en hulla,
marchose; vaciló, en hablando en oro; fulguró,
volteó, en acatamiento;
en terciopelo, en llanto, replegose.

¿Recordar? ¿Insistir? ¿Ir? ¿Perdonar?
Ceñudo, acabaría
recostado, áspero, atónito, mural;
meditaba estamparse, confundirse, fenecer.

Inatacablemente, impunemente,
negramente, husmeará, comprenderá;
vestiráse oralmente;
inciertamente irá, acobardaráse, olvidará.

[¿Y BIEN? ¿TE SANA EL METALOIDE PÁLIDO?]

¿Y bien? ¿Te sana el metaloide pálido?
¿Los metaloides incendiarios, cívicos,
inclinados al río atroz del polvo?

Esclavo, es ya la hora circular
en que en las dos aurículas se forman
anillos guturales, corredizos, cuaternarios.

Señor esclavo, en la mañana mágica
se ve, por fin,
el busto de tu trémulo ronquido,
vense tus sufrimientos a caballo,
pasa el órgano bueno, el de tres asas,
hojeo, mes por mes, tu monocorde cabellera,
tu suegra llora
haciendo huesecillos de sus dedos,
se inclina tu alma con pasión a verte
y tu sien, un momento, marca el paso.

Y la gallina pone su infinito, uno por uno;
sale la tierra hermosa de las humeantes sílabas,
te retratas de pie junto a tu hermano,
truena el color oscuro bajo el lecho
y corren y entrechócanse los pulpos.

Señor esclavo ¿y bien?
¿Los metaloides obran en tu angustia?

[ESCARNECIDO, ACLIMATADO AL BIEN, MÓRBIDO, HURENTE]

Escarnecido, aclimatado al bien, mórbido, hurente,
doblo el cabo carnal y juego a copas,
donde acaban en moscas los destinos,
donde comí y bebí de lo que me hunde.

Monumental adarme,
féretro numeral, los de mi deuda, los de mi deuda,
cuando caigo altamente,
ruidosamente, amoratadamente.

Al fondo, es hora,
entonces, de gemir con toda el hacha
y es entonces el año del sollozo,
el día del tobillo,
la noche del costado, el siglo del resuello.
Cualidades estériles, monótonos satanes,
del flanco brincan,
del ijar de mi yegua suplente;
pero, donde comí, cuánto pensé!
pero cuánto bebí donde lloré!

Así es la vida, tal
como es la vida, allá, detrás
del infinito; así, espontáneamente,
delante de la sien legislativa.
Yace la cuerda así al pie del violín,
cuando hablaron del aire, a voces, cuando
hablaron muy despacio del relámpago.
Se dobla así la mala causa, vamos
de tres en tres a la unidad; así
se juega a copas
y salen a mi encuentro los que aléjanse,
acaban los destinos en bacterias
y se debe todo a todos.

[ALFONSO: ESTÁS MIRÁNDOME, LO VEO]

Alfonso: estás mirándome, lo veo,
desde el plano implacable donde moran
lineales los siempres, lineales los jamases.
(Esa noche, dormiste, entre tu sueño
y mi sueño, en la rue de Ribouté).

Palpablemente,
tu inolvidable cholo te oye andar
en París, te siente en el teléfono callar
y toca en el alambre a tu último acto
tomar peso, brindar
por la profundidad, por mí, por ti.

Yo todavía
compro «du vin, du lait, comptant les sous»
bajo mi abrigo, para que no me vea mi alma,
bajo mi abrigo aquel, querido Alfonso,
y bajo el rayo simple de la sien compuesta;
yo todavía sufro, y tú, ya no, jamás, hermano!
(Me han dicho que en tus siglos de dolor,
amado sér,
amado estar,
hacías ceros de madera. ¿Es cierto?)

En la «boîte de nuit», donde tocabas tangos,
tocando tu indignada criatura su corazón,
escoltado de ti mismo, llorando
por ti mismo y por tu enorme parecido con tu sombra,
monsieur Fourgat, el patrón, ha envejecido.
¿Decírselo? ¿Contárselo? No más,
Alfonso; eso, ya no!
El hôtel des Ecoles funciona siempre
y todavía compran mandarinas;
pero yo sufro, como te digo,
dulcemente, recordando
lo que hubimos sufrido ambos, a la muerte de ambos,
en la apertura de la doble tumba,
de esa otra tumba con tu sér,
y de ésta de caoba con tu estar;
sufro, bebiendo un vaso de ti, Silva,
un vaso para ponerse bien, como decíamos,
y después, ya veremos lo que pasa...

Es este el otro brindis, entre tres,
taciturno, diverso

en vino, en mundo, en vidrio, al que brindábamos
más de una vez al cuerpo
y, menos de una vez, al pensamiento.
Hoy es más diferente todavía;
hoy sufro dulce, amargamente,
bebo tu sangre en cuanto a Cristo el duro,
como tu hueso en cuanto a Cristo el suave,
porque te quiero, dos a dos, Alfonso,
y casi lo podría decir, eternamente.

TRASPIÉ ENTRE DOS ESTRELLAS

¡Hay gentes tan desgraciadas, que ni siquiera
tienen cuerpo; cuantitativo el pelo,
baja, en pulgadas, la genial pesadumbre;
el modo, arriba;
no me busques, la muela del olvido,
parecen salir del aire, sumar suspiros mentalmente, oír
claros azotes en sus paladares!

Vanse de su piel, rascándose el sarcófago en que nacen
y suben por su muerte de hora en hora
y caen, a lo largo de su alfabeto gélido, hasta el suelo.

¡Ay de tánto! ¡ay de tan poco! ¡ay de ellas!
¡Ay en mi cuarto, oyéndolas con lentes!
¡Ay en mi tórax, cuando compran trajes!
¡Ay de mi mugre blanca, en su hez mancomunada!

¡Amadas sean las orejas sánchez,
amadas las personas que se sientan,
amado el desconocido y su señora,
el prójimo con mangas, cuello y ojos!

¡Amado sea aquel que tiene chinches,
el que lleva zapato roto bajo la lluvia,
el que vela el cadáver de un pan con dos cerillas,

el que se coge un dedo en una puerta,
el que no tiene cumpleaños,
el que perdió su sombra en un incendio,
el animal, el que parece un loro,
el que parece un hombre, el pobre rico,
el puro miserable, el pobre pobre!

¡Amado sea
el que tiene hambre o sed, pero no tiene
hambre con qué saciar toda su sed,
ni sed con qué saciar todas sus hambres!

¡Amado sea el que trabaja al día, al mes, a la hora,
el que suda de pena o de vergüenza,
aquel que va, por orden de sus manos, al cinema,
el que paga con lo que le falta,
el que duerme de espaldas,
el que ya no recuerda su niñez; amado sea
el calvo sin sombrero,
el justo sin espinas,
el ladrón sin rosas,
el que lleva reloj y ha visto a Dios,
el que tiene un honor y no fallece!

¡Amado sea el niño, que cae y aún llora
y el hombre que ha caído y ya no llora!

¡Ay de tánto! ¡Ay de tan poco! ¡Ay de ellos!

[A LO MEJOR, SOY OTRO; ANDANDO, AL ALBA, OTRO QUE MARCHA]

A lo mejor, soy otro; andando, al alba, otro que marcha
en torno a un disco largo, a un disco elástico:
mortal, figurativo, audaz diafragma.
A lo mejor, recuerdo al esperar, anoto mármoles
donde índice escarlata, y donde catre de bronce,
un zorro ausente, espúreo, enojadísimo.

A lo mejor, hombre al fin,
las espaldas ungidas de añil misericordia,
a lo mejor, me digo, más allá no hay nada.

Me da la mar el disco, refiriéndolo,
con cierto margen seco, a mi garganta;
¡nada, en verdad, más ácido, más dulce, más kanteano!
Pero sudor ajeno, pero suero
o tempestad de mansedumbre,
decayendo o subiendo, ¡eso, jamás!

Echado, fino exhúmome,
tumefacta la mezcla en que entro a golpes,
sin piernas, sin adulto barro, ni armas,
una aguja prendida en el gran átomo...
¡No! ¡Nunca! ¡Nunca ayer! ¡Nunca después!

Y de ahí este tubérculo satánico,
esta muela moral de plesiosaurio
y estas sospechas póstumas,
este índice, esta cama, estos boletos.

EL LIBRO DE LA NATURALEZA

Profesor de sollozo —he dicho a un árbol—
palo de azogue, tilo
rumoreante, a la orilla del Marne, un buen alumno
leyendo va en tu naipe, en tu hojarasca,
entre el agua evidente y el sol falso,
su tres de copas, su caballo de oros.

Rector de los capítulos del cielo,
de la mosca ardiente, de la calma manual que hay en los asnos;
rector de honda ignorancia, un mal alumno
leyendo va en tu naipe, en tu hojarasca,
el hambre de razón que le enloquece
y la sed de demencia que le aloca.

Técnico en gritos, árbol consciente, fuerte,
fluvial, doble, solar, doble, fanático,
conocedor de rosas cardinales, totalmente
metido, hasta hacer sangre, en aguijones, un alumno
leyendo va en tu naipe, en tu hojarasca,
su rey precoz, telúrico, volcánico, de espadas.

¡Oh profesor, de haber tánto ignorado!
¡oh rector, de temblar tánto en el aire!
¡oh técnico, de tánto que te inclinas!
¡Oh tilo! ¡oh palo rumoroso junto al Marne!

[TENGO UN MIEDO TERRIBLE DE SER UN ANIMAL]

Tengo un miedo terrible de ser un animal
de blanca nieve, que sostuvo padre
y madre, con su sola circulación venosa,
y que, este día espléndido, solar y arzobispal,
día que representa así a la noche,
linealmente
elude este animal estar contento, respirar
y transformarse y tener plata.

Sería pena grande
que fuera yo tan hombre hasta ese punto.
Un disparate, una premisa ubérrima
a cuyo yugo ocasional sucumbe
el gonce espiritual de mi cintura.
Un disparate... En tanto,
es así, más acá de la cabeza de Dios,
en la tabla de Locke, de Bacon, en el lívido pescuezo
de la bestia, en el hocico del alma.

Y, en lógica aromática,
tengo ese miedo práctico, este día
espléndido, lunar, de ser aquel, este talvez,

a cuyo olfato huele a muerto el suelo,
el disparate vivo y el disparate muerto.

¡Oh revolcarse, estar, toser, fajarse,
fajarse la doctrina, la sien, de un hombro al otro,
alejarse, llorar, darlo por ocho
o por siete o por seis, por cinco o darlo
por la vida que tiene tres potencias.

MARCHA NUPCIAL

A la cabeza de mis propios actos,
corona en mano, batallón de dioses,
el signo negativo al cuello, atroces
el fósforo y la prisa, estupefactos
el alma y el valor, con dos impactos

al pie de la mirada; dando voces;
los límites dinámicos, feroces;
tragándome los lloros inexactos,

me encenderé, se encenderá mi hormiga,
se encenderán mi llave, la querella
en que perdí la causa de mi huella.

Luego, haciendo del átomo una espiga,
encenderé mis hoces al pie de ella
y la espiga será por fin espiga.

[LA CÓLERA QUE QUIEBRA AL HOMBRE EN NIÑOS]

La cólera que quiebra al hombre en niños,
que quiebra al niño en pájaros iguales,
y al pájaro, después, en huevecillos;
la cólera del pobre
tiene un aceite contra dos vinagres.

La cólera que al árbol quiebra en hojas,
a la hoja en botones desiguales
y al botón, en ranuras telescópicas;
la cólera del pobre
tiene dos ríos contra muchos mares.

La cólera que quiebra al bien en dudas,
a la duda, en tres arcos semejantes
y al arco, luego, en tumbas imprevistas;
la cólera del pobre
tiene un acero contra dos puñales.

La cólera que quiebra al alma en cuerpos,
al cuerpo en órganos desemejantes
y al órgano, en octavos pensamientos;
la cólera del pobre
tiene un fuego central contra dos cráteres.

[UN HOMBRE PASA CON UN PAN AL HOMBRO]

Un hombre pasa con un pan al hombro
¿Voy a escribir, después, sobre mi doble?

Otro se sienta, ráscase, extrae un piojo de su axila, mátalo
¿Con qué valor hablar del psicoanálisis?

Otro ha entrado a mi pecho con un palo en la mano
¿Hablar luego de Sócrates al médico?

Un cojo pasa dando el brazo a un niño
¿Voy, después, a leer a André Bretón?

Otro tiembla de frío, tose, escupe sangre
¿Cabrá aludir jamás al Yo profundo?

Otro busca en el fango huesos, cáscaras
¿Cómo escribir, después, del infinito?

Un albañil cae de un techo, muere y ya no almuerza
¿Innovar, luego, el tropo, la metáfora?

Un comerciante roba un gramo en el peso a un cliente
¿Hablar, después, de cuárta dimensión?

Un banquero falsea su balance
¿Con qué cara llorar en el teatro?

Un paria duerme con el pie a la espalda
¿Hablar, después, a nadie de Picasso?

Alguien va en un entierro sollozando
¿Cómo luego ingresar a la Academia?

Alguien limpia un fusil en su cocina
¿Con qué valor hablar del más allá?

Alguien pasa contando con sus dedos
¿Cómo hablar del no-yó sin dar un grito?

[HOY LE HA ENTRADO UNA ASTILLA]

Hoy le ha entrado una astilla.
Hoy le ha entrado una astilla cerca, dándole
cerca, fuerte, en su modo
de ser y en su centavo ya famoso.
Le ha dolido la suerte mucho,
todo;
le ha dolido la puerta,
le ha dolido la faja, dándole
sed, aflixión
y sed del vaso pero no del vino.
Hoy le salió a la pobre vecina del aire,
a escondidas, humareda de su dogma;
hoy le ha entrado una astilla.

La inmensidad persíguela
a distancia superficial, a un vasto eslabonazo.
Hoy le salió a la pobre vecina del viento,
en la mejilla, norte, y en la mejilla, oriente;
hoy le ha entrado una astilla.

¿Quién comprará, en los días perecederos, ásperos,
un pedacito de café con leche,
y quién, sin ella, bajará a su rastro hasta dar luz?
¿Quién será, luego, sábado, a las siete?
¡Tristes son las astillas que le entran
a uno,
exactamente ahí precisamente!
Hoy le entró a la pobre vecina de viaje,
una llama apagada en el oráculo;
hoy le ha entrado una astilla.
Le ha dolido el dolor, el dolor joven,
el dolor niño, el dolorazo, dándole
en las manos
y dándole sed, aflixión
y sed del vaso, pero no del vino.
¡La pobre pobrecita!

EL ALMA QUE SUFRIÓ DE SER SU CUERPO

Tú sufres de una glándula endocrínica, se ve,
o, quizá,
sufres de mí, de mi sagacidad escueta, tácita.
Tú padeces del diáfano antropoide, allá, cerca,
donde está la tiniebla tenebrosa.
Tú das vuelta al sol, agarrándote el alma,
extendiendo tus juanes corporales
y ajustándote el cuello; eso se ve.
Tú sabes lo que te duele,
lo que te salta al anca,
lo que baja por ti con soga al suelo.

Tú, pobre hombre, vives; no lo niegues,
si mueres; no lo niegues,
si mueres de tu edad ¡ay! y de tu época.
Y, aunque llores, bebes,
y, aunque sangres, alimentas a tu híbrido colmillo,
a tu vela tristona y a tus partes.
Tú sufres, tú padeces y tú vuelves a sufrir horriblemente,
desgraciado mono,
jovencito de Darwin,
alguacil que me atisbas, atrocísimo microbio.
Y tú lo sabes a tal punto,
que lo ignoras, soltándote a llorar.
Tú, luego, has nacido; eso
también se ve de lejos, infeliz y cállate,
y soportas la calle que te dio la suerte
y a tu ombligo interrogas: ¿dónde? ¿cómo?
Amigo mío, estás completamente,
hasta el pelo, en el año treinta y ocho,
nicolás o santiago, tal o cual,
estés contigo o con tu aborto o con-
migo y cautivo en tu enorme libertad,
arrastrado por tu hércules autónomo...
Pero si tú calculas en tus dedos hasta dos,
es peor; no lo niegues, hermanito.

¿Que nó? ¿Que sí, pero que nó?
¡Pobre mono!... ¡Dame la pata!... No. La mano, he dicho.
¡Salud! ¡Y sufre!

[¡ANDE DESNUDO, EN PELO, EL MILLONARIO!]

¡Ande desnudo, en pelo, el millonario!
¡Desgracia al que edifica con tesoros su lecho de muerte!
¡Un mundo al que saluda;
un sillón al que siembra en el cielo;
llanto al que da término a lo que hace, guardando los comienzos;
ande el de las espuelas;

poco dure muralla en que no crezca otra muralla;
dese al mísero toda su miseria,
pan, al que ríe;
hayan perder los triunfos y morir los médicos;
haya leche en la sangre;
añádase una vela al sol,
ochocientos al veinte;
pase la eternidad bajo los puentes!
¡Desdén al que viste,
corónense los pies de manos, quepan en su tamaño;
siéntese mi persona junto a mí!
¡Llorar al haber cabido en aquel vientre,
bendición al que mira aire en el aire,
muchos años de clavo al martillazo;
desnúdese el desnudo,
vístase de pantalón la capa,
fulja el cobre a expensas de sus láminas
majestad al que cae de la arcilla al universo,
lloren las bocas, giman las miradas,
impídase al acero perdurar,
hilo a los horizontes portátiles,
doce ciudades al sendero de piedra,
una esfera al que juega con su sombra;
un día hecho de una hora, a los esposos;
una madre al arado en loor al suelo,
séllense con dos sellos a los líquidos,
pase lista el bocado,
sean los descendientes,
sea la codorniz,
sea la carrera del álamo y del árbol;
venzan, al contrario del círculo, el mar a su hijo
y la cana el lloro;
dejad los áspides, señores hombres,
surcad la llama con los siete leños,
vivid,
elévese la altura,
baje el hondor más hondo,
conduzca la onda su impulsión andando,
tenga éxito la tregua de la bóveda!

¡Muramos;
lavad vuestro esqueleto cada día;
no me hagáis caso,
una ave coja al déspota y a su alma;
una mancha espantosa, al que va solo;
gorriones al astrónomo, al gorrión, al aviador!
¡Lloved, solead,
vigilad a Júpiter, al ladrón de ídolos de oro,
copiad vuestra letra en tres cuadernos,
aprended de los cónyuges cuando hablan, y
de los solitarios, cuando callan;
dad de comer a los novios,
dad de beber al diablo en vuestras manos,
luchad por la justicia con la nuca,
igualaos,
cúmplase el roble,
cúmplase el leopardo entre dos robles,
seamos,
estemos,
sentid cómo navega el agua en los océanos,
alimentaos,
concíbase el error, puesto que lloro,
acéptese, en tanto suban por el risco, las cabras y sus crías;
desacostumbrad a Dios a ser un hombre,
creced...!
Me llaman. Vuelvo.

[VINIERE EL MALO, CON UN TRONO AL HOMBRO]

Viniere el malo, con un trono al hombro,
y el bueno, a acompañar al malo a andar;
dijeren «sí» el sermón, «no» la plegaria
y cortare el camino en dos la roca...

Comenzare por monte la montaña,
por remo el tallo, por timón el cedro
y esperaren doscientos a sesenta
y volviere la carne a sus tres títulos...

Sobrase nieve en la noción del fuego,
se acostare el cadáver a mirarnos,
la centella a ser trueno corpulento
y se arquearen los saurios a ser aves...

Faltare excavación junto al estiércol,
naufragio al río para resbalar,
cárcel al hombre libre, para serlo,
y una atmósfera al cielo, y hierro al oro...

Mostraren disciplina, olor, las fieras,
se pintare el enojo de soldado,
me dolieren el junco que aprendí,
la mentira que inféctame y socórreme...

Sucediere ello así y así poniéndolo,
¿con qué mano despertar?
¿con qué pie morir?
¿con qué ser pobre?
¿con qué voz callar?
¿con cuánto comprender, y, luego, a quién?

No olvidar ni recordar
que por mucho cerrarla, robáronse la puerta,
y de sufrir tan poco estoy muy resentido,
y de tánto pensar, no tengo boca.

[AL REVÉS DE LAS AVES DEL MONTE]

Al revés de las aves del monte,
que viven del valle,
aquí, una tarde,
aquí, presa, metaloso, terminante,
vino el Sincero con sus nietos pérfidos,
y nosotros quedámonos, que no hay
más madera en la cruz de la derecha,
ni más hierro en el clavo de la izquierda,
que un apretón de manos entre zurdos.

Vino el Sincero, ciego, con sus lámparas.
Se vio al Pálido, aquí, bastar
al Encarnado;
nació de puro humilde el Grande;
la guerra,
esta tórtola mía, nunca nuestra,
diseñose, borrose, ovó, matáronla.

Llevose el Ebrio al labio un roble, porque
amaba, y una astilla
de roble, porque odiaba;
trenzáronse las trenzas de los potros
y la crin de las potencias;
cantaron los obreros; fui dichoso.

El Pálido abrazose al Encarnado
y el Ebrio, saludonos, escondiéndose.
Como era aquí y al terminar el día,
¡qué más tiempo que aquella plazoleta!
¡qué año mejor que esa gente!
¡qué momento más fuerte que ese siglo!

Pues de lo que hablo no es
sino de lo que pasa en esta época, y
de lo que ocurre en China y en España, y en el mundo.
(Walt Whitman tenía un pecho suavísimo y res-
piraba y nadie sabe lo que él hacía cuando lloraba en su comedor)

Pero, volviendo a lo nuestro,
y al verso que decía, fuera entonces
que vi que el hombre es malnacido,
mal vivo, mal muerto, mal moribundo,
y, naturalmente,
el tartufo sincero desespérase,
el pálido (es el pálido de siempre)
será pálido por algo,
y el ebrio, entre la sangre humana y la leche animal,
abátese, da, y opta por marcharse.

Todo esto
agítase, ahora mismo,
en mi vientre de macho extrañamente.

[¡DULZURA POR DULZURA CORAZONA!]

¡Dulzura por dulzura corazona!
¡Dulzura a gajos, eras de vista,
esos abiertos días, cuando monté por árboles caídos!
Así por tu paloma palomita,
por tu oración pasiva,
andando entre tu sombra y el gran tesón corpóreo de tu sombra.

Debajo de ti y yo,
tú y yo, sinceramente,
tu candado ahogándose de llaves,
yo ascendiendo y sudando
y haciendo lo infinito entre tus muslos.
(El hotelero es una bestia,
sus dientes, admirables; yo controlo
el orden pálido de mi alma:
señor, allá distante... paso paso... adiós, señor...).

Mucho pienso en todo esto conmovido, perduroso
y pongo tu paloma a la altura de tu vuelo
y, cojeando de dicha, a veces,
repósome a la sombra de ese árbol arrastrado.

Costilla de mi cosa,
dulzura que tú tapas sonriendo con tu mano;
tu traje negro que se habrá acabado,
amada, amada en masa,
¡qué unido a tu rodilla enferma!
Simple ahora te veo, te comprendo avergonzado
en Letonia, Alemania, Rusia, Bélgica, tu ausente,
tu portátil ausente,
hombre convulso de la mujer temblando entre sus vínculos.

¡Amada en la figura de tu cola irreparable,
amada que yo amara con fósforos floridos,
quand on a la vie et la jeunesse,
c'est déjà tellement!

Cuando ya no haya espacio
entre tu grandeza y mi postrer proyecto,
amada,
volveré a tu media, has de besarme,
bajando por tu media repetida,
tu portátil ausente, dile así...

[ELLO ES QUE EL LUGAR DONDE ME PONGO]

Ello es que el lugar donde me pongo
el pantalón, es una casa donde
me quito la camisa en alta voz
y donde tengo un suelo, un alma, un mapa de mi España.
Ahora mismo hablaba
de mí conmigo, y ponía
sobre un pequeño libro un pan tremendo
y he, luego, hecho el traslado, he trasladado,
queriendo canturrear un poco, el lado
derecho de la vida al lado izquierdo;
más tarde, me he lavado todo, el vientre,
briosa, dignamente;
he dado vuelta a ver lo que se ensucia,
he raspado lo que me lleva tan cerca
y he ordenado bien el mapa que
cabeceaba o lloraba, no lo sé.

Mi casa, por desgracia, es una casa,
un suelo por ventura, donde vive
con su inscripción mi cucharita amada,
mi querido esqueleto ya sin letras,
la navaja, un cigarro permanente.

De veras, cuando pienso
en lo que es la vida,
no puedo evitar de decírselo a Georgette,
a fin de comer algo agradable y salir,
por la tarde, comprar un buen periódico,
guardar un día para cuando no haya,
una noche también, para cuando haya
(así se dice en el Perú — me excuso);
del mismo modo, sufro con gran cuidado,
a fin de no gritar o de llorar, ya que los ojos
poseen, independientemente de uno, sus pobrezas,
quiero decir, su oficio, algo
que resbala del alma y cae al alma.

Habiendo atravesado
quince años; después, quince, y, antes, quince,
uno se siente, en realidad, tontillo,
es natural, por lo demás ¡qué hacer!
¿Y qué dejar de hacer, que es lo peor?
Sino vivir, sino llegar
a ser lo que es uno entre millones
de panes, entre miles de vinos, entre cientos de bocas,
entre el sol y su rayo que es de luna
y entre la misa, el pan, el vino y mi alma.
Hoy es domingo y, por eso,
me viene a la cabeza la idea, al pecho el llanto
y a la garganta, así como un gran bulto.
Hoy es domingo, y esto
tiene muchos siglos; de otra manera,
sería, quizá, lunes, y vendríame al corazón la idea,
al seso, el llanto
y a la garganta, una gana espantosa de ahogar
lo que ahora siento,
como un hombre que soy y que he sufrido.

CÉSAR VALLEJO, TRADICIÓN E INNOVACIÓN

Marco Martos Carrera

LA POESÍA ESENCIAL DE CÉSAR VALLEJO

I

Las tradiciones literarias en distintos idiomas se consolidan con el paso del tiempo. Cuando César Vallejo (1892-1938) empezó a escribir, el español tenía ya nueve siglos de existencia y podía exhibir figuras individuales de relieve mundial como Cervantes, Góngora, Lope de Vega, San Juan de la Cruz, Quevedo. En tierras peruanas había nacido el Inca Garcilaso de la Vega (1539-1616), dueño de una magnífica prosa de raigambre renacentista, pero no habíamos tenido otro escritor de envergadura que estuviese a la altura de los clásicos peninsulares. Vallejo llegó a llenar esa carencia y lo hizo con un brillo y una potencia inusitados, tanto que su poesía está considerada como la más original de la lengua desde los Siglos de Oro y su nombre es pronunciado con respeto al lado de los poetas más reputados de la tradición occidental, desde Homero y Virgilio, hasta Dante, Baudelaire, Rimbaud y Mallarmé.

En sus años de formación, en Trujillo, Vallejo tuvo la fortuna de encontrarse con amigos excepcionales, que a su vez recibieron su influencia benéfica, entre ellos Antenor Orrego, el primer crítico que vislumbró la gran calidad de la poesía del vate; Víctor Raúl Haya de la Torre, de importante presencia en la política peruana del siglo XX; José Eulogio Garrido, fino prosista de vena lírica y destacado periodista; Alcides Spelucín, valioso poeta de acentos personales, cantor del mar y de los paisajes de la costa; Juan Espejo Asturrizaga, más tarde biógrafo del propio César Vallejo; Óscar Imaña, jurista y poeta. En cierto sentido esa etapa culminó con la publicación de *Los heraldos negros* en 1919. A efectos técnicos el libro debe ser considerado como aparecido en 1918, pues así figura en las páginas iniciales, aunque en verdad empezó a circular en julio de 1919. Ocurrió que Vallejo había pedido en 1918 un prólogo a Abraham Valdelomar y este, enfrascado en sus presentaciones públicas en buena parte del territorio del Perú, descuidó la tarea que le había sido encomendada. El poeta esperó un tiempo prudencial y luego lanzó la publicación sin las palabras solicitadas. Este hecho, nimio en el fondo, dada la fama actual de Vallejo, ha confundido a algunos críticos, que han buscado comentarios al libro en publicaciones de 1918, sin hallarlos, obviamente. El libro fue lo más novedoso ocurrido en poesía hispanoamericana en esos años; aunque fuera lo único que hubiese publicado César Vallejo, su aparición es motivo suficiente para incorporarlo como algo excepcional en la tradición de la poesía escrita en español. La popularidad del texto no ha menguado con el paso del tiempo, antes por el contrario, una de sus páginas, la que abre el volumen y repite el título que ha hecho famoso a todo el libro, es el poema más conocido y repetido de todos los que escribió el vate. En esos años, en toda la poesía española e hispanoamericana, el poeta más notable y original era Rubén Darío. Debemos a su pluma legendaria un verdadero avance de la poesía; vinculado profundamente a la tradición, el vate nicaragüense traía a la lírica una apetencia de lejanías, el deseo de cantar a lo distante y aparentemente desconocido y al mismo tiempo a la tierra americana; conocedor profundo de la tradición parnasiana y simbolista, manejaba el verso español con maestría inigualable, con acentos musicales nunca vistos. Su poesía más duradera es, sin embargo, aquella en la que se despoja de las galas que tan bien conocía y se interna en los meandros del propio sentimiento, de la íntima congoja. En el Perú se escuchaban otras voces que son complementarias a la de Darío, principalmente la de José Santos Chocano, Manuel González Prada, José María Eguren y Abraham Valdelomar. De ellos, el innovador había sido González Prada, que cumplió en el Perú el papel de Garcilaso de la Vega en las letras españolas: incorporar ritmos de otras lenguas y tocar temas propios con hondura y originalidad. Sin embargo, el poeta más reconocido no era González Prada, ese papel lo jugaba José Santos Chocano, fino versificador, dueño de un oído notable y de versos rotundos y musicales; vinculado a las esferas gobernantes de varios países, fue un poeta oficial en el Perú, sus naturales dotes hicieron el resto: su popularidad era desbordante y en 1922 fue coronado como poeta por el propio presidente de la República, Augusto B. Leguía. El canon de la poesía tiene sus curiosidades: José María Eguren, leído en su momento por escasas minorías, junta hoy su nombre al de Vallejo, pues ambos se han convertido en los poetas más reconocidos en nuestra tradición contemporánea. Eguren traía un verso corto, una imaginación prodigiosa, una capacidad de construir universos paralelos al llamado mundo real; en la entrelínea su poesía es profundamente peruana y limeña. Muchos creen reconocer la neblina de la costa peruana en sus poemas, la ambigua luz de nuestros atardeceres, las sombras de nuestras noches más oscuras, los fantasmas que deambulan por las casas y castillos de otros tiempos, las batallas más soñadas que realizadas. Y también el humor de los personajes, que esconde en los versos como en desvanes olvidados. En este panorama, Vallejo llegó como un rayo.

II

La poesía de *Los heraldos negros* fue bien acogida en su momento, principalmente porque la música de sus versos les parecía a los lectores conocida, aquella del modernismo de Rubén Darío. Vallejo se mostraba como un hábil versificador y no cabe ninguna duda de que las versiones iniciales de varios de los poemas estaban muy cercanas a la estética en boga en esos años, sílabas bien contadas, en algunos casos versos alejandrinos o endecasílabos o heptasílabos; la elección de algunas frases o de palabras corrobora esa presunción: «bárbaros Atilas», «Bizancio» son vocablos del santoral modernista, aquella necesidad de lejanía del primer Darío y de sus congéneres. Pero la originalidad del libro no está ni en su versificación, ni en su a ratos exquisito vocabulario; radica en la actitud. Vallejo, como ningún otro poeta hispanoamericano de aquellos años, se atrevía a expresar algo diferente; su sensibilidad sintonizaba mejor con el tiempo que se vivía y se relacionaba directamente con algunos temas universales, tanto que hay un manojo de poemas del texto que todavía hoy merecen estar en la antología más exigente de la poesía hispanoamericana. Vallejo fue más adelante que otros poetas que admiraba, como Leopoldo Lugones y José Herrera y Reissig, argentino y uruguayo, respectivamente, que se atrevían a incorporar temas cotidianos a sus versos. En uno de sus poemas más célebres, José Herrera y Reissig describe un oficio religioso en una capilla de pueblo y súbito, por la puerta abierta de par en par, ingresa un cortejo: una gallina con sus pollitos. La absoluta originalidad de Vallejo está en su entronque con temas sustanciales a la especie: la naturaleza irracional del dolor, algo que conocen por experiencia propia todos los hombres. La comprobación escueta, directa, de que «hay golpes en la vida tan fuertes [...] como el odio de Dios» (p. 7), la idea de que él mismo había nacido «un día que Dios estuvo enfermo, grave» (p. 62). Sobre estas afirmaciones, que son dos pilares de palabras que empiezan y terminan el libro, se desarrolla toda la poesía que nos ofreció en ese momento. Lo común a la especie es el dolor, lo inesperado de su aparición, su naturaleza perversa. Vallejo siente que la creación misma es producto de un Dios con sus facultades disminuidas, enfermo, grave. El llamado «valle de lágrimas» cristiano, el lugar donde habita el ser humano, la tierra entera, tiene un origen divino, algo está mal en el propio Dios que lo hace crear a seres hechos para el sufrimiento. El otro gran tema que se vincula con el dolor es el de la deidad misma. La actitud del poeta frente a Dios es cambiante e incluso contradictoria: cuando la divinidad es evocada como fuente de poder recibe fuertes críticas, explícitas o implícitas del novel autor, pero hay otros textos en los que Dios es visto con ojos menos sombríos, más bien cordiales y amistosos, porque «debe dolerle mucho el corazón» (p. 57). Otro gran tema de *Los heraldos negros* es la vida familiar. Vallejo tiene una profunda relación con su entorno familiar, el padre, la madre, los hermanos. Los poemas que dedica a la celebración de ese círculo íntimo están entre los mejores salidos de su pluma. El otro asunto del que queda un variado testimonio es la relación amorosa entre hombre y mujer. Es sabido que tal tipo de atracción tiene componentes espirituales y otros estrictamente carnales: la apetencia de poseer a la persona amada. Vallejo, en unos pocos poemas, pone en evidencia una situación social que se vivía en la época: la educación católica que había recibido le obligaba a idealizar a la mujer amada y a postergar las apetencias sexuales, amparadas por la Biblia dentro del matrimonio. Eso en el aspecto teórico, en la práctica, Vallejo no sabe cómo resolver esa contradicción. Así ocurre en el texto «El poeta a su amada» (p. 22), donde le dice a la mujer que ella se ha crucificado sobre los dos maderos curvados de su beso y atina a soñar en un amor más allá de la muerte, donde ambos dormirán en una sepultura como dos hermanitos. En otros poemas, Vallejo idealiza a la mujer y dice que a ella van sus ojos como polluelos al grano. Esta imagen, hermosa, tierna y alimenticia, si cabe, encierra muy finamente una fantasía que los psicólogos remontan a la primera infancia: la idea de alimentarse con lo que se ama. Vallejo es muy fino también cuando evoca un idilio muerto. Ese poema, célebre sin duda, de profunda raigambre lírica, puesto que se refiere a una situación del pasado, en cierto sentido protege a Vallejo de la contradicción que vivía: una muchacha de la que está separado por el tiempo y la distancia no hace peligrar ni las convicciones cristianas ni los niveles profundos de idealización. En cierto sentido, esa muchacha, Rita, es un equivalente de Beatriz, la amada de Dante, que fue querida por el vate italiano más allá de la muerte. Vallejo utiliza a lo largo de todo el poemario el español del Perú, con un profundo conocimiento de la morfología y la sintaxis, con un vocabulario variado y rico en el que palabras de raigambre castellana se alternan con voces y giros propios del Perú. Ese libro, como todos sus escritos posteriores, es una rica fuente para encontrar peruanismos y americanismos. Nuestros lexicógrafos tienen ahí un abundante material de trabajo.

III

La aparición de *Trilce* en 1922 convierte, según ahora mismo se puede advertir, a Vallejo en el poeta más importante de la lengua. Su propia vida había marchado muy rápida y estaba llena de contradicciones. Acusado sin pruebas de incendiario en su pueblo natal, Santiago de Chuco, es probablemente en la cárcel de Trujillo donde empieza a pergeñar esos versos insólitos. Si, en la época de *Los heraldos negros*, el poeta parece insular, a pesar de las obvias relaciones con el modernismo, tanto que la semejanza con los poetas expresionistas como Georg Trakl, descubierta recién, no pasa de ser una asombrosa coincidencia, puesto que no hay forma de precisar cómo Vallejo, sin conocer el alemán, ni las traducciones respectivas, pudo acercarse a esos versos; nuestro vate muestra en este nuevo libro una originalidad radical. Han tenido que pasar muchos años para que esta opinión se abra paso y se convierta en consenso. En esa época, en Europa y en toda América, se sucedían los movimientos de vanguardia. Mallarmé había señalado en 1897 que la poesía durante mucho tiempo se había asociado a la música y que era hora de vincularla a otros artes. Puesto que lo hizo, relacionando sus poemas finales con las artes gráficas, no cabe sino considerarlo como un precursor de las vanguardias. Estas florecieron en las primeras décadas del siglo XX. No cuestionaron solamente los aspectos formales, sino que exigen un cambio de actitud. A fines del siglo XIX, las sociedades europeas habían vivido la ilusión del progreso sin fin que se iniciaba. Los albores del nuevo siglo, junto con descubrimientos importantes como el cinematógrafo, la teoría de la relatividad de Einstein, el automóvil, sembraron en los espíritus una desazón; si Baudelaire, en el siglo XIX, había postulado apartarse de la multitud, los poetas de vanguardia ensayan otras actitudes frente a los tiempos sombríos. El que penetró con más hondura en esos abismos fue Georg Trakl; su verso suave y fluido expresa las grietas del corazón, el sufrimiento sin remedio de quien se siente excluido. Que haya sido farmacéutico, combatiente en la Primera Guerra Mundial y que haya muerto por una dosis excesiva de cocaína no son sino datos complementarios que corroboran el desamparo, el desasosiego, la inquietud, la zozobra de los espíritus europeos más sensibles de aquellos años. Hubo por cierto otras formas de reaccionar frente al nuevo siglo. Algunos, como Marinetti y sus futuristas, asociaron su presente literario a lo que parecía el futuro: la admiración sin medida de las conquistas tecnológicas: un automóvil de carreras les parecía más hermoso que la Victoria de Samotracia. Junto a los futuristas italianos, apareció el movimiento Dadá de Tristan Tzara que postulaba la poesía como espectáculo y, sin embargo, dinamitaba desde dentro la posibilidad de la comunicación poética. Vallejo fue más allá que todos ellos y puede decirse que *Trilce* es el libro más original de aquellos años en lengua española. Como sus congéneres europeos, Vallejo admite la importancia de lo intuitivo y deja a un costado la alta consciencia literaria que bien conocía, pues había frecuentado los modelos modernistas. El texto tenía una visión local, provinciana y nacional y contrastaba con el cosmopolitismo propio de los modernistas, se situaba en un presente y dejaba de lado las influencias parnasianas y simbolistas que habían marcado las primeras producciones del aeda. Vallejo expresaba, como nadie lo había hecho, el dolor en sus íntimas esferas: la del individuo arrojado en las mazmorras. Lo primero que siente el lector que se enfrenta a esos poemas es extrañeza. Los poemas son diferentes a otros leídos de cualquier autor. En ese sentido, en aquel año de 1922, ningún autor de poesía hispanoamericana era más diferente. Es cierto que la vanguardia estaba instalada en América y tenía varios lugares en los que hacía fortuna: en México estaban los estridentistas de Maples Arce, en Chile los creacionistas de Vicente Huidobro y había una pujante vanguardia en distintos puntos del continente, pero Vallejo, él solo, representa genuinamente la vanguardia en el Perú. La importancia de *Trilce* para nuestra lengua ha sido comparada por Roberto Fernández Retamar a la que tienen *La tierra baldía*, de T. S. Eliot, y *Ulises*, de James Joyce, para la lengua inglesa y *A la sombra de las muchachas en flor*, de Marcel Proust, para la lengua francesa. La dificultad de *Trilce* no radica en su vocabulario de amplio registro, que amalgama expresiones cultivadas contemporáneas con arcaísmos de prosapia castellana y con abundantes expresiones cotidianas del léxico familiar, está en el romper puentes con lo esperado. En su laboratorio verbal, el poeta siempre está diciendo otra cosa. No hay libro de poesía en español que haya merecido tantos comentarios e interpretaciones pues el texto fascina a quien abreva en sus páginas y el lector siente que tiene que poner mucho de sí para intentar comprenderlo. Como es entendible, un volumen así ha suscitado verdaderas batallas verbales entre los críticos, que a veces han perdido la brújula al comentar posiciones diversas a la suya. En esos poemas, sin modelo conocido, Vallejo maneja los tiempos reales, presente, pasado y futuro, como en los sueños, sin sucesión lineal. El futuro influye en el pasado y el pasado parece presente y el presente se diluye en cada una de las líneas. Vallejo escribe en una especie de presente eterno. El poeta dominicano Manuel del Cabral sostuvo en Lima, en 1986, en una entrevista personal, que la diferencia entre Vallejo y otros poetas es que nuestro escritor en su dicción expresa con intensidad la condición más elemental del hombre: su animalidad. Podemos percibir en los poemas de cárcel, en los de sufrimiento amoroso, en los intensos poemas existenciales que se adelantan a la dicción de Gottfried Benn en décadas siguientes, algo elemental pero profundo: un dolor que va más allá de lo imaginado, un tocar fondo en la experiencia de los hombres. Lo que no sabemos es la naturaleza de ese dolor y, por último, su origen, aunque se le juntaron varias desdichas: la prisión, la muerte de su madre y la separación amorosa de Otilia Villanueva, su musa de aquellos años. El sufrimiento sería una de las marcas que Vallejo desarrollará en su poesía posterior. Lo mejor que se ha dicho en el terreno de la composición literaria de *Trilce* son las palabras prologales de Antenor Orrego: «César Vallejo está destripando los muñecos de la retórica. Los ha destripado ya».

IV

A su muerte, el 15 de abril de 1938, Vallejo, que había desarrollado una fecunda tarea literaria escribiendo cuentos, novelas, obras de teatro, reportajes, dejó un conjunto de poemas sin título general, excepto un manojo de textos sobre la guerra civil española. Raúl Porras y Georgette Vallejo publicaron dichos textos bajo el título de *Poemas humanos* en 1939. Es cierto que Vallejo, en una lista de títulos posibles había colocado entre una docena más el de *Libro de poemas humanos*, que contrastaba con el título *Versos divinos* del poeta español Gerardo Diego, pero no queda ninguna señal clara y rotunda de su voluntad. Por eso, en esto también difieren los críticos. Algunos, como Américo Ferrari, llaman a estos *Poemas de París*; otros, los más numerosos, siguiendo las opiniones de Georgette Vallejo, hacen una división de *Poemas en prosa*, *Poemas humanos*, *España, aparta de mí este cáliz*. Esta última porción sí la dejó ordenada César Vallejo y fue publicada también en 1939 en España. Hay otros críticos, por último, que prefieren llamar a todas estas páginas *Poemas póstumos*. Es el caso de Ricardo Silva Santisteban y de Antonio Merino. En verdad, es posible inclinarse por una u otra posición, sin caer en las posiciones aleatorias de Juan Larrea, que creía poder ordenar los poemas siguiendo el color de la cinta de la máquina de escribir del poeta y de ciertas marcas que este ponía en cada uno de sus textos corregidos una y otra vez, como ocurre en los originales conservados en Lima en la clínica San Juan de Dios, por expresa voluntad de Georgette Vallejo. Dante no colocó el nombre de *Divina comedia* a su libro más famoso y puede decirse que lo mismo ocurre con Vallejo. El nombre de *Poemas humanos*, dado a la porción más numerosa de sus poemas póstumos, se ha impuesto y arrastra por lo tanto una clara división, tal como figura en la mayoría de las ediciones actuales.

En esta fase final de su escritura, Vallejo tiene logros notables; es, sin duda, la porción más madura de su producción. En su corto libro *España, aparta de mí este cáliz*, que alcanzó a redondear, Vallejo logra acentos épicos que ya no se presentaban en la poesía contemporánea. Sin duda, los poemas tienen una fuerza política: la identificación con el bando republicano en la guerra civil española, pero eso no explica su encanto y su poder. Esos catorce poemas resultan imperecederos por la potencia afectiva, la identificación con los que sufren combatiendo, la idea de que cada ser humano, siendo diferente, tiene los afectos, la inteligencia, la posibilidad de tener alegría y sufrir dolor, de forma semejante a todos sus congéneres. Vallejo convirtió a España en un símbolo. Lo más interesante del texto es que, a más de siete décadas de su escritura, sigue pareciendo hermoso a quien lo lea, lo que quiere decir que Vallejo logró la síntesis perfecta. En el tiempo de su escritura los poemas sirvieron, sin duda, a la causa republicana; leídos ahora por personas que ignoran los detalles de esa cruenta guerra civil, queda límpida la idea de la solidaridad en medio de los sufrimientos, la posibilidad simbólica de vencer a la propia muerte. En literatura, probablemente son las páginas más intensas escritas sobre un conflicto armado en el siglo XX.

En toda su etapa parisina Vallejo conoció el dolor de un modo inédito, hasta el punto de considerarlo lo más característico del ser humano. En el texto «Voy a hablar de la esperanza», que figura en *Poemas en prosa*, escribió:

Yo no sufro de ese dolor como César Vallejo. Yo me duelo ahora como artista, ni como hombre, ni como ser vivo siquiera. Yo no sufro de este dolor como hombre ni como simple ser vivo siquiera. Yo no sufro de este dolor como católico, como mahometano ni como ateo. Hoy sufro solamente. Si no me llamase César Vallejo, también sufriría este mismo dolor. Si no fuese artista también lo sufriría. Si no fuese hombre, ni ser vivo siquiera, también lo sufriría. Si no fuese católico, ni ateo. Ni mahometano, también lo sufriría. Hoy sufro desde más abajo. Hoy sufro solamente [Vallejo, 1968a: 243].

En *Poemas humanos* el vate deja atrás la etapa experimental de *Trilce*. En cierto sentido Vallejo retorna al cauce general de la poesía que, viniendo del Romanticismo, simbolismo, parnasianismo, pone entre paréntesis a la misma vanguardia o, mejor, la tiene asimilada. Todo lo hace con una profunda originalidad. Tanto que su escritura puede distinguirse entre muchas. En 1925, un escritor peruano poco conocido, Clodoaldo Espinoza Soto, había dicho: «Vallejo hará escuela y será el vallejismo» y si bien eso no es una verdad literal, sí lo es en su sentido más hondo y legítimo. Poetas de gran calidad como Thomas Merton en Estados Unidos, o como Gonzalo Rojas en Chile, o como Alejandro Romualdo y Washington Delgado en el Perú, o Félix Grande en España, han reconocido su calidad y le rinden pleitesía como maestro. En estos versos, con una rara intensidad, Vallejo expresa su amor por el Perú. En ese sentido sus poemas «Telúrica y magnética» o «Fue domingo en las claras orejas de mi burro» son ejemplares. En un mismo texto Vallejo tiende puentes al lector sin experiencia literaria y al mismo tiempo se dirige al más cultivado y diligente. Un buen ejemplo de lo dicho es su poema «Piedra negra sobre piedra blanca», un soneto en sus orígenes, que puede ser leído de diversos modos no contradictorios. Algunos pueden encontrar la hipertrofia del yo romántico, ese situarse del «yo creador» en un centro pequeño, apartado del mundo; otros pueden advertir la «vocación de apaleado» de Vallejo, que tiene literariamente un origen romántico y la huella del sufrimiento personal del vate; o puede singularizarse la reflexión metafísica sobre la condición humana o, por último, el lector puede regocijarse con la perfección de la forma. Todas estas cualidades sumadas dan el éxito sostenido del poema, uno de los más célebres de Vallejo. En *Poemas humanos* los textos se potencian unos a otros. Viviendo en París el poeta experimenta la soledad y el sufrimiento de la mayoría en las grandes urbes. En pocos versos lo expresa de manera más clara que en las líneas finales de «La rueda del hambriento» (p. 197):

> Un pedazo de pan ¿tampoco habrá ahora para mí?
> Ya no más he de ser lo que siempre he de ser,
> pero dadme
> una piedra en que sentarme,
> pero dadme,
> por favor, un pedazo de pan en que sentarme,
> pero dadme
> en español
> algo, en fin, de beber, de comer, de vivir, de reposarse,
> y después me iré...
> Hallo una extraña forma, está muy rota
> y sucia mi camisa
> y ya no tengo nada, esto es horrendo.

Los medievales sostenían que era necesario vivir primero antes de filosofar. Una de las razones de la permanencia de la poesía de Vallejo en el gusto popular tiene que ver con la identificación emocional del lector con los textos que lee. Vallejo no habla del dolor y del sufrimiento desde un escritorio. Es obvio para quien lo conoce que este ser humano conoce los entresijos de lo horrendo, la interminable sucesión de días teniendo apenas qué comer. La correspondencia con sus amigos da abundante testimonio de esta situación. Pero Vallejo si permanece como un paradigma no es por el sufrimiento, sino por la cristalización de estos padecimientos y de estas angustias en hondos versos que nos parecen verdaderos.

Desde el punto de vista de la concepción literaria Vallejo se distanció, y mucho, de la estela del surrealismo que preconizaba André Breton. En aquellos años, la teoría psicoanalítica de Freud se encontraba en auge. El psiquiatra vienés insistía en la importancia del inconsciente en la vida diaria de todos los seres humanos y esto, en el terreno literario, venía a reforzar las teorías de origen romántico sobre la porosidad del creador a la espera de la inspiración, que a su vez tienen un origen platónico. Un poeta como Rilke, por ejemplo, apela en sus escritos teóricos a la necesidad de que el poeta tenga una vasta experiencia de la vida y que sea capaz de aguardar la chispa creadora que germinará en su corazón. Los surrealistas, por lo menos de modo teórico, propiciaron la escritura automática, ese escribir por escribir que va acumulando palabras. Vallejo salió al frente de esta concepción, él, que tenía tantas emociones, que era un poeta de una intuición poderosa, como lo había probado en *Trilce*. Conforme adquiere más experiencia, la definitiva, se aparta no solo del surrealismo, sino de algo que él mismo traía desde su juventud: una raíz romántica. Y esto es tal vez lo más importante que puede decirse hoy de la poesía de Vallejo en su fase final. En ese volumen que llamamos *Poemas humanos*, el poeta hace una síntesis de sus modos de poetizar: hay textos de una intensidad afectiva inmensa, verdaderas confesiones en verso, pero hay otros, que son los menos, que anuncian la poesía del porvenir, la llamada poesía objetiva que soñó Rimbaud cuando escribió: «Yo es otro», la voluntad de expresar lo que realmente es. En los mismos años que escribía Vallejo, un discípulo disidente de Freud, Carl Jung, elaboró su teoría en la que insiste en la posibilidad de que exista una conciencia multiplicada, la verdadera conciencia, a la que se puede llegar después de conocer mucho el mundo. Ese «sí mismo» como la llama, tiene la virtud de concentrar la vida inconsciente en la vida consciente, salta la historia o la entrevera en un presente eterno. Aquel que llega a ese «sí mismo» es el sabio de la tribu. Vallejo, que no conocía a Jung, puesto que no aparece estudiado ni citado en sus artículos periodísticos, llega por los misteriosos caminos de la creación literaria a las mismas conclusiones:

¡CUATRO CONCIENCIAS!

¡Cuatro conciencias
Simultáneas enrédanse en la mía!
¡Si vieráis cómo ese movimiento
apenas cabe ahora en mi conciencia!
¡Es aplastante! Dentro de una bóveda
pueden muy bien
adosarse, ya internas, o ya externas,
segundas bóvedas, mas nunca cuartas;
mejor dicho, sí,
más siempre y, a lo sumo, cual segundas.
No puedo concebirlo; es aplastante.
Vosotros mismos a quienes inicio en la noción
de estas cuatro conciencias simultáneas,
enredadas en una sola, apenas os tenéis
de pie ante mi cuadrúpedo intensivo.
y yo, que le entrevisto (estoy seguro)!

[Vallejo, 1997a: 326]

¿Por qué permanece Vallejo en el gusto de las personas en el Perú y el mundo? En primer lugar por el efecto poderoso de su poesía en distintas personas situadas en cualquier parte del globo terráqueo, pero además, también, por la importancia que tiene la educación en distintas partes del mundo. El hecho de que aparezca en los programas escolares es fundamental. Felizmente el Perú por fin le está haciendo justicia, tenemos universidades, avenidas, monumentos, institutos, clubes deportivos que perennizan su nombre y lo vuelven un clásico, uno de aquellos escritores cuya fama nos alcanza antes de leerlo. Han pasado ya las polémicas sobre sus vínculos con el marxismo y con el cristianismo. Existen poderosas razones para decir que este comunista tuvo, como el propio Marx, un aliento cristiano toda su vida. Metafísico hasta lo más hondo, Vallejo quiso, en sus sueños, construir el paraíso en la tierra. Vallejo es el poeta del dolor, como se viene diciendo, pero es también el poeta de la esperanza en el hombre y en sus capacidades científicas y afectivas casi infinitas. Y es también el poeta de la solidaridad:

> ¡Amado sea aquel que tiene chinches,
> el que lleva zapato roto bajo la lluvia,
> el que vela el cadáver de un pan con dos cerillas,
> el que se coge un dedo en una puerta,
> el que no tiene cumpleaños,
> el que perdió su sombra en un incendio,
> el animal, el que parece un loro,
> el que parece un hombre, el pobre rico,
> el puro miserable, el pobre pobre! (pp. 216-217).

Decimos que la poesía de Vallejo es imantada porque atrapa a toda persona que se allegue a sus páginas.

V

Los escritores tienen fortuna literaria por su calidad, algunos se abren paso entre sus contemporáneos y otros duran en el aprecio de los lectores años, décadas, siglos. Hay ciertas circunstancias que contribuyen a la nombradía de los poetas; una de ellas es, aunque apenas se dice, figurar en los planes escolares. Y Vallejo lo ha logrado en el Perú, hasta convertirse en el poeta más conocido en todo el mundo educativo. Y como es sabido, y no necesita mayor probanza, el poema más conocido salido de su pluma es el texto liminar de *Los heraldos negros*, el que da título a todo el libro (p. 7). En ese poema, de una manera insólita, como no lo había hecho ningún poeta del orbe hispano, Vallejo mezcla, en un admirable fresco, palabras del santoral modernista, como «potros de bárbaros Atilas», con otras de una experiencia propia, características de la vida urbana de esos años diez del pasado siglo, que tienen una profunda vinculación con la vida de campo, como esa idea de un «pan que en la puerta del horno se nos quema». Al rigor formal del poema se suma el tema, el más trascendente de todos, en la percepción de Vallejo cuando escribe el poema, la afirmación honda de que es el dolor lo más trascendente de la vida del ser humano. Tarde o temprano el dolor nos alcanza sin un motivo aparente y estamos siempre desamparados ante su llegada. Este poema inicial, pórtico de la obra, difumina su presencia en todo el libro y concreta su influencia en la última pieza del poemario, la titulada «Espergesia» (p. 62), palabra ligada en su significado a esperanza y génesis, como se ha dicho varias veces, y que también, retóricamente, puede aludir a decir una misma cosa de diferentes maneras. Es un neologismo, más que un arcaísmo, que tiene en lo más hondo una asociación que viene del griego, con «semilla» y, por lo tanto, con «nacimiento». Se trata, obviamente, de un poema sobre el nacimiento, como se ve claramente por el conjunto de versos. Vallejo, en primera persona, va diciendo de distintas maneras, que el ser humano, él mismo, es producto de una creación hecha por Dios enfermo, y la afirmación final cae como un mazazo que cierra todo el libro: «Yo nací un día / que Dios estuvo enfermo, / grave». «Los heraldos negros» y «Espergesia» actúan como dos murallas que cierran el campo de todo el libro. Lo que se construye en sus páginas es un edificio de palabras que aluden de manera insistente al dolor como lo más característico del ser humano. En el siglo anterior ya lo había dicho Edgard Allan Poe: el sufrimiento es el sentimiento humano más profundo y verdadero.

VI

En la época de la escritura de su primer libro, César Vallejo era ya un adulto joven y es natural que la atracción por la mujer apareciese en el texto con mucha rotundidad. Vallejo venía de un hogar de profundas convicciones religiosas católicas, y por lo tanto había sido educado dentro de ciertos parámetros que consideraban, de un lado, a la mujer, como una intermediaria con el mismo Dios, y de otro, un objeto susceptible de despertar pasiones prohibidas. Subyacente está otra idea: la sexualidad solo puede realizarse dentro del matrimonio. Los vínculos personales entre hombres y mujeres tienen marcas a lo largo del tiempo que señalan el tipo de relación que prevalece dentro de cada sociedad. Así, en el mundo griego antiguo, la *Orestíada* de Esquilo muestra con toda claridad la decadencia del matriarcado y el surgimiento del patriarcado, vigente hasta nuestros días. El Medievo idealizó a la mujer; el sentimiento amoroso impulsaba al caballero a realizar actos que no podía llevar a cabo en otra disposición de ánimo. Tal vez el ejemplo más nítido de esta idealización es la poesía de Dante, que expresa, como lo quería el poeta latino Propercio, y como más tarde lo escribió Quevedo, un «amor constante más allá de la muerte». Conteniendo, sin duda, elementos eróticos, la poesía idealiza a la mujer, la convierte en representante del mismo Dios y la coloca en un altar. La poesía reproduce en el amor una situación social: la relación entre el señor y el siervo, solo que el señor ahora es la señora, y el poeta o trovador está de hinojos frente a la mujer amada, que aparece con frecuencia como inalcanzable. En la sociedad provenzal cultivada existía la práctica conocida como «asaj», que era una prueba en la que el caballero y la dama dormían desnudos en el mismo lecho sin tocarse. Y lo que parece un premio se convierte en castigo, o así lo parece. No tenemos constancia, pero podemos imaginar que el «asaj» con frecuencia quedaba hecho añicos, merced a la pasión capaz de romper las reglas más rigurosas. En el siglo XVI, en la época renacentista, la idealización de la mujer cobra nueva fuerza en la poesía de Garcilaso y de Fernando de Herrera. Sin embargo, a partir del siglo XIV, el paulatino ascenso de la burguesía fue determinando la aparición de un amor más natural, más directo, como en *Libro de buen amor*, de Juan Ruiz, arcipreste de Hita. La ideología burguesa posterior, por razones económicas, impone límites al amor que ella misma exalta. En *Los heraldos negros* se evidencian varias actitudes frente al hecho amoroso: de un lado, la idealización de la amada, como aparece en los poemas «Retablo» e «Idilio muerto», la mujer vista como objeto, como ocurre en el poema «Capitulación», el sexo vinculado a la noción de pecado, como puede verse en los poemas «El poeta a su amada», «Amor prohibido» y «Comunión». Por último, la renuncia al amor tiene en «Yeso» una primera aparición y su culminación en «Amor» y «El tálamo eterno».

Obviamente el sentimiento amoroso ha ido cambiando desde la sociedad primitiva, la sociedad esclavista, la época medieval, la sociedad renacentista y la época contemporánea. Un análisis obvio nos dice que cada poeta ve el amor de acuerdo al contexto histórico en el que vive, y si ese contexto social, esa conciencia colectiva, es considerado como medieval, la concepción que aparece evidenciada en los textos del poeta será también medieval. Felizmente las cosas no son tan fáciles, ni tan directas. En el campo de la sociología, porque hay modos de producción que superviven a las épocas que les dieron origen, y en el campo ideológico, porque, como es sobradamente sabido, las concepciones del mundo superviven todavía más que los modos de producción. En literatura también se produce un desarrollo desigual y combinado. A estas alturas un paragón, a manera de metáfora, con la psicología genética, puede servirnos como apoyo a lo que estamos diciendo. Uno de los postulados fundamentales de la psicología genética es que la herencia no solo conserva las huellas y trasmite las influencias de lo que fueron los seres que nos precedieron en la vida, sino que el niño repite muchas de las etapas de la evolución de la especie y, hasta cierto punto, todo ser vivo desde el momento en que empieza a formarse hasta su maduración, pasa por las diversas formas de las diversas variedades de vida que han ido poblando la Tierra. Las líneas siguientes las debo a conversaciones con Max Silva, a cuya intuición debo mucho de mi conocimiento de la poesía de César Vallejo y constituyen un homenaje a su memoria; algunas son de sentido común y otras son calas profundas en la escritura de Vallejo: el autor de obras poéticas proyecta en estas sus fantasías inconscientes. El amor en la poesía de Vallejo, en su etapa de *Los heraldos negros*, se encuentra intensamente impregnado de matices psicosexuales infantiles. Dichos contenidos están presentes en la experiencia amorosa de cualquier persona adulta, en tanto remanente normal de los primeros años de vida, pero en Vallejo constituyen mucho más que un residuo común y corriente. Son rasgos preponderantes y característicos de su psiquismo inconsciente. Aquellos contenidos psicosexuales están entroncados mayormente con las etapas oral y fálica y con todos los objetos (en el lenguaje psicoanalítico, *objeto* es cualquier elemento, incluido algún humano, que satisface alguna necesidad) de los que el hombre dispone en la infancia para la satisfacción de sus necesidades. Entre ellos es la madre, o sus sustitutos, o sus representantes, el objeto amoroso abrumadoramente presente en la poesía inicial de Vallejo. En el lenguaje psicoanalítico son oriundos de la etapa oral los siguientes contenidos inconscientes: la estrecha y simbólica vinculación que Vallejo establece entre amor y alimentación, o lo que es lo mismo, entre objetos ingeribles y objetos amorosos. La marcada dependencia frente a la mujer amada, llamada anaclítica, como la del niño de pecho en relación a su madre; la idealización de la mujer hasta el punto de considerarla una especie de auxiliar mágico, la que salvaguarda o debería salvaguardar, como la madre al hijo, de todos los peligros, por más extraños y graves que estos sean. Los oriundos de la etapa fálica son los siguientes contenidos inconscientes: la disociación del amor en sus contenidos instintivos, por una parte, y de sus componentes espirituales por otra, es decir, la disociación de la ternura y de la sensualidad. Consecuencia de esta disociación es la imagen diversificada de la mujer, una buena para «amar» y otra para hacerla presa de los instintos exclusivamente. La identificación de la amada con la madre da como resultado una especie de amor maternizado. Por lo dicho hasta aquí, el amor en la poesía primigenia de Vallejo no es sino una forma pasivo-receptiva de complejo de Edipo no resuelto. Nada de esto quita la insólita belleza que tienen estos poemas. Más adelante, a lo largo de toda su producción, la poesía amorosa de Vallejo llegará a su madurez y los complejos infantiles serán resueltos para siempre.

VII

Es difícil sacudirse del asombro que causa, como ya hemos dicho, la lectura del primer poema de *Los heraldos negros*, y dentro de él la frase: «Golpes como del odio de Dios» (p. 7). ¿De qué está hablando Vallejo? ¿Cómo es posible que asocie a Dios con la palabra odio? Dios, en la concepción cristiana, es la personificación de la bondad y del amor, pero también es el representante de la ley. Y toda ley supone normas de estricto cumplimiento. Faltar a la ley supone hacerse acreedor a un castigo. En la frase, Dios parece sin embargo algo humano, odia. Y ese es el motor de varios de los poemas de *Los heraldos negros*. En el poema «Los dados eternos» (p. 53) escribe:

Dios mío, estoy llorando el ser que vivo;
me pesa haber tomádote tu pan;
pero este pobre barro pensativo
no es costra fermentada en tu costado:
tú no tienes Marías que se van!

Dios mío, si tu hubieras sido hombre,
hoy supieras ser Dios;
pero tú que estuviste siempre bien,
no sientes nada de tu creación.
Y el hombre sí te sufre, el Dios es él.

Sin embargo en el poema «Dios» (p. 56) escribe:

Yo te consagro Dios, porque amas tanto;
porque jamás sonríes; porque siempre
debe dolerte mucho el corazón.

El tema de Dios nos catapulta al asunto de la familia, que tanta importancia tiene para César Vallejo. Vallejo, en *Los heraldos negros*, escribe sus textos desde la categoría de hijo. Es un adulto joven, que ha tenido, sin duda conflictos con sus mayores, que no aparecen casi en el texto, pero sí en su poesía posterior, como en el célebre poema «Piedra negra sobre una piedra blanca» (p. 188), donde «le pegaban todos, sin que él les haga nada». En sus poemas iniciales hay profundo afecto por los padres físicos y por los hermanos, como puede advertirse en el poema «Enereida» (p. 61), uno de los pocos textos llenos de optimismo del libro, alegría que proyecta al futuro donde «habrá empanadas». Los padres, en otros poemas, son evocados con mucha ternura. La relación con la compañera, enamorada, novia, ya la hemos detallado, pero tenemos que añadir que se trata de una relación a veces con rasgos infantiles, y que no se proyecta a un futuro familiar. Vallejo en ningún momento se ve como fundador de una familia. En el proceso de maduración de un individuo, hombre o mujer, hay un momento en el que adquiere una adultez física, en el que es capaz de procrear, pero esa es una primera escala que no tiene todavía una maduración emocional. Pasa un tiempo y esa capacidad, esa plenitud empieza a ser adquirida, con la posibilidad de tener pareja y convivir, primero de modo ocasional, y después de manera duradera, lo que, en cierta manera, está ligado a la llegada de los hijos. En el plano amoroso, como bien se sabe, Vallejo no fue muy afortunado en sus relaciones amorosas, en especial con Otilia Vallejo Gamboa, su sobrina; Gavina Salamanca López; María Rosa Sandoval, quien murió pronto; y Zoila Aurora Cuadra. No es azar por eso que escribiera en su poema «Amor» (p. 56) estas palabras:

> Amor, no te quiero cuando estás distante
> rifado en afeites de alegre bacante,
> o en frágil y chata facción de mujer.
>
> Amor, ven sin carne, de un icor que asombre;
> y que yo, a manera de Dios, sea el hombre
> que ama y engendra sin sensual placer!

César Vallejo, en todo el tiempo que le tocó vivir después de la publicación de *Los heraldos negros*, superó muchos de los conflictos de su personalidad de aquellos años. Liquidó esa agonía cristiana, esa ambivalencia frente a la deidad, muy parecida a la de Unamuno; siendo marxista, no se ocupó más del tema de Dios, de manera directa por lo menos, y mantuvo los valores éticos del cristianismo que hizo coincidir con los postulados humanistas del marxismo, lo que aunado a su gran pericia poética, dio vuelo inusitado a una poesía que no tiene parangón en todo el orbe hispano. Y fue capaz de tener relaciones amorosas sostenidas, estables y memorables, como la que tuvo con su esposa Georgette, que dieron poemas notables, como aquel «Palmas y guitarra» (p. 198), en el que escribe:

> Ahora, entre nosotros, aquí,
> ven conmigo, trae por la mano a tu cuerpo
> y cenemos juntos y pasemos un instante la vida
> a dos vidas y dando una parte a nuestra muerte.
> Ahora, ven contigo, hazme el favor
> de quejarte en mi nombre y a la luz de una noche teneblosa
> en que traes a tu alma de la mano
> y huimos en puntillas de nosotros.

Hoy recordamos y celebramos al César Vallejo universal. Nada de lo que fue después hubiera sido posible si no hubiese escrito *Los heraldos negros*, un certero anuncio de lo que sería una gran poesía.

ALONSO CUETO

LOS VIBRANTES ENIGMAS DE VALLEJO

I

Lo seguiremos leyendo, lo seguiremos buscando, nos seguiremos asombrando con sus versos. Aun hoy, algunos se preguntan cómo fue posible que estas palabras violentas y extrañas, escritas en soledad, expresaran una desesperación tan fervorosa por el sufrimiento humano. La respuesta es que nunca distinguió entre los padecimientos propios y los ajenos. No solo integró sus propias experiencias a las de los demás. También fusionó su exclamación por los padecimientos universales con el registro de las dispersas actividades cotidianas. Algunos versos memorables son ejemplo de esta integración de elementos diversos, clave de su obra literaria. «Un albañil cae de un techo, muere y ya no almuerza / ¿Innovar, luego, el tropo, la metáfora? / Un comerciante roba un gramo en el peso a un cliente / ¿Hablar, después, de cuarta dimensión?» (p. 222), escribió en un poema que tiene un primer verso tan sencillo como simbólico: «Un hombre pasa con un pan al hombro». El intento de la poesía por alcanzar el sufrimiento elemental de los seres humanos y el suyo propio es una búsqueda esencial en su obra.

En sus versos, la naturaleza infinita del dolor es una prueba del caos de la existencia cotidiana, un universo sin centro, abandonado por Dios hasta en sus elementos más sencillos. Sus anáforas y enumeraciones se proponen mostrar la acumulación infinita y caótica del movimiento cósmico. Un gran ejemplo es el poema «Los nueve monstruos» (p. 177):

> Y también de resultas
> del sufrimiento, estoy triste
> hasta la cabeza, y más triste hasta el tobillo,
> de ver al pan, crucificado, al nabo,
> ensangrentado,
> llorando, a la cebolla,
> al cereal, en general, harina,
> a la sal, hecha polvo, al agua, huyendo,
> al vino, un *ecce-homo*,
> tan pálida a la nieve, al sol tan ardio!

La poesía de Vallejo no solo se lanza a los extremos de la existencia, también se dispersa por los elementos del mundo. Se resiste a ser considerada solo como una poesía de contrastes. Es también una poesía de la dispersión. Su movimiento es de extremos absolutos y de proyecciones al infinito. En una poesía de alas violentas y raíces profundas. Vive entre la intensidad y la extensión. La anáfora y la enumeración caótica profundizan y esparcen los elementos de su universo. Estos elementos no tienen relación entre ellos. Pero están fusionados por el dolor común.

Estos mismos elementos cotidianos (la cebolla, el pan, el nabo) que Neruda recogía en las *Odas elementales* como expresiones de la sencillez sagrada de la vida son en la obra de Vallejo víctimas del sufrimiento.

Las diferentes etapas de su biografía están registradas con una compleja ingenuidad, con frecuencia hecha de exclamaciones y preguntas sin respuesta. Preso en su tierra natal, escribió «Oh las cuatro paredes de la celda» (p. 78). Enamorado nostálgico, estando en Lima, recordó a una novia: «Qué estará haciendo esta hora mi andina y dulce Rita / de junco y capulí» (p. 39). Enfrentado a los vacíos de la existencia imaginó el mundo como «la Tierra / es un dado roído y ya redondo / a fuerza de rodar a la aventura» (p. 54). En su mundo, el caos de la existencia se reformula en un llamado a la fe. Pero ese llamado no siempre encuentra una respuesta o una forma. Sus gritos en el vacío («Yo nací un día / que Dios estuvo enfermo» [p. 62], «Dios mío, si tú hubieras sido hombre, hoy supieras ser Dios» [p. 53]) se compensan con las proclamas hacia una utopía: «Señor Ministro de Salud: ¿qué hacer? [...] hay, hermanos, muchísimo que hacer» (p. 179).

En ese espacio enorme, el abismo entre los extremos y las dispersiones radicales, sus palabras viajan a la velocidad de la luz y tienen el peso y la gravedad de la tierra. Cuando escribe «jamás tan cerca arremetió lo lejos, / jamás el fuego nunca / jugó mejor su rol de frío muerto!» (p. 178) no está jugando con los términos. Está describiendo la variedad y la intensidad de su universo. Esa sucesión supone una enumeración múltiple que tiene el tono de una proclama general:

> Jamás, hombres humanos,
> hubo tánto dolor en el pecho, en la solapa, en la cartera,
> en el vaso, en la carnicería, en la aritmética! (p. 178).

Al mezclar el tono burocrático de una carta imaginaria al señor ministro de Salud y la intimidad encarnizada del dolor, Vallejo encuentra un flujo de contrastes que a su vez está poblado de términos oximorónicos. El «cariño doloroso», la «salud más mortal» se resuelven y se integran como la expresión de un dolor que abarca los extremos. La enumeración de «solapa», «cartera», «vaso», «carnicería», «aritmética» es el registro de la diversidad indiscriminada del dolor. En ese proceso, la dispersión de los elementos se funde y se complementa con la reiteración de los términos:

Y el mueble tuvo en su cajón, dolor,
el corazón, en su cajón, dolor,
la lagartija, en su cajón, dolor (p. 178).

Las nueve musas de la mitología griega se convierten en los nueve monstruos. Son también una condena inspirada por una divinidad perversa. La noción del destino es su marca.

Por eso, habituado a la sensación de la muerte, predijo la suya un jueves luego de una vida en la que le habían dado «duro con un palo y duro // también con una soga» (p. 188). Puso como testigos de esa vida a «la soledad, la lluvia, los caminos». Este terceto final en «Piedra negra sobre una piedra blanca» expresa la raíz de una experiencia peruana: la de ser un país castigado por la historia. En ese sentido es una prueba de una sensación común en la cultura del Perú como un país condenado. Una de las primeras señales de esta noción es el pasaje en el décimo noveno capítulo de la segunda parte de los *Comentarios reales* del Inca Garcilaso. En ese episodio, a propósito de la muerte de Tupac Amaru I en la plaza del Cusco en 1572, Garcilaso entiende que se trata del fin de una era y señala una condena sobre el futuro: «Porque en todo sea tragedia».

La idea del Perú como un país condenado y de la realidad misma como la experiencia de un sufrimiento permanente es un rasgo esencial en Vallejo. El poeta peruano más importante de todos los tiempos expresa la sensación de una vida marcada por la muerte, una experiencia del dolor infinita y permanente. Uno puede preguntarse también si la sensación de un destino de sufrimiento y castigo, marcados por una condena, se relaciona con la famosa frase de Vargas Llosa en el inicio de *Conversación en la Catedral*: «¿En qué momento se había jodido el Perú?». La idea de la historia como una condena se extiende a buena parte de la literatura latinoamericana.

Como ocurre con la famosa pregunta de Vargas Llosa, la poesía de Vallejo está llena de preguntas y ambigüedades («Yo no sé», «Señor Ministro de Salud, ¿qué hacer?»). Su impacto se basa en la vibración con la que están formuladas. Son sombras que destellan en nuestra conciencia de lectores.

II

La gran contribución de Vallejo a la poesía de nuestro tiempo es la creación de un castellano que cruza las fronteras del idioma. Mientras otros poetas exploraron las posibilidades del castellano hasta sus límites, Vallejo utilizó fragmentos de este para atravesar la frontera del idioma y crear otra lengua poética. Escribió versos como «Tahona estuosa de aquellos mis bizcochos / pura yema infantil innumerable, madre» (p. 82). Escribió «Ya no más he de ser lo que siempre he de ser» (p. 197). Escribió:

> ¿Qué se llama cuanto heriza nos?
> Se llama Lomismo que padece
> nombre nombre nombre nombrE (p. 68).

La presencia del quechua en su lugar de nacimiento, Santiago de Chuco, en la sierra de la Libertad, tiene un papel esencial en esta hazaña. Los investigadores Luz Mendoza, Jorge de la Cruz y Ofelia Vilca han estudiado la presencia del quechua en la poesía de Vallejo en trabajos de enorme interés. Ibico Rojas ha investigado la presencia de las voces de otras lenguas precolombinas como el culle. El programa Rimaykusunchis de la Casa de la Literatura Peruana ha realizado estudios de las relaciones con el quechua en la poesía de Vallejo. En ellos se concluye que el lenguaje toma formas sintácticas del quechua, lo que lo emparenta con el lenguaje de las novelas de José María Arguedas.

Esta hazaña, la ruptura y recreación de una lengua poética mixta y extrema, lo coloca como el poeta más audaz, el más arriesgado y el más radical de su tiempo.

Los mecanismos de esta hazaña aparecen reflejados en el gran ensayo de Emilio Adolfo Westphalen, «Poetas en la Lima de los años treinta», publicado en *Poesía completa y ensayos escogidos*:

Admiraba en cambio la enorme tensión afectiva que hacía sentir cada poema como un puñado de nieve arrojado en pleno rostro. Nada de lo por mí conocido en la poesía de vanguardia, según se la llamaba entonces, me había preparado al encuentro con esta fuerza de la naturaleza [Westphalen, 2004: 491].

Más adelante Westphalen describe la estrategia de fluidez que mueve estos versos:

He llegado finalmente a intuir, no sé con qué grado de justeza, que el salto brusco se debía a un cambio del sistema de codificación empleado. El poema se ajustaba a una clave, mas de repente el poeta acudía a otra, distinta y hasta opuesta. El juego era a veces el simple reemplazo de una antinomia por otra, aunque a menudo alguno bastante inesperado. Se sentía esa pesada mano del destino desbaratando todo esfuerzo humano, al que ama referirse Vallejo. Mas extraño sin embargo era que a pesar del trastorno el poema no solo permanecía intacto, sino que aumentaba en vigor y significado por esa intromisión [Westphalen, 2004: 492].

El tono y la fluidez, con sus alteraciones y revelaciones, son asuntos esenciales a esta poesía. En ella, Vallejo integra la intensidad de su desarrollo (hecho en base a repeticiones) y la profundidad de su visión. Westphalen cita el pasaje de Vallejo:

Lo que me importa principalmente en un poema, es el tono con que se dice una cosa y, secundariamente, lo que se dice. Lo que se

> dice, en efecto, es susceptible de pasar a otro idioma; pero el tono con que eso se dice, no. El tono queda inamovible en las palabras del idioma original en el que fue concebido y creado [...] se traducen las grandes ideas, pero no se traducen los grandes movimientos animales, los grandes números del alma, las oscuras nebulosas de la vida, que residen en el giro del lenguaje, en una *tournure*, en fin, en los imponderables del verbo [Westphalen, 2004: 493].

El movimiento libre del poema aparece aquí como un rasgo esencial de su funcionamiento. Hay que anotar que este tono se mantiene en su último libro, *España, aparta de mí este cáliz*. Sin embargo, en ese poemario la esperanza aparece por primera vez como un tema en su obra. Si en su primer libro anunciaba la muerte como un tema central desde el título (*Los heraldos negros*), al final de su vida, enfrentado a la guerra civil española, escribió un poema famoso contra la prevalencia de la muerte. A diferencia de los poemas anteriores, donde hay una dispersión de elementos vinculados al dolor, «Masa» (p. 149) ofrece un relato coherente, centrado en una misma situación. El poema, dicho sea de paso, es uno de los más famosos de su autor. No es casual que hoy en el Perú, «Masa» se recite en muchas ceremonias de graduación de los colegios.

Haciendo uso de una secuencia narrativa, en una serie de episodios cortos cuya tensión va en aumento, «Masa» llega a su clímax cuando el clamor de todos los hombres de la tierra resucitan a un cadáver. La permanencia y vigencia de la muerte se convierte en un verbo compuesto marcado por el adversativo: «Pero el cadáver, ay, siguió muriendo».

En «Masa», gracias a la exclamación «ay» y la forma del gerundio «siguió muriendo», la muerte sigue ocurriendo al igual que la vida. Entonces hay un clamor colectivo entre quienes rodean al cuerpo: «¡Tánto amor y no poder nada contra la muerte!». En el final de esos versos, cuando lo rodean «todos los hombres de la tierra», el cadáver se levanta, abraza al primer hombre y «echose a andar». Los elementos católicos de su visión del mundo, el dios que se había perdido en los poemas anteriores, reaparecen en la comunión universal, es decir, en una resurrección. La esperanza y la unidad de los versos en torno a una misma acción redentora alcanzaban a Vallejo poco antes de su fin.

III

A diferencia de otros grandes poetas de su tiempo (Borges, Neruda, Paz), Vallejo murió joven (acababa de cumplir cuarenta y seis años). Su reconocimiento se limitaba al círculo de los lectores peruanos que recordaban sus primeros libros, *Los heraldos negros* y *Trilce*. En el momento de su muerte, en 1938, la parte final de su obra había quedado inédita. Para entonces había escrito muchas obras maestras que pocos habían leído.

Impulsado por la intensidad y la belleza de estos enigmas, no es casual que el interés por Vallejo siga aumentando. En años recientes la biografía de Stephen M. Hart (*César Vallejo, A Literary Biography*) y la novela de Eduardo González Viaña (*Vallejo en los infiernos*) se han sumado a otros libros como el *Monsieur Pain*, de Roberto Bolaño, que cuenta los últimos días de su vida.

La alusión al sufrimiento que se desprende de estos títulos reaparece en *El hombre más triste*, que escribió Daniel Titinger, con edición de Leila Guerriero, para Ediciones Universidad Diego Portales de Chile (2021). El libro, que le tomó siete años a su autor, no es una biografía, sino un perfil del personaje, matizado por el relato de la búsqueda de testimonios. Titinger recoge con lujo de detalles algunos hitos biográficos: los abuelos sacerdotes españoles, la temprana vocación religiosa, la densidad de la vida familiar, las idas y vueltas a Trujillo, el viaje a Lima, la llegada a París en 1923 y su muerte el Viernes Santo de 1938.

Sabemos por este libro que la pobreza del poeta en los inicios de su estancia parisina lo hacía buscar refugio en los vagones de los metros, donde se quedaba hasta la hora del cierre. De esos años, Titinger cita a Elena Garro en *Memorias de España 1937*: «Él se dio cuenta de cómo lo miraba y me echó un brazo al cuello [...]. A su contacto me invadió una corriente de bondad que no he vuelto a sentir» [Garro, 2011: 146-147].

La percepción de la bondad, unida a la de la tristeza crónica (según testimonios, Vallejo era capaz de estallar en llanto con facilidad), encuentra distintas versiones en el libro de Titinger. Con frecuencia podía ser irritante para algunos de sus conocidos. Titinger cuenta que en una ocasión Picasso entró con Rafael Alberti a un café en París donde estaba sentado Vallejo. Al verlo, Picasso lanzó una sentencia: «Vámonos, que este es muy triste y nos arruina la tarde». Sin embargo, poco después de la muerte de Vallejo, Juan Larrea le llevó a Picasso «La rueda del hambriento» y *España, aparta de mí este cáliz*. Al leerlos, Picasso exclamó: «A este poeta sí le hago un dibujo». Poco antes se había negado a retratar a García Lorca: «Que se lo haga Salvador Dalí».

Titinger se pregunta con frecuencia sobre la causa de la muerte del poeta. El libro incluye una serie de interesantes reuniones con el doctor Gotuzzo. También son llamativas las charlas con el gran pintor peruano Fernando de Szyszlo, a quien la viuda de Vallejo, Georgette Philippart, le regaló un manojo de pelos del poeta. Titinger hace un perfil paralelo de Georgette, que tuvo un rol protagónico para la disciplina del escritor. En la lápida de Montparnasse, hay una frase suya: «He nevado tanto para que duermas».

IV

Para terminar este texto quisiera hacer una confesión personal sobre el efecto que me produjo la lectura de Vallejo. Era un poeta que ya conocía, pero creo que no lo leí hasta los catorce años, poco después de la muerte de mi padre. El descubrimiento de su poesía en esas circunstancias fue iluminador. Los versos del poeta de Santiago de Chuco se me presentaban como experiencias íntimas, profundamente vinculadas a mi sensación del momento, un clamor contra la preeminencia de la muerte y una declaración de una orfandad universal. Creo que su proclamación de un mundo que ha perdido su cauce y su centro, me hicieron volver a él una y otra vez. Por entonces su poesía desgarrada me servía de consuelo y refugio. En los días, semanas y meses que siguieron a la muerte de mi padre, los amigos y familiares me servían de lugares comunes como «Mi más sentido pésame» o «Te acompaño en el sentimiento». Nada de eso tenía sentido para mí. Solo esas palabras que venían del otro lado, escritas en la conciencia de una soledad con la que yo podía intimar, me servían de refugio.

Con esa lectura, también descubrí el poder del lenguaje literario. Mi mejor compañía de entonces estaba compuesta no solo por el recuerdo de mi padre y por la presencia de mi madre, sino también por un hombre que había escrito mucho tiempo antes, en un país lejano. Esas palabras, en sus vibrantes enigmas, resonaban en mi conciencia como un milagro. Estoy seguro de que ese descubrimiento me definió como un lector y un escritor desde entonces. Todavía lo sigo leyendo y me sigo asombrando. Me sigue acompañando.

STEPHEN M. HART

CÉSAR VALLEJO: LA DIALÉCTICA TROTSKISTA DE UNA MUERTE POLÍTICA

I. LA DIALÉCTICA

Vallejo estudió la dialéctica en sus clases en la Universidad Nacional de Trujillo y, posteriormente, en la Universidad Nacional Mayor de San Marcos. Estudió a Platón y Aristóteles, centrándose en las ideas y formas eternas, así como en sus características, pero también estudió a Heráclito y Lucrecio, centrándose en el flujo de la vida y la dialéctica [Culquichicán, 2004]. Después de su viaje a Europa (1923) y una vez que comenzó a estudiar el marxismo, se encontró una vez más con el concepto de la dialéctica, aunque ahora estaba expresado en el lenguaje de la política. Al igual que muchos otros intelectuales franceses, Vallejo fue atraído a la Rusia del Primer Plan Quinquenal, al «gran salto hacia adelante». Inicialmente —como muchos de los surrealistas franceses, tales como André Breton— Vallejo era trotskista [Hart, 1985]. Una característica fundamental de la teoría de León Trotski fue la idea de la «revolución permanente». Según Trotski:

> La revolución permanente, en el sentido que Marx atribuyó a este concepto, significa una revolución que no se opone a ninguna forma de dominación de clase, que no se detiene en la etapa de-

mocrática, que pasa a las medidas socialistas y a la guerra contra la reacción desde el exterior; es decir, una revolución en la que cada una de las etapas sucesivas tiene sus raíces en las precedentes y que sólo puede terminar en la liquidación completa de la sociedad de clases [Deutscher, 1964: 62].

Vallejo, en un artículo publicado en *Mundial*, alaba el Estado Revolucionario de la URSS en términos que recuerdan el concepto trotskista de la revolución perpetua:

La beligerancia política del Soviet saca su gracia humana de su sentido revolucionario, es decir, de su sentido provisorio y momentáneo. La permanencia del sentido revolucionario y provisorio desvirtuaría y echaría por tierra la hermosura de la causa de Moscú. Una revolución es bella, no porque realiza tal o cual ideal humano sino porque es un fenómeno de transición por excelencia, que dura breve tiempo y no un fenómeno permanente [Vallejo, 1927].

II. EL TROTSKISMO VS. EL ESTALINISMO

La primera impresión que Vallejo recibió de la Unión Soviética en 1928 —expresada en *Rusia en 1931*— fue muy positiva. Pero, en su tercera visita, que ocurrió en 1931, Vallejo empezó a tener algunas dudas a causa del estalinismo [Howe, 1978]. En «Rusia ante el segundo plan quinquenal», Vallejo describe el engaño de un guía ruso en un restaurante:

El precio que pagué fue el de un rublo y cincuenta kopeks. Entonces, un ingeniero del ferrocarril, a quien le pregunté cuánto les costaba a los trabajadores el mismo almuerzo, me dijo:

—Un precio increíblemente reducido: treinta y cinco kopecs. Pero he aquí que, al abandonar el restorán, traté de ponerme en contacto directo con la masa, aunque solo fuese por señas. Quizá encontraría algún obrero con quien mi compañero de viaje, el austriaco, podría cambiar algunas palabras en alemán, dado que este idioma se halla tan difundido actualmente en Rusia, más que ningún otro europeo. Y así fue. Un campesino originario de la frontera alemana nos dijo, con grandes dificultades de léxico, que el precio del almuerzo para los trabajadores no era de 35 kopecs, sino de 75. El ingeniero, cuando volvimos la cara, estaba espiándonos entre la multitud, temiendo, sin duda —y no se equivocaba— que los campesinos iban a desmentir su informe tendencioso.

El caso no es raro. Semejante conducta de los burócratas llega a límites audaces, por no decir alevosos. Siguen al viajero paso a paso, ofreciéndole sus servicios de información con extrema galantería. Los he sorprendido, en ocasiones, obstaculizando mi contacto directo con las masas, por medios astutos, candorosos y casi ridículos [Vallejo, 1965: 322-323].

Durante esta tercera visita a la Unión Soviética, según vemos en un informe escrito por el hispanista moscovita Fedor Kelin, Vallejo tuvo varios contratiempos. Según Kelin: «En general, Vallejo me dio la impresión de ser un hombre bastante sincero, pero con una ideología inestable, y, sobre todo, que sufría mucho por su escaso bienestar material» [en Gianuzzi-Fernández, 2021: 68]. Por consiguiente Vallejo decidió cortar su gira por la Unión Soviética y, después de dos días de entrevistas con miembros de Comités y Oficinas de Relaciones Culturales en Moscú, regresó a España [Vallejo, G., 1965: 2]. El editor de la editorial Teivós en Madrid —que había ofrecido publicar el segundo libro de Vallejo sobre la Unión Soviética— canceló el contrato.

Fue una época muy conflictiva la de los años treinta. El Gobierno soviético empezó a organizar los juicios públicos de disidentes en Moscú, en los cuales estos tenían que confesar sus delitos políticos. Vallejo sabía que la línea oficial del Partido en la Unión Soviética era estalinista, pero quiso seguir su sendero revolucionario, «sin disminuir un ápice su admiración por Trotski», según Juan Domingo Córdoba Vargas [Córdoba, 1995: 167]. Por eso, Vallejo se había convertido en una *persona non grata* para las autoridades soviéticas, a causa de su «ideología inestable», según Fedor Kelin.

III. EL ESTALLIDO DE LA GUERRA CIVIL ESPAÑOLA

Todo cambió con el estallido de la guerra civil española en el verano de 1936. Cinco meses después —en diciembre de 1936— Vallejo visitó el frente y, según Juan Larrea, percibió en algún sector sentimientos para él no demasiado tranquilizadores, probablemente porque su salvoconducto fue emitido el 25 de diciembre de 1936 por las Milicies Antifeixistes de la Generalitat de Catalunya, las cuales tenían lazos con la organización trotskista, POUM [Milla, 1969: 180]. Este fue el momento de la crispación de la política en España, cuando se convirtió en una lucha feroz entre el estalinismo y el trotskismo. Esta situación tenía una dimensión personal para Vallejo porque se había propagado otra vez el rumor de que era trotskista. Vallejo le escribió una carta a Juan Larrea el 17 de febrero de 1937, describiendo estos altibajos:

> Mi viaje a América duerme aún. Algunas cosas han sobrevenido últimamente que lo complican y, en cierto modo, lo dificultan. La humanidad es terrible. [...] Lo cierto es que la sociedad en que vivimos hay que andar como lobo entre los lobos, o si no, te devoran. Solo que hay quienes, como yo, no pasan de pobres hombres [Vallejo, 2023: 185].

Según Juan Larrea, a Vallejo se le negó deliberadamente la oportunidad de ser el editor —renumerado— de *Nuestra España*:

Los lobos pudieron más que el pobre hombre [...], y su proyecto se malogró. Azares de la existencia que traerán en pos de sí otras frustraciones. El «Comité Ibero-Americano para la defensa de la Republica española» del que Vallejo había sido uno de los principales promotores, y su boletín «Nuestra España», del que debiera haber sido lógico y remunerado director, eluden en cierto modo sus severos puntos de vista, para derivar más bien el ejercicio de la propaganda. Algunos amigos y correligionarios suyos no desdeñaron participar en la operación de los lobos [Larrea, 1978: 102].

Sabemos que uno de estos «amigos y correligionarios» mencionados por Larrea era Neruda [Larrea, 1978: 190]. El poeta chileno, poco a poco, empezaba a desempeñar el rol de «lobo» de Vallejo. Esto tenía implicaciones funestas para Vallejo, porque Neruda se había convertido en el «dirigente de los escritores hispanoamericanos» [Larrea, 1978: 191].

En junio de 1938 se finalizaban las preparaciones para el II Congreso Internacional de Escritores para la Defensa de la Cultura, que iba a tener lugar en España del 4 al 8 de julio de 1937. Recientemente han surgido algunas pruebas documentales en Perú que arrojan nueva luz sobre el grave peligro que correría Vallejo si aceptara la invitación de asistir al congreso. Uno de los amigos más íntimos, Juan Luis Velázquez (1903-1971), le aconsejó que no fuera a España. Vallejo conocía a Juan Luis desde principios de la década de los años treinta. Debido a sus afiliaciones trotskistas, los dos amigos habían sido expulsados de Francia. Recibieron una orden de expulsión del territorio francés el 2 de diciembre de 1930, y decidieron viajar juntos a España tras recibir esta notificación. Se mantuvieron en estrecho contacto durante los años siguientes. Durante ese periodo Juan Luis mantuvo una correspondencia personal con Trotski. Las memorias de Juan Luis han salido a la luz recientemente, y en ellas Velázquez menciona que tenía la intención —al igual que Vallejo— de asistir al II Congreso Internacional de Escritores para la Defensa de la Cultura, pero Trotski le advirtió que no lo hiciera:

me aconsejó que desistiera de mi viaje a España, pues ya habían ocurrido las jornadas en mayo y el stalinismo (*sic*) controlaba la situación. Trotsky me dijo: Si usted va a España, lo más probable es que no llegue y si llega, el stalinismo probablemente lo matará antes que llegue al frente [Velázquez, 1948].

Este documento deja muy claro que Vallejo corría un riesgo muy alto al asistir al congreso, a causa de sus propias credenciales trotskistas. Pero Vallejo decidió ir a España. Cuando llegó a Madrid, ya circulaban noticias sobre las recientes purgas de los miembros del POUM trotskista por parte de los estalinistas. Andrés Nin, dirigente del POUM y exsecretario de Trotski, había sido secuestrado y asesinado pocas semanas antes de la inauguración del congreso [Thomas, 1979: 705]. Hubo informes de que había sido torturado lentamente hasta la muerte, incluso despellejado vivo por un agente del NKVD (el Comisariado del Pueblo para Asuntos Internos de la Unión Soviética) [Viana, 2021]. Esto era particularmente preocupante para Vallejo, ya que, en su visita anterior a España en diciembre de 1936, había recibido una invitación personal de la Generalitat de Catalunya, estrechamente asociada al POUM. John J. Dziak ofrece una visión escalofriante de lo que el NKVD estaba haciendo detrás de las líneas de combate en España:

España durante la Guerra Civil fue un verdadero campo de exterminio del NKVD, pero esto ocurrió detrás de las líneas republicanas, no contra los nacionalistas. Ya sea contra trotskistas, anarquistas, socialistas o comunistas, los asesinos de Yezhov (que, como Mink, no eran todos soviéticos) obedecieron las órdenes de Stalin. Entre las víctimas se encontraban, entre muchos otros: Kurt Landau, contra quien Soble-Soblen volvió a Trotski; Henri Maulin, trotskista francés; Andrés Nin, dirigente del POUM (Partido Obrero de Unificación Marxista); Marc Rein, hijo del líder menchevique exiliado, Raphael Abramovich, y José Robles, profesor de la Universidad Johns Hopkins. André Marty, comunista francés y comandante en jefe de las Brigadas Internacionales, desempeñó un papel clave en muchas de las atrocidades cometidas por el NKVD en España [Dziak, 1988: 100].

Durante el congreso Neruda trató deliberadamente de destrozar la reputación política de Vallejo. Un día, cuando Vallejo almorzaba solo en el restaurante Las Arenas, el poeta español León Felipe «se acercó con la intención de acompañarlo. No obstante, en ese instante apareció Neruda y le dijo: "No te acerques donde ese. Es un trotskista, un enemigo de la Revolución". El español, sorprendido por la actitud del chileno, lo hizo a un lado y le espetó: "Vete al coño de tu madre", y fue en busca de Vallejo» [Pachas, 2018: 534].

Cuando Vallejo regresó a París, después de asistir al congreso, su esposa Georgette puntualizó que parecía muy afectado por la experiencia. Aquí la cita de Georgette: «El 12 de julio (37) ha retornado de Madrid a París, con el Congreso Internacional de los Escritores Antifascistas [...] cree ser, al volver en sí juguete de un falso rumor... y, en realidad, ya está perdido» [Vallejo, G., s. d.: 2]. Este «falso rumor» era la acusación de que Vallejo era un trotskista y hasta un espía pagado por el enemigo.

IV. LA VIGILANCIA DE LOS TROTSKISTAS (1936-1940)

Durante la guerra civil española y durante algún periodo posteriormente, el NKVD creó un archivo secreto sobre los trotskistas y mantuvo una vigilancia especial sobre ellos. También tuvieron mucho éxito al penetrar en el círculo personal de Trotski mientras estaba en el exilio a través de las operaciones clandestinas de agentes dobles, lo que les permitió descubrir la estrategia secreta del movimiento trotskista. En su biografía de Vallejo, Georgette se acuerda de una conversación que tuvo con su marido en febrero de 1938 en la cual este mencionó el peligro que corría en aquel momento:

> En estos mismos días, me dice en tono contenido, no sin algo de amenaza: «Por ahora, solo cabe aguantar y callar, pero... espera que todo esto termine [el drama español]... ¡Entonces!...». Se entiende que Vallejo no proyecta callarse. En ningún momento se ha apartado nuclearmente de la línea marxista-leninista, la que, en vida de Lenin, implicaba innegablemente a Trotski. Y roedor es el silencio que ha de observar Vallejo, impotente ante el genocidio de Stalin, desde tiempo atrás tramado [Vallejo, G., 1978: 116-117].

El protocolo de Vallejo que consistía en «aguantar y callar» fue improductivo. Dos años más tarde, en agosto de 1940, Trotski fue asesinado en su casa en Ciudad de México por Ramón Mercader, un agente secreto del NKVD que seguía las órdenes de Stalin [Mosley, 1972].

V. EL ROL HIPOTÉTICO DE NERUDA EN EL ASESINATO DE TROTSKI

El asesinato de Trotski efectuado por Mercader, efectivamente, no fue la primera, sino la segunda tentativa. El muralista mexicano David Alfaro Siqueiros había intentado asesinar a Trotski, pero el complot fracasó [Feinstein, 2004: 153]. Hay un ingrediente intrigante en este fallido asesinato de Trotski y es el rol hipotético desempeñado por Neruda en estos sucesos. Está claro que Neruda simpatizaba con Siqueiros porque utilizó su puesto oficial en el servicio diplomático chileno en México para proporcionarle a Siqueiros una visa que le permitió escapar a Chile y evitar su encarcelamiento en una prisión mexicana. Esto fue una grave violación del protocolo y, como se documenta en las memorias del general Leandro A. Sánchez Salazar, el jefe de la policía mexicana responsable de investigar el caso Trotski en ese momento, Neruda fue suspendido de su cargo diplomático por haberlo hecho. Según Sánchez Salazar:

> Cierta noche le ofreció un banquete la colonia chilena residente en México; patrocinaban este el poeta Pablo Neruda, cónsul de Chile en México y miembro prominente del Partido Comunista Chileno, y Enrique Délano, vicecónsul. Sentóse el señor Reyes Spíndola a la derecha de don Manuel Hidalgo y Plaza, embajador de Chile en México. En el curso de la conversación entre los dos embajadores, el primero le comunicó al segundo que el cónsul Neruda habíale hecho entrega de un pasaporte para David Alfaro Siqueiros, con el fin de que pudiera dirigirse a Chile a decorar una escuela. El embajador de Chile observó: —Me extraña profundamente que sin mi consentimiento, el cónsul Neruda haya extendido un pasaporte a un individuo que se encuentra bajo la acción de los Tribunales de Justicia de México. [...]
>
> Y agregó seguidamente:
>
> —No acepto esto bajo ningún punto de vista. Inmediatamente daré orden al Cónsul de Chile de que deje sin efecto ese pasaporte. [...]
>
> Si [Neruda] había dado aquel paso por su cuenta, hurtándole a la justicia de su país a un criminal, este acto era merecedor de una destitución fulminante y constituía, por otra parte, un delito

de complicidad directa [Sánchez Salazar, 1955: 185-186; véase también Schwartz, 1988].

Neruda se encontraba en la capital mexicana cuando, el 20 de agosto de 1940, se llevó a cabo un segundo atentado contra la vida de Trotski. Esta vez el autor fue el agente del NKVD Ramón Mercader —como se mencionó anteriormente— y esta vez el intento fue exitoso.

Como podemos ver, hay una serie de razones por las cuales Neruda ha sido visto como el autor de «un delito de complicidad directa» en la muerte de Trotski. Se sabe que el NKVD estaba interesado en Neruda. Se sabe que Neruda era estalinista. Se sabe que hizo todo lo posible por ayudar al hombre que intentó asesinar a Trotski, es decir, Siqueiros. Y estaba en la Ciudad de México cuando ocurrió el asesinato. Estos cuatro factores —cuando se toman por separado— no se verían como ejemplos de evidencia decisiva, pero, al ser considerados juntos, ofrecen suficiente peso para permitir la hipótesis de que Neruda fuera directamente cómplice del asesinato de Trotski. Si tomamos en serio la hipótesis de que Neruda fuera cómplice de la muerte de Trotski, ¿podríamos extender esta idea para argumentar que también fue cómplice indirecto de la muerte de Vallejo? Después de todo, muy frecuentemente ha flotado en la superficie la duda de que Vallejo no muriera de la causa que se registró en la cédula de fallecimiento, a saber, infección intestinal.

VI. LA SOSPECHOSA MUERTE DE VALLEJO

Hasta ahora no sabemos con certeza de qué murió el gran poeta peruano César Vallejo. El certificado de defunción emitido en la clínica Arago registró infección intestinal como causa del deceso, pero esto no evitó la incesante especulación acerca de la «verdadera» causa de su muerte. Hay cuatro teorías, incluyendo que murió de tuberculosis, o de sífilis, o de malaria, y hasta existe la teoría extravagante de que Vallejo murió «de España». El misterio aparece por todos lados en los documentos acerca de su muerte. El eminente especialista Dr. Lemière dijo de Vallejo cuando lo examinó en marzo de 1938: «Tous les organes sont neufs. Je vois que cet homme meurt, mais je ne sais pas de quoi» [Hart, 2023: 392]. Según Georgette, el domingo 13 de marzo de 1938, a solo tres días de su cumpleaños, Vallejo almorzó y, después, se sintió un poco cansado, así que se fue a acostar, algo muy raro en él, según su esposa. Al día siguiente, tenía fiebre y estaba inapetente. El 24 de marzo, por resultas del consejo de su médico, el doctor Lejard, el poeta fue transferido a la clínica general de cirugía Villa Arago. Para especialistas tales como Lemière y Lejard, la enfermedad de Vallejo era muy misteriosa. La verdad es que no sabían qué le pasaba. Y, muy inesperadamente, un mes después de caer enfermo —el 15 de abril de 1938—, Vallejo murió.

Hay varios factores que son sospechosos. Primero hay que señalar el hecho de que la enfermedad tardara un mes en matar a Vallejo, lo que es sospechoso porque el NKVD, a través de los años, ha mejorado sus operaciones letales, al dejar que sus víctimas mueran lentamente un mes después de ser envenenadas. (Hay que subrayar que el veneno habitualmente utilizado por la Unión Soviética toma alrededor de un mes para producir su efecto letal; véase abajo, sección VII). Segundo, Vallejo murió sin que los especialistas supieran de qué se trataba, y eso también indica la posible intervención del NKVD porque su especialidad consistía —y todavía consiste— en matar a sus enemigos políticos con venenos desconocidos para los médicos y científicos occidentales. Tercero —como hemos señalado—, las autoridades soviéticas veían a Vallejo como un traidor a causa de su cambio de actitud política en 1931 y, por eso, tenían razones más que suficientes para quererlo muerto, lo cual habría sido exacerbado por el estallido de la guerra civil española en julio de 1936. Cuarto, había rumores de que existía una enemistad profunda entre Vallejo y Neruda, la cual se intensificó después del estallido de la guerra civil española. Según algunos historiadores, Neruda fue un miembro secreto del NKVD [Neruda, 2005-2006]. Por eso, propongo que es lícito añadir una quinta hipótesis a las cuatro ya existentes sobre la causa de la muerte de Vallejo, y es que Vallejo hubiera podido morir a consecuencia de un veneno administrado de manera secreta por un agente del NKVD, a causa de su supuesta afiliación trotskista, en París la mañana del domingo 13 de marzo de 1938 [Hart, 2023].

VII. EL USO DEL VENENO POR EL NKVD EN SUS ASESINATOS POLÍTICOS

El envenenamiento como método de asesinato estatal ha existido en Rusia desde el régimen bolchevique. El NKVD (el Comisariado del Pueblo para Asuntos Internos) intensificó sus operaciones desde los primeros años de la Revolución. Vladimir Lenin inauguró el programa en 1922 y, cuatro años más tarde, en 1926, los servicios secretos soviéticos establecieron el primer laboratorio de venenos en Moscú. En enero de 1930 el laboratorio asesinó en París al general Alexander Kutepov, jefe de la Unión Militar Rusa. Un transeúnte vio cómo fue secuestrado Kutepov en las calles de París por cuatro asaltantes desconocidos que le inyectaron alguna sustancia; lo metieron en un automóvil y se lo llevaron, y no se le vio después ni se supo de él nunca más [Soldatov-Borogan, 2020].

Luego, en 1937, en plena efervescencia de la guerra civil española, el laboratorio quedó bajo el control personal de Genrikh Yagoda, el jefe del NKVD. Esta fue la época de la

Gran Purga; en los años 37 y 38 al menos 1,3 millones de personas fueron detenidas y 681 692, ejecutadas acusadas de «crímenes contra el Estado». Aunque no tuvo este puesto por mucho tiempo. Stalin, poco después, detuvo a Yagoda y lo acusó, irónicamente, de envenenar a varias personalidades prominentes, incluido el predecesor de Yagoda, Vyacheslav Menzhinsky, así como al famoso escritor ruso Maxim Gorki [Soldatov-Borogan, 2020]. El objetivo de la Gran Purga consistía en destruir la influencia y el legado de Trotski, y alcanzó su actividad más intensa durante el periodo que va desde agosto de 1936 hasta marzo de 1938, o sea, que incluye el mes en que Vallejo murió.

VIII. VALLEJO VS. NERUDA

Hay varios críticos que han comparado a Vallejo con Neruda, tales como Giuseppe Bellini [Bellini, 1992], Mark Cramer [Cramer, 1972], Marlene Gottlieb [Gottlieb, 1967], Juan Manuel Marcos [Marcos, 1985], Giovanni Meo Zilio [Meo, 1981] y Roberto Paoli [Paoli, 1985], y, por lo general, estos estudios se enfocan en el lenguaje poético de los poetas. Aunque Vallejo y Neruda tuvieron una reunión breve en París en 1927, no hay evidencia de que se mantuvieran en contacto después de ese encuentro inicial. Cuando coincidieron una vez más diez años después en París, la evidencia parece sugerir que Vallejo y Neruda no se llevaban bien. Según Pachas Almeyda, las pocas veces que Vallejo «se vio con Neruda en algunos bares de París, observó que el chileno lo trató con ciertos aires de "superioridad", aunque en realidad bien pudo ser envidia» [Pachas, 2018: 527; Vallejo, 2023: 181 y 187]. Es muy probable que esta frialdad entre los dos hombres se debiera a razones políticas. Xavier Abril sugiere que el compromiso político de Neruda en aquel momento era muy superficial: «el marxismo de Neruda siempre fue una máscara. Me pareció superficial y falso. A él le gustaba el poder y que lo elogiaran» [Espina, 1987]. Sabemos que Neruda era hostil a Vallejo porque vetó su nombramiento como editor de *Nuestra España*, un boletín semanal que se publicó en París durante la primavera de 1937, en apoyo a la causa republicana [Hart, 2014: 305]. También —como Vallejo descubrió más tarde— Neruda deliberadamente ocultó los artículos que el peruano escribió para *Nuestra España*, dejándolos en un cajón [Pachas, 2018: 528]. Pero Vallejo a veces se mofaba de Neruda. Según Georgette de Vallejo, en una reunión, Vallejo «se esforzó por resaltar las grandes diferencias corporales que tuvo con su oponente. El espectáculo se inició cuando ambos se quitaron el saco, y entonces lanzó unas miradas juguetonas a su mujer, caricaturizando con gestos el exagerado volumen del vientre del autor de *Veinte poemas de amor y una canción desesperada*» [Pachas, 2018: 528]. Esta rivalidad entre los dos poetas era un hervidero que esperaba el momento oportuno para explotar.

En su poesía Neruda frecuentemente menciona directamente a personas, lugares y países, y utiliza la realidad empírica de los nombres propios. En «Canto a Stalingrado», por ejemplo, Neruda se centra en los encarnizados combates que casi destruyeron la ciudad durante la Segunda Guerra Mundial (julio de 1942-febrero de 1943):

> Ciudad, estrella roja, dicen el mar y el hombre,
> ciudad, cierra tus rayos, cierra tus puertas duras,
> cierra, ciudad, tu ilustre laurel ensangrentado,
> y que la noche tiemble con el brillo sombrío
> de tus ojos detrás de un planeta de espadas.
>
> [Neruda, 1961: vv. 20-25, 74]

Enumera las potencias hostiles como los franceses y los británicos:

> Ella conoce la soledad, España,
> como hoy, Stalingrado, tú conoces la tuya.
> España desgarró la tierra con sus uñas
> cuando París estaba más bonita que nunca,
> España desangraba su inmenso árbol de sangre
> cuando Londres peinaba, como nos cuenta Pedro
> Garfias, su césped y sus lagos de cisnes.
>
> [Neruda, 1961: vv. 37-43, 74]

Mientras que, en su poesía, Neruda alude a personas tales como Stalin y Pedro Garfias, y ciudades tales como Stalingrado, Madrid, Londres y París (incluyendo el río Sena), Praga, Rusia, España, Inglaterra, Francia, Madagascar, Holanda y Noruega, Vallejo prefirió otra estrategia para aludir a personas, y utilizó un sistema de simbolismo caracterizado por el desplazamiento.

A diferencia de la poesía de Neruda, la poesía de Vallejo suele no clarificar la identidad de sus referidos. Después de todo, Octavio Paz tuvo una conversación con Vallejo cuando viajaban juntos a España para participar en el Segundo Congreso Internacional de Escritores en julio de 1937, y se acordó de que Vallejo se refirió a unos «obispos bolcheviques», que Paz creía que era una referencia a Bergamín, Neruda, Alberti y Larrea [Montiel, 1988: 216-217]. Claramente, el poeta tenía la costumbre de referirse a las personas usando un lenguaje metafórico y poético en lugar de revelar sus nombres. Veremos algunos ejemplos de esta técnica en los poemas de Vallejo, en los cuales alude a su desilusión política a través de un lenguaje poético, codificado y desplazado.

En la sección siguiente, voy a sugerir que, en varias ocasiones, es posible leer las referencias a una fuerza misteriosa y hostil en estos poemas como una alusión a las maquinaciones de un agente del NKVD, el cual podría ser el mismo Neruda. Mi pregunta es: ¿podría la hipótesis de la connivencia «invisible» de Neruda en la muerte de Vallejo llevarnos a una nueva lectura de algunos de los poemas comentados anteriormente? Si permitiéramos que esta hipótesis se infiltrara en el grupo de poemas que Vallejo comenzó a escribir después de su experiencia negativa en la guerra civil española, podría llevarnos a la elucidación de un nuevo nivel de significado de la tanatofobia expresada con tanta frecuencia en este grupo de poemas. Significaría, por ejemplo, que esta tanatofobia no era la expresión de un miedo vago y genérico a la muerte, sino más bien el síntoma de la impresión que Vallejo tenía en ese momento de que corría el peligro real de ser asesinado como resultado de sus credenciales trotskistas, ya que estas ya no podían ocultarse. Los poemas expresan muy claramente que Vallejo sabía que sus días estaban contados.

IX. LOS POEMAS FECHADOS DE *POEMAS HUMANOS* (4 DE SEPTIEMBRE-8 DE DICIEMBRE, 1937)

En este grupo de poemas fechados de *Poemas humanos* hay cincuenta y dos composiciones, que cubren el periodo del 4 de septiembre hasta el 8 de diciembre de 1937. (Serían cincuenta y tres los poemas escritos en ese periodo si aceptamos la tesis de Georgette de Vallejo que sugiere que «Los desgraciados» fue escrito a finales de noviembre o a principios de diciembre de aquel año). En 1987 propuse que uno de los poemas de este grupo, «[Al revés de las aves del monte]» (20 de noviembre, 1937), es un texto con un mensaje autobiográfico, el cual se ha disfrazado con imágenes metafóricas. Se refiere a la lucha entre Stalin y Trotski, al comparar la palidez despiadada de Stalin con el entusiasmo ebrio de Trotski [Hart, 1987: 54-57]. Me propongo explorar la idea del uso por parte de Vallejo de un código poético en su poesía póstuma en lo que sigue.

Estos poemas expresan constantemente la tanatofobia, relacionada con la idea de que la muerte del autor no tardará en llegar. La articulación de este tópico se ve realzada por la descripción de la presencia de una persona invisible y hostil, con rasgos casi sobrenaturales, que parece ser un «espía». «[Calor, cansado voy con mi oro, a donde]» (4 de septiembre, 1937; p. 193), por ejemplo, parece ser un poema que expresa el miedo de una muerte política, puesto que se refiere a la idea de que «acaba mi enemigo de quererme». Los dos últimos versos del poema parecen expresar el contraste entre la conducta nerviosa del hombre que sospecha que lo están observando, y las acciones de un espía que observa minuciosamente la rutina de su presa:

> ¡Es como si te hubieras dado vuelta!
> ¡Es como si contaran mis pisadas!

«[Al cavilar en la vida, al cavilar]» (7 de septiembre, 1937; p. 176), alude en la primera estrofa a la «condena a muerte» y, en los dos últimos versos de la primera estrofa, a la contradicción de su vida política:

> (Acritud oficial, la de mi izquierda;
> viejo bolsillo, en sí considerada, esta derecha).

Aquí Vallejo alude al carácter contradictorio de su carrera política en las filas de la izquierda. La «acritud oficial» es la reacción que su conducta produjo en la tercera visita que hizo en 1931 a la Unión Soviética. Vallejo criticó públicamente a las autoridades soviéticas que le habían invitado oficialmente al país. La mención que hace Vallejo al «viejo bolsillo» es una referencia a las incriminaciones que dirigió a los soviéticos, culpándoles de no pagarle sus derechos de autor por las traducciones que ellos hicieron de sus trabajos, tales como, por ejemplo, *El tungsteno* y *Rusia en*

1931: reflexiones al pie del Kremlin. Esto está claro en el informe escrito por el hispanista ruso Fedor Kelin, según hemos notado, en que se refirió a la «ideología inestable» de Vallejo [Gianuzzi-Fernández, 2021: 68; Hart, 2023: 387]. En los versos siguientes se puede ver un reconocimiento del efecto negativo que ha tenido su «candor» con respecto a la Unión Soviética:

> ¡Todo está alegre, menos mi alegría
> y todo, largo, menos mi candor!

Aquí Vallejo alude a su rechazo de la «alegría política» de la Unión Soviética, que destrozó con su «candor» en su segundo libro sobre el Estado federal socialista, que fue rechazado por la editorial. Según sugiere en el último verso, culminante del poema: «Tal es la muerte, con su audaz marido». Vallejo es el «audaz marido». Se dio cuenta de que sería la audacia de su candor que lo iba a llevar a una muerte inevitable.

En «[A lo mejor, soy otro]» (21 de octubre, 1937; p. 217), Vallejo empieza a pensar en el más allá, y crea una especulación poética sobre cómo sería su vida en él. En las tercera y cuarta estrofas del poema Vallejo se imagina a sí mismo luchando contra la muerte, regresando a la vida de los mortales:

> [...] entro a golpes,
> sin piernas, sin adulto barro, ni armas,
> una aguja prendida en el gran átomo...
> ¡No! ¡Nunca! ¡Nunca ayer! ¡Nunca después!
>
> Y de ahí este tubérculo satánico,
> esta muela moral de plesiosaurio
> y estas sospechas póstumas,
> este índice, esta cama, estos boletos.

Es evidente que este poema expresa una fuerte sensación de tanatofobia. Pero la pregunta para nosotros es si esta ansiedad por la muerte revela —con un sesgo poético y disfrazado— la causa de este miedo. Vallejo expresa el horror de la muerte con la imagen de la aguja de un reloj parada para siempre en el gran átomo del universo [«una aguja prendida en el gran átomo»]. Vallejo describe su confrontación con la muerte como una lucha física; tiene que entrar en esta batalla «a golpes» y también «sin armas», lo que también sugiere que su lucha con la muerte incluye la presencia de un enemigo.

Este enemigo se ve retratado en la última estrofa del poema como un «tubérculo satánico» y una «muela moral de plesiosaurio». La connotación de «satánico» es obvia, y el «tubérculo», según el *Diccionario de la lengua española* (*DLE*) tiene dos acepciones, que son «parte de un tallo subterráneo», y «producto morboso», lo que sugiere que Vallejo alude en su poema a un enemigo latente, invisible y letal. En cuanto a la expresión «muela moral de plesiosaurio», primero habría que advertir que la muela sugiere la idea de un ataque. Según el *DLE*, el plesiosaurio fue un «reptil gigantesco, de forma semejante a un enorme lagarto, perteneciente al periodo geológico secundario y del que hoy se hallan solamente restos en estado fósil». Se ha postulado que el largo cuello de este reptil marino habría sido un obstáculo al tratar de perseguir rápidamente a su presa porque la larga curva del cuello hubiera creado turbulencias en el agua. Por esta razón es muy probable que el plesiosaurio tuviera que estar al acecho para esperar el acercamiento de su presa en lugar de tratar de perseguirla [Society for Experimental Biology, 2017]. Si yuxtaponemos estas dos descripciones del enemigo de Vallejo, podemos concluir que el poeta sugiere que su enemigo era un espía que lo vigilaba clandestinamente y que estaba al acecho de una oportunidad conveniente para «cazarlo». Por eso es posible interpretar los dos últimos versos del poema («y estas sospechas póstumas, / este índice, esta cama, estos boletos») como una alusión simultánea a dos «incógnitas», es decir, la ignorancia con respecto a lo que pasa en el más allá, y cómo y cuándo su enemigo lo iba a «cazar».

Es licito, por esta razón, interpretar «A lo mejor, soy otro» como un poema que expresa la ansiedad por la muerte, pero también como una articulación del miedo de una muerte política. Esta muerte será ejecutada por una «muela moral», y la moralidad del instrumento mortífero está basada en un concepto de la superioridad moral del estalinismo con respecto al trotskismo, según, claro, los estalinistas. Es posible que el plesiosaurio aludido en el poema sea una referencia codificada a Neruda, especialmente si recordamos que Vallejo frecuentemente se mofaba del gran vientre de Neruda, y también que la imagen que la zoología nos ha presentado es la de un reptil marino con una enorme panza.

Hay una red de circunstancias que sugieren que Vallejo pudo haber sido una víctima del NKVD. Los poemas fechados que escribió desde el 4 de septiembre de 1937 hasta el 8 de diciembre de 1937 indican que creía que iba a ser asesinado por el NKVD debido a sus simpatías trotskistas. Si bien Vallejo fue visto a principios de la década de 1930 como un valioso partidario de la causa soviética, las autoridades soviéticas lo vieron como un traidor a la causa a mediados de la década de 1930, como se señaló anteriormente. Vallejo se había desilusionado con la dirección que estaba tomando la Unión Soviética. Todo llegó a un punto crítico durante la guerra civil española. Vallejo era conocido como trotskista. Dado este hecho, y dados otros factores arriba mencionados, tales como el apoyo que Neruda expresó con respecto a Stalin en su poesía en la década de los años treinta, así como el apoyo que, más tarde, dio a un individuo que intentó asesinar a Trotski, junto con su posible participación en la muerte de Trotski en 1940, podemos concluir que hay una serie de factores que apuntan a la posibilidad de la complicidad indirecta de Neruda en la muerte de Vallejo.

Con el fin de aclarar este misterio y verificar si Vallejo fue envenenado clandestinamente en lugar de morir de muerte natural, sería una buena idea exhumar su cuerpo para averiguar si hay rastros de veneno en él. Al fin y al cabo, ¿no es esto lo que Vallejo, en «A lo mejor, soy otro», parece sugerir que deberíamos hacer?:

> Echado, fino exhúmome,
> tumefacta la mezcla en que entro a golpes,
> sin piernas, sin adulto barro, ni armas,
> una aguja prendida en el gran átomo...
> ¡No! ¡Nunca! ¡Nunca ayer! ¡Nunca después!

Carlos Fernández y Valentino Gianuzzi

EL SECRETO PROFESIONAL: CÉSAR VALLEJO Y LAS VANGUARDIAS HISTÓRICAS

A pesar de que sea difícil situar un momento exacto en el que Vallejo comenzó su vinculación con los movimientos de las vanguardias históricas, las investigaciones de archivo más recientes apuntan a que debió comenzar a practicar una escritura inspirada en ellos hacia mediados o fines de 1920. Si bien sin duda tuvo que conocer algunos postulados estéticos del futurismo (sobre todo anterior al manifiesto técnico) o del dadaísmo (en su variante parisina) con anterioridad, ya que estos tuvieron eco en la prensa peruana, no quedan rastros de esas estéticas en los poemas de *Los heraldos negros* (1919). Las reescrituras de los poemas de *Trilce* [Paoli, 1966] sugieren que las experimentaciones vanguardistas dentro de su propia escritura poética se comenzaron a desarrollar en 1920 y que continuaron hasta la publicación de *Trilce* en 1922. Como ha resumido Carlos Fernández sobre su prolija investigación sobre el tema:

> una serie nada desdeñable de indicios sugiere que Vallejo no incursionó en su peculiar vanguardismo, muy patente en ciertos pasajes de *Trilce* (1922) y *Escalas* (1923), hasta mediados o finales de 1920. Cualquier recreación que proponga una fecha anterior incurre, muy probablemente, en un anacronismo, aunque continúe una larga y prestigiosa tradición crítica, preponderante en la

década de los sesenta y setenta del siglo pasado y todavía muy viva hoy en parte de la crítica especializada [Fernández, 2023: 1].

Luego de permanecer ciento doce días en la cárcel de Trujillo, al norte del Perú, Vallejo regresó a Lima el 22 de abril de 1921. Uno de los primeros actos públicos que realizó fue proporcionar declaraciones acerca de su prisión, como un intento de limpiar su nombre de las acusaciones que lo perseguían. Otro fue promocionar una gira por el Perú, finalmente frustrada, en la que disertaría sobre «las últimas corrientes estéticas que después de la gran guerra se disputan el dominio del arte contemporáneo en el mundo» [Fernández, 2023: 61]. En el campo de creación literaria, por otro lado, publicó el que es el primer poema aparecido en la prensa periódica que se incorporó luego a *Trilce*, con el numeral II. La primera versión, publicada en la revista *Bohemia* el 15 de junio de 1921, era:

Tiempo. Tiempo.
Medio día estancado entre relentes;
bomba aburrida del cuartel, que achica
tiempo, tiempo.

Era, era.
Gallos que cantan escarbando en vano.
Boca del claro día que conjuga:
era, era.

Mañana, mañana.
El reposo caliente aún de ser.
Piensa el presente así: Guárdame para
mañana, mañana.

Nombre. Nombre.
Qué se llama cuanto hoy eriza el alma?
Se llama así: LO MISMO, que padece
nombre, nombre.

Fechado al calce «Cárcel de Trujillo, de 1920», el poema debió significar una sorpresa para los lectores y amigos de Vallejo, que seguramente esperaban un poema en la estela de la estética modernista o postmodernista de *Los heraldos negros*. A pesar de su aparente ininteligibilidad, la fecha al calce vinculaba este poema con la experiencia de la prisión y daba ciertas pistas para su lectura. Una semana después, el 20 de junio, otros tres poemas de textura similar, y que luego se incluirían en *Trilce*, aparecieron en *La Crónica* de Lima junto a un extenso artículo de Juan José Lora, «El dadaísmo: sus representantes en el Perú». Lora, amigo de Vallejo y con quien había pasado algún tiempo en el norte, tuvo que agenciarse esos poemas, hasta entonces inéditos, de Vallejo mismo.

Estos cuatro poemas aparecidos a mediados de 1921 dan cuenta de un Vallejo ya listo a presentarse como un escritor nuevo, dueño de una moderna forma de escritura, la que seguiría puliendo hasta la publicación de *Trilce.* Se trata de poemas que documentan incontestablemente la vinculación de Vallejo con las vanguardias históricas, así como el momento en que decidió compartir en la esfera pública su nueva etapa como poeta.

Pero si bien la relación de Vallejo con las vanguardias data de sus días en el Perú, sus actitudes hacia estos movimientos siguieron desarrollándose durante su vida en París. A continuación nos centramos en dos hitos para investigar las actitudes de Vallejo hacia las vanguardias históricas ya en Europa: los preparativos para la publicación de la revista de vanguardia *Favorables París Poema* (1926), que editó junto con su amigo, el poeta español Juan Larrea; y la aparición en 1927 de su artículo «Contra el secreto profesional», que ha sido leído como un manifiesto antivanguardista.

FAVORABLES PARÍS POEMA

Favorables París Poema no fue, originalmente, un proyecto de Vallejo. Recién durante los primeros viajes de Vallejo a Madrid, a fines de 1925, el proyecto se empezó a convertir en una empresa conjunta suya y de Juan Larrea. Años después, Larrea rememoró la concepción de la revista así:

> Como no es por quitarle nada a nadie reconocerle a cada cual lo suyo, considero oportuno puntualizar que la idea de publicar esta revista fue concebida por mí en Madrid en 1925. El título *Favorables París Poema* se debió a mi invención. Sin excepción alguna, todos los colaboradores fueron elegidos por mí, siendo la casi totalidad de ellos desconocidos antes para Vallejo [Larrea, 2003: 83].

Los documentos contemporáneos respaldan esta afirmación de Larrea, aunque hoy sabemos que muchos preparativos fueron realizados por él en compañía de Vallejo y que este ya había escrito sobre Tristan Tzara, Pierre Reverdy y Vicente Huidobro antes de conocer a Larrea [Vallejo, 2002: I, 40-41]. El título de la revista hacía hincapié en el estado de exilio en la Ciudad Luz por el que Larrea atravesaba, y debió ser ideado por él (Gerardo Diego le sugería *Benévolos*, en vez de *Favorables*), aunque también coincidía con el exilio europeo de Vallejo. Del mismo modo, se puede comprobar que, de todos los colaboradores de los dos números de *Favorables*, Vallejo, a pesar de haber escrito sobre algunos de ellos, no había conocido personalmente aún a Juan Gris, Tristan Tzara, Pierre Reverdy, Georges Ribemont-Dessaignes ni Pablo Neruda, aunque sí a Gerardo Diego, Vicente Huidobro, Antonio Riquelme y Apeles Fenosa.

Por su parte, Larrea, que sí conocía en persona a algunos colaboradores —a Tzara y a Gris los había conocido por intermedio de Huidobro— se reunió con algunos de ellos en compañía de Vallejo, como una manera de acoplarlo al proyecto y distraerlo: «Con tal motivo, y a fin de ayudarle a salir del pozo de aislamiento en que se había encontrado, le llevé conmigo a ver a Tristan Tzara, a Juan Gris, a quienes yo trataba desde 1923, así como a Pierre Reverdy» [Larrea, 1974: 189]. Estos tres encuentros permiten ilustrar cómo concebía Vallejo la figura del artista de vanguardia a mediados de los años veinte. Lo que destacó de ellos, en las referencias que hizo posteriormente, fue la disyunción entre su arte novedoso y su incipiente recepción, al tiempo que moldeaba, a veces a través de la hipérbole, una representación del artista de vanguardia como héroe estético, imagen con la que él mismo se quería vincular.

El encuentro entre Larrea, Vallejo y Tristan Tzara, uno de los líderes del dadaísmo, se puede fechar en junio de 1926 y debió suceder en un café. La afinidad que Vallejo sintió con el movimiento dadaísta debió estar nutrida por la propensión al absurdo que el poeta peruano, luego de su experiencia en la cárcel, debió sentir como propia, y de su tendencia a lo irracional, que Vallejo también abrazaba. Pero la afinidad de Vallejo por Tzara (que era cuatro años menor) también debió ir más allá de lo puramente estético: que el escritor rumano haya sido uno de los pocos extranjeros en dejar su huella en el campo de la literatura novísima en París, sobre todo dentro de un contexto de creciente nacionalismo, debió de incrementar la admiración que Vallejo sentía por él y que, muy posiblemente, no decayó hasta su muerte.

De este encuentro surgió una breve entrevista que Vallejo incluyó en una de sus crónicas de 1926 para la revista *Mundial*, «París renuncia a ser centro del mundo». Las declaraciones de Tzara se enfocaron en sus recientes actividades dadaístas y circularon en torno a la nueva hegemonía que los Estados Unidos habían obtenido en el campo cultural, así como a la polémica con el movimiento más reciente de vanguardia, el superrealismo:

El propio Tristan Tzara, ilustre jefe del dadaísmo literario, se pone de codos sobre la mesa, y mientras juega los dedos entre los cabellos, me dice:

—Importa mucho saber que el dadaísmo ha tenido mejor suerte en Estados Unidos que en ninguna otra parte. En la actualidad, existen varias revistas dadaístas en New York, tales como *Secession*, *Broomm*, *Little Review* y otras.

Tristan Tzara cree que la siembra dadaísta en Estados Unidos dará cosecha insigne para el porvenir de la literatura mundial. Fracasado el movimiento superrealista, Tristan Tzara se prepara a requerir de nuevo para sus manos el cetro revolucionario en poesía. Fundó el dadaísmo y va a fundar ahora el fascismo literario.

—Contra el seudosovietismo superrealista, que acaba de abortar —me dice Tristan Tzara— se impone un fascismo bajo la dictadura del espíritu...

—¿Con cuáles filas cuenta usted —le pregunto— para tamaña empresa?

—Justamente, con numerosos elementos superrealistas cismáticos: Paul Éluard, [Michel] Leiris y otros. Y, sobre todo, con la nueva generación de los Estados Unidos, donde, como usted sabe, los hombres no son tan felices y porcinos como se cree, pues un verdadero mal del siglo, una epidemia de pesimismo, está fermentando en ese país. Ese mal del siglo se expresa en una literatura enteramente renovada, que se conoce bastante mal en Francia pero que no es otra que una floración dadaísta [Vallejo, 2002: I, 267].

Es muy posible que los comentarios de la entrevista con Vallejo inspiraran a Tzara a escribir los textos que, finalmente, aparecerían en *Favorables París Poema*. En la polémica declaración de poética que acompañaba su poema (y que se mofaba del compromiso político del superrealismo), Tzara reclamaba el comienzo del «reino de la / DICTADURA DEL ESPÍRITU», cuyos estatutos eran los siguientes:

Por la salvación del patrón ideal
Por la claridad de la vista
Por la independencia de la palabra
Por la autonomía de los instintos
Por la libertad
Contra los recuerdos y sus sucedáneos literarios
Contra géneros, catálogos y teorías
Contra las concesiones
Contra los traficantes de arte y de ideas
Contra los que se dejan explotar
Para el advenimiento de la poesía

Propongo la aplicación de los sagrados principios de puño y matraca y la acción violenta del *grupo terrorista literario* cuya próxima creación no dejará de poner en fuga a raposos, descuideros, cobardes, impostores, impotentes y demasiado-pronto-consolados cómodos e organizaciones políticas y religiosas de completo descanso. [Tzara, 1926: 7].

Favorables significaba de esta manera una toma de posición estética. Esta especie de manifiesto dadaísta, sobre todo las últimas frases, colocaba a *Favorables*, a través del texto de Tzara, cerca de la postura dadaísta y en polémica con el superrealismo bretoniano. Así, aunque modestamente, *Favorables* entraba en el campo cultural parisino de vanguardia con una identidad establecida, aparte de su identidad lingüística como revista de vanguardia en castellano.

Por otro lado, es muy posible que el encuentro con Pierre Reverdy sucediera antes del 30 de mayo, fecha en que el poeta francés se mudó de París. No está claro cuán bien conocía Vallejo la obra de Reverdy antes de encontrarse con él. Es muy posible que haya leído algunos poemas suyos en el Perú, en revistas españolas llegadas a Lima, como *Cervantes* o *Cosmópolis*, pero no debió estar extensamente familiarizado con sus poemas. En una crónica de 1924 lo agrupa erróneamente dentro del «piquete dadaísta» de La Rotonda [Vallejo, 2002: I, 40]; pero para 1926 ya lo identifica de forma correcta como el «jefe del cubismo literario» [Vallejo, 2002: I, 272], en clara referencia al estilo Nord-Sud, que, a través de la revista del mismo nombre, marcó una pauta sobre cómo escribir poemas de vanguardia entre 1917 y 1918. En materia poética, durante esa reunión se habló acerca de la traducción de su obra que, años después, Vallejo traería a colación para ilustrar su idea sobre la imposibilidad de la traducción poética: «Pierre Reverdy vota también por la imposibilidad de traducir un poema. Habiéndole preguntado una vez si le gustaría ver los versos que me daba para *Favorables*, traducidos al español, me dijo que prefería que fuesen leídos en francés. Naturalmente» [Vallejo, 2002: II, 779].

Como en el caso de Tzara, parte de la admiración hacia Reverdy (poeta tres años mayor) también debió basarse en cuestiones que sobrepasaban los postulados estéticos. Según Vallejo, Reverdy era un poeta que seguía la tradición de Baudelaire, es decir, que no hacía profesión de la poesía, sino que se dedicaba a otras labores para subsistir y podía, por ello, escribir literatura novedosa, ajena a los gustos del mercado:

> Pierre Reverdy, que con Apollinaire enseñó a escribir de nuevo a los poetas *d'après-guerre*, se gana la vida corrigiendo pruebas en la redacción de *L'Intran*[*sigeant*]. El miserable salario apenas le permite habitar una humilde bohardilla en Montmartre, como un pobre amanuense distrital. Un artista puro. Un héroe, acaso más noble y trascendental que tantos aviadores ápteros. Reverdy querría de buena gana comer mejor pero, a diferencia de sus contemporáneos, no puede hacer poemas comestibles [Vallejo, 2002: II, 576-577].

Aunque es muy posible que Vallejo exagere aquí la apretada situación económica y laboral de Reverdy, ello le permitía justamente subrayar el carácter heroico del artista.

Fue muy probablemente en esa bohardilla de Montmartre (número 12 de la rue Cortot) donde Larrea y Vallejo visitaron a Reverdy. Aunque humilde, esa dirección, que albergaba varios cuartos (y que es actualmente el Museo de Montmartre) tenía una larga tradición artística. Ahí tuvieron su estudio, en el siglo XIX, Auguste Renoir y Raoul Dufy; entre 1912 y 1925, vivieron ahí los pintores Suzanne Valadon y Maurice Utrillo, su hijo; además, el novelista Léon Bloy también habitó en un cuarto de esa dirección. Reverdy, que estaba atravesando por una crisis vital, se mudaría de ahí muy poco después. Luego de quemar ritualísticamente varios manuscritos y de convertirse al catolicismo, se asentaría en una casita junto a la abadía de Solesmes, cerca de 250 kilómetros al suroeste de la capital francesa. Vallejo dio cuenta de su conversión en una crónica (¿habrían hablado sobre esta durante su encuentro?), para ilustrar la convivencia entre fe religiosa y revolución estética: «Reverdy, como se sabe, acaba de lanzar un gran libro de versos *Les écumes de la mer*, tan juveniles y revolucionarios como en el comienzo de su carrera apolínea y acaba, al propio tiempo, de convertirse a la religión de la Santa Madre Iglesia Católica» [Vallejo, 2002: I, 272-273]. La afirmación da a entender que Vallejo está acomodando su narración o que no conocía bien la obra de Reverdy, un libro que recopilaba su obra de juventud. En todo caso, el perfil (verdadero o idealizado) que hace aquí Vallejo de Reverdy lo retrata como un vanguardista renovado que, al mismo tiempo, renovaba su fe en la Iglesia, aparente contradicción que a Vallejo debió fascinarle.

Finalmente, el encuentro con el pintor español Juan Gris se puede datar con más exactitud: sucedió el jueves, 13 de mayo de 1926. Días antes, Larrea lo había visitado para pedirle su colaboración y le había hablado, «en los términos más amistosos», acerca de Vallejo, a quien Gris no conocía. Tras ese encuentro, el pintor citó a Larrea para una cena mediante un mensaje neumático: «¿Quiere V. venir a diner avec nous pasado mañana jueves? Con el amigo de que V. me ha hablado evidentemente. ¿Me leerá V. algo?» [Larrea, 1974: 190]. Ese día, Larrea y Vallejo cenaron con Juan Gris en su casa de Boulogne-Sur-Seine, comuna al suroeste de la capital y suburbio parisino. (Larrea viviría en el mismo barrio algunos años después). Terminada la comida, fueron a bailar al contiguo barrio de Saint-Cloud, junto con Josette, la mujer de Gris. El suceso debió ser ameno no solo para Vallejo y Larrea, sino también para el pintor, ya que su salud estaba en declive desde hacía meses (sufría de insuficiencia renal y cardíaca) y la danza, uno de sus pasatiempos preferidos, era fuente de pasajera alegría. Al pintor le quedaba apenas un año de vida: murió el 11 de mayo de 1927 de una euremia.

Esa tarde, antes de salir a bailar, Vallejo tuvo la oportunidad de ver varios cuadros de Gris, que lo dejaron completamente deslumbrado, tanto así que su obra le pareció digna de ser comparada con la de Picasso, a quien consideraba el «más grande pintor contemporáneo». Así lo hace en una crónica escrita poco después, en la que caracteriza el cubismo de Gris como arte matemático:

> Gris, desde sus primeras pinturas, muestra un riguroso sentimiento matemático del arte, contra la celestinesca metafísica reinante. Gris pinta en números. Sus lienzos son verdaderas creaciones de tercer grado, resueltas magistralmente. Al lado de otros cubistas más o menos vacilantes por claudicación o por incredulidad, Gris predica y realiza, desde los albores de la nueva estética, hacia 1908, un credo intransigente, rojo, vertical. Nada de bergsonismo ni de racionalismo empírico. Gris predica y realiza un conocimiento concienzudo y científico de la pintura [Vallejo, 1996: 143-144].

Por ese «riguroso espíritu de austeridad artística y por la posesión científica de sus fuerzas creadoras, sin nieblas inconfesables ni misterios rebuscados y cómplices», concluye Vallejo, Juan Gris se convertirá en «el pintor más representativo de nuestra época» [Vallejo, 2002: II, 632].

Además de la admiración por su obra, tal como sucedía con Tzara y Reverdy, Vallejo también admiraba a Gris por cuestiones que iban más allá de las corrientes artísticas mismas. Como Reverdy, Gris era uno de esos artistas que, obligado a aventurarse en lo más novedoso de la estética, se alejaba del gusto popular y era incapaz de vivir de su arte. En una crónica escrita años después, Vallejo escribió: «Juan Gris, uno de los más austeros maestros del cubismo, me decía, pocos días antes de su muerte: "Si yo no hago pintura cotizable en cualquier plaza no es porque yo no quiera sino porque no puedo"» [Vallejo, 2002: II, 575-576]. Juan Gris, cubista auroral, era para Vallejo uno de esos creadores mártires, que morían sin llegar a ver el impacto que en el arte dejaba su obra, incomprendida inicialmente por sus contemporáneos. Poco después de su muerte, escribió:

> La misma muerte de Juan Gris, acaecida recientemente, ha suscitado en la crítica homenajes elocuentes hacia la obra de quienes, como el gran muchacho muerto, han creado una pintura noble, seria y vital y no, como se creía hasta ayer, falsa, barroca, insignificante. Gris muere a los cuarenta años. Sus cuadros empezaban a cotizarse magníficamente en París, en Alemania, en Rusia, en Estados Unidos. Al igual que Picasso, Matisse, Braque, Derain, empezaba ya Gris a cosechar, en monedas contantes y sonantes, la intrépida siembra de inquietudes y luchas que el cubismo ha realizado desde hace veinte años en el mundo [Vallejo, 2002: I, 467].

Las visitas a Tzara, Reverdy y Gris propiciaron en Vallejo ideas sobre el heroísmo estético que, sin duda, él veía en su obra misma. Su concepto de *vanguardia*, por tanto, se basaba en cuestiones de estética, pero las características de un buen artista de vanguardia también se encarnaban en sus experiencias biográficas, en sus inquietudes y luchas vitales.

Luego de estas tres visitas, los contenidos del primer número de *Favorables* estuvieron listos muy rápidamente. Los últimos toques de la revista debieron quedar a cargo de Larrea mientras Vallejo hizo nuevamente un viaje a Madrid a cobrar su beca a fines de junio de 1926. Aunque no se sabe cuánto tiempo permaneció en la capital española, fue durante este viaje que pasó algunos «días de paz y soledad» en el balneario de San Sebastián, de ser cierto lo narrado en su crónica «La visita de los reyes de España a París». En la ciudad vasca tuvo tiempo para ponderar sus recientes incursiones en la escena literaria francesa de vanguardia como preparación editorial de *Favorables*. Ahí, la lectura de una encuesta sobre la poesía moderna (*l'anti-poésie*), realizada por el crítico Édouard Dujardin, lo dejó pensando, emocionado, en su propia trayectoria poética, llena de obstáculos, emparentada con la de Reverdy, Tzara y Gris, pero que ahora veía cuajando dentro de la vida literaria parisina:

M. Dujardin pregunta: «Cualquiera que sea el gran talento que se muestre en poesía, ¿se puede considerar como fondo de ésta los malabarismos y agudezas más o menos maravillosos actualmente en boga? ¿O debemos esperar una reacción enteramente humana?». Tal es la pregunta principal. Leo las respuestas de Fernand Divoire, de Albert-Birot, Paul Valéry, Henri Bremond, Jean Cassou y me sumerjo en la emoción de infinito del mar. ¿Cuál será, pues, el fondo verdadero de la poesía? Sólo sé que las olas se han dormido en la argentada playa de la Concha y que yo sigo sumergido en unas dulces ganas de llorar. ¿Por qué estas ansias de llorar? Dicen que el lloro viene de la emoción de la distancia y dicen que la risa viene de la emoción del tiempo. Puede ser [Vallejo, 2002: I, 283].

Ya de vuelta en París, la publicación de la revista fue vertiginosa. Así, casi silenciosamente, el primer número de *Favorables París Poema* se terminó de imprimir la primera semana de julio de 1926. Su naturaleza polémica, su carácter efímero, y la selección de sus colaboradores, la insertaban claramente dentro del mundo de la vanguardia parisina (y, por tanto, internacional) de los años veinte, pero en diálogo con las literaturas hispanohablantes. Para sellar su actitud *épatante*, la revista incluía también una tarjeta personalizada en la que se podía leer: «JUAN LARREA Y CÉSAR VALLEJO | SOLICITAN DE UD., EN CASO DE DIS- | CREPANCIA CON NUESTRA ACTITUD, | SU MÁS RESUELTA HOSTILIDAD».

«CONTRA EL SECRETO PROFESIONAL»

Debido al proceso de edición de *Favorables París Poemas* y su toma de posición editorial, así como otras evidencias con las que contamos, el artículo «Contra el secreto profesional: a propósito de Pablo Abril de Vivero», tantas veces citado como antivanguardista, no debe ser considerado como una demostración de la falta de aprecio que Vallejo sintió por las vanguardias en general, ni antes de su publicación ni después de ella. El texto apareció originalmente en la revista limeña *Variedades* el 7 de mayo de 1927, a pocos meses de la edición del segundo y último número de *Favorables París Poema*, y es una invectiva contra la «actual generación de América», a quien Vallejo critica duramente por practicar una poesía que, en su opinión, debía demasiado a la de los vanguardistas afincados en París: «[u]n verso de Neruda, de Borges, de Maples Arce, no se diferencian en nada de uno de Tzara, de Ribemont o Reverdy» [Vallejo, 2002: I, 421].

No es coincidencia que Vallejo mencione a tres de los poetas invitados a participar en *Favorables*, Tristan Tzara,

Georges Ribemont-Dessaignes o Pierre Reverdy. La invectiva no está dirigida a los vanguardistas europeos, sino a los poetas latinoamericanos, a quienes considera sus meros calcos, y a quienes critica por su mimetismo y falta de autenticidad.

La crítica de Vallejo era categórica:

> Acuso, pues, a mi generación de continuar los mismos métodos de plagio y de retórica, de las generaciones pasadas, de las que ella reniega. No se trata aquí de una conminatoria a favor de nacionalismo, continentalismo ni de raza. Siempre he creído que estas etiquetas están fuera del arte, y que cuando se juzga a los escritores en nombre de ellas, se cae en grotescas confusiones y peores desaciertos. [...]
>
> Al escribir estas líneas, invoco otra actitud. Hay un timbre humano, un latido vital y sincero, al cual debe propender el artista, a través de no importa qué disciplinas, teorías o procesos creadores. Dése esa emoción, seca, natural, pura, es decir, prepotente y eterna y no importan los menesteres de estilo, manera, procedimiento, etc. Pues bien. En la actual generación de América nadie logra dar esa emoción. Y tacho a esos escritores de plagio grosero, porque creo que ese plagio les impide expresarse y realizarse humana y altamente. Y los tacho de falta de honradez espiritual, porque al remedar las estéticas extranjeras, están conscientes de este plagio y sin embargo, lo practican, alardeando, con retórica lenguaraz, que obran por inspiración autóctona, por sincero y libre impulso vital. La autoctonía no consiste en *decir* que se es autóctono, sino en *serlo* efectivamente, aun cuando no se diga [Vallejo, 2002: I, 423].

En su crítica a los escritores que siguen recetas y estilos a la moda, el texto también debió de estar dirigido, aunque esto no sea explícito, a los poetas vanguardistas peruanos que, desde mediados de 1926, habían adoptado ya, años después que Vallejo, algunos postulados estéticos que las vanguardias históricas habían hecho para 1927 moneda común.

Hay una actitud de zanjar cuentas con los jóvenes escritores vanguardistas que, en opinión de Vallejo, adoptaban la nueva estética sin un impulso vital propio que los legitimase. Para hacer las cosas más controvertidas, el artículo celebraba la aparición de un poemario de corte tradicional, *Ausencia*, escrito por el diplomático Pablo Abril de Vivero, en el que, según Vallejo, su autor «se dejó llevar por la emoción genuina y creadora y, de esta manera, logra mantenerse fuera de toda escuela y acusa una personalidad libre y vigorosa» [Vallejo, 2002: I, 424]. Carlos Fernández ha leído de esta manera la supuesta actitud «antivanguardista» de Vallejo, escrita poco después de la aparición de *Favorables*:

¿Estaba Vallejo en «Contra el secreto profesional» cuestionando el vanguardismo peruano de nuevo cuño? ¿Ajustaba cuentas con aquellos conocidos suyos que criticaron, con más o menos aspereza, *Trilce* en 1922 y 1923 y que corrieron a alistarse a las filas vanguardistas cuando estas se convirtieron en la última moda poética y artística en Hispanoamérica tres años más tarde? En parte, creo que sí.

Criticar a la vanguardia americana de manera global, como Vallejo lo hizo en este texto, sin comentar pasajes de poemas concretos y cuestionando únicamente sus declarados afanes de novedad, era una manera relativamente segura de reprender a sus compatriotas y de situar implícitamente a *Trilce* en un plano más elevado. Al mismo tiempo, con el largo excurso polémico de «Contra el secreto profesional», Vallejo salvaba el incómodo trance de tener que elogiar por extenso *Ausencia*, una obra por la que difícilmente podía sentir afinidad poética, pero que había sido escrita por una persona con la que había contraído demasiadas deudas extra-poéticas [Fernández, 2023: 176-177].

Vallejo no parece desdeñar, en «Contra el secreto profesional», a la vanguardia europea en general, sino que interpela polémicamente a la nueva «vanguardia» hispanoamericana.

Consistente con su percepción de otros artistas, Vallejo juzga a los poetas no por su pertenencia a un movimiento o grupo, sino en base a sus logros particulares. Estos logros se manifestaban, no solamente en sus experimentos y riesgos estéticos, sino también por medio de un impulso vital coherente que Vallejo proyectaba sobre figuras heroicas que, como en el caso de Tzara, Gris o Reverdy, arriesgaban su bienestar material y se exponían a críticas mordaces, con el fin de encontrar caminos nuevos para el arte.

Vallejo mismo se alineaba, implícitamente, en esta tradición heroica vanguardista y, ya en 1927, se sentía con la autoridad suficiente para denostar a quienes consideraba falsos vanguardistas. Su propia poesía se desarrollaría por caminos similares a los de varios poetas de vanguardia de su generación, adoptando, a partir de 1928, un carácter central políticamente comprometido. Como en el caso de sus poemas de *Trilce*, la poesía coleccionada póstumamente, aunque nutrida por estéticas diversas, terminaría siendo una de las aventuras poéticas más personales y arriesgadas de nuestra lengua.

Ángel Esteban

SED DE BELLEZA, SED DE DIOS: LA RECTITUD EN LA OBRA DE CÉSAR VALLEJO

La vida y la obra del peruano mantuvieron un estrecho paralelismo desde los primeros versos hasta las últimas composiciones de París. Su poesía siempre hizo visible al Vallejo hombre, porque en su poética hay una constante manifestación del *yo* que siente. La conjunción entre experiencia y escritura ha sido a veces denominada como un «compromiso», una «coherencia» o una «conciencia», pero es más preciso abarcarla desde un escenario de «intención recta», porque no se trata solo de una apuesta por los que sufren, los pobres, por explicar el sentido del dolor o la injusticia, sino de hablar de ese mismo *yo* que se es, como un proyecto en el que lo escrito se identifica sin disimulos, vanidades o encubrimiento de carencias, con lo pensado y vivido. De hecho, en ocasiones, el compromiso «expresado» de los artistas puede no coincidir con la actitud. De ello se dio cuenta enseguida, por ejemplo, Elena Garro, en su viaje a España y Francia con Octavio Paz en 1937 para participar en las actividades en defensa de la República Española en plena Guerra Civil. En sus memorias sobre aquel periplo, criticaba a muchos comunistas que desarrollaban un compromiso oral, exaltando unos valores que luego no se traducían en obras, describía las continuas peleas de unos contra otros [Garro, 2011: 49], y se fijaba en su asistencia a grandes comilonas mientras la gente de la calle en España se moría de hambre y ellos no hacían nada para paliar esa terrible situación. Los llamaba «izquierdistas de café», frente a otros, más coherentes, como Luis Cernuda, Miguel Hernández, Antonio Machado o León Felipe. El mejor de todos, para Elena, era César Vallejo, distinto al resto de los colegas, con una sensibilidad y una bondad exquisitas:

A mí me gustaba César Vallejo. Nunca entendí la manía que le tenía Pablo Neruda ni la persecución que ejercía contra él [...]. Vivía con Georgette, su mujer, en un hotelito muy pobre del Barrio Latino y formaban una hermosa pareja [...]. Una noche en la que fuimos con ellos a un mitin, Vallejo quiso colocarse hasta adelante, para no perder ni una palabra [...]. A mí no me interesaban los oradores, me fascinaba el rostro grave de Vallejo, como si estuviera devorado por un terrible sufrimiento, y no pude quitarle la vista de encima. Él se dio cuenta de cómo lo miraba y me echó el brazo al cuello, sin dejar de escuchar a los oradores. A su contacto, me invadió una corriente de bondad que nunca más he vuelto a sentir. Aquel hombre era un hombre aparte, era un poeta. Creo que la poesía va unida a la profundidad de la bondad. Todavía veo su suéter de lana cruda y sus ojos trágicos [Garro, 2011: 146-147].

La intuición de Garro se cumplía en el peruano: su bondad (coherencia, compromiso y rectitud de intención) casaba con su poesía, o viceversa. Es curioso que la mexicana, sin conocer el artículo de Vallejo «Autopsia del superrealismo», llamara «izquierdistas de café» a algunos de los que el poeta andino había escrito en 1930 que se limitaban a realizar «juegos de salón», que terminaban cuando «había que saltar al medio de la calle y hacerse cargo, entre otros, del problema político y económico» [Vallejo, 1930: 45]. De aquella rectitud era consciente también Georgette, que no solo asumió un rol espartano en su relación personal con

César, sino que adaptó su vida y sus convicciones a los moldes que el poeta indicaba. En el espacio político, Georgette procedía de una familia burguesa, con patrimonio y cierta capacidad económica, pero ella se acomodó a las consignas del marxismo que César profesaba, y gastó toda su herencia en procurar una vida digna al poeta y unas condiciones adecuadas para que pudiera luchar por sus ideales. Es importante saber que, como ella misma explicó en alguna ocasión, cuando se conocieron, Georgette era anticomunista [Pachas, 2008: 184], y él recriminaba alguna de sus actitudes, hablando en tercera persona, sin dirigirse directamente a Georgette. Pero ella se daba por aludida y con el tiempo asimiló las enseñanzas de César y aceptó esa forma de pensar y actuar, hasta el punto de comprometerse en cuerpo y alma al espíritu del marxismo. Participaba en las reuniones del partido, formaba parte de los mismos grupos que César, asistía a conferencias, eventos, y realizaba acciones programadas. Se involucró en todo y con todas sus fuerzas. Fue una época, desde 1929 hasta 1938, en que llegó a ser conocida en determinados ambientes de cultura política de izquierda radical. Georgette llegó incluso a donar dinero para las guerrillas, a pesar de que su economía a partir de los años treinta nunca fue desahogada [Pachas, 2008: 302].

Además, sufrió las consecuencias del rechazo y la persecución a las que el poeta revolucionario se vio sometido durante años. A Georgette nunca le interesó otro hombre, y en un determinado momento comprendió que su existencia se justificaba por el cuidado de César, un hombre austero, nada bohemio, ordenado, pobre, metódico, recto, que escribía donde podía, pues a veces no tenía ni papel, y usaba lapiceros muy gastados [Vallejo, G., 1976: 6-8]. Por otro lado, el amor de Georgette por César y la convicción de que su escritura tenía una calidad que en algún momento tendría que ser reconocida como una de las cumbres de la literatura contemporánea, le llevaron a aceptar con estoicismo los rasgos de la personalidad del poeta que resultaban extremos, cuando ponía por encima de todo su compromiso y sus ideas, y no permitía que el amor, el placer, la educación o la melancolía le hicieran bajar la guardia. Su consigna era estar siempre alerta, como en una guerra que no permite el descanso.

En Vallejo no era suficiente una conciencia. Para asegurar la rectitud del compromiso, necesitaba cuatro:

> ¡Cuatro conciencias
> simultáneas enrédanse en la mía!
> ¡Si vierais cómo ese movimiento
> apenas cabe ahora en mi conciencia!
> ¡Es aplastante! Dentro de una bóveda
> pueden muy bien
> adosarse, ya internas o ya externas,
> segundas bóvedas, mas nunca cuartas;
> mejor dicho, sí,
> mas siempre y, a lo sumo, cual segundas.
> No puedo concebirlo; es aplastante.
> Vosotros mismos a quienes inicio en la noción
> de estas cuatro conciencias simultáneas,
> enredadas en una sola, apenas os tenéis
> de pie ante mi cuadrúpedo intensivo.
> ¡Y yo que le entrevisto (Estoy seguro)!
>
> [Vallejo, 1997a: 326]

Este poema, «Cuatro conciencias», alojado en *Poemas póstumos*, que tiene además una versión en prosa difundida por Georgette en 1967 como un párrafo incluido en el ensayo «Contra el secreto profesional», de 1928, se ubica según Marco Martos en la línea de la misma crítica anterior al surrealismo. Antonio Merino divide las conciencias en dos grupos de dos: las sociales (ideológica y ético-moral) y las del sujeto (material o del mundo exterior y espiritual o del mundo interior) sobre las que interpreta oposiciones dialécticas, que serían supuestamente el motor de su obra literaria [Vallejo, 1996: 6]. También se ha interpretado el texto como cuatro fuerzas disímiles que pugnan dentro de su única conciencia, al estilo de los heterónimos de Pessoa, o de la ansiedad del desdoblamiento en toda su propuesta poética, pero la lectura más acertada ha sido la de Marco Martos, que sugiere un movimiento contrario al del resto de los críticos. En lugar de una fragmentación o lucha, habría más bien una concentración, desde la perspectiva junguiana de las cinco conciencias, tesis que coincidiría en el tiempo con la crítica de Vallejo a los surrealistas y la escritura del poema [Martos, 2013: 206].

Para Jung, en la estructura de todas esas conciencias existe un centro que las ordena y estabiliza, trabajando con todas las referencias de la consciencia y la inconsciencia, por lo que el fondo del poema concluiría en que el poeta es el «más consciente de los hombres, que en un solo haz junta vida consciente y vida inconsciente» [Martos, 2013: 206]. La voz poética insiste en que las cuatro conciencias se enredan «cuadrúpedamente» y de forma intensiva en una sola, que es la suya. Si la vía del desdoblamiento o de la fruición heteronímica es clara en todas las fases de la poesía del peruano [González Vigil en Vallejo, 1992] también lo es la posibilidad de la concentración en una unidad de sentido, que ampara la rectitud. Ahora bien, para que ello ocurra, no solo es necesaria la síntesis de las conciencias en una, sino también la decisión moral de conceder coherencia de vida, por lo que la dialéctica a la que Merino se refería debe terminar en una síntesis superadora, en términos hegelianos, que trascienda las oposiciones, para que el nivel material y espiritual del sujeto, y el nivel ideológico y ético-moral de las conciencias sociales devengan intención recta, y ese camino se resuelva en cada acto y en cada pensamiento del sujeto uno.

LAS DOS ETAPAS DEL ITINERARIO ÉTICO-ESTÉTICO DE VALLEJO

Si tenemos en cuenta la evolución de la vida y la poesía de Vallejo en el ámbito cronotópico, se aprecian al menos, y de forma general, dos proyectos ético-estéticos. Ambos confluyen en la misma raíz, la de la interpretación del dolor y el sufrimiento humanos, y en las franjas existenciales cuya ausencia se necesita colmar —la sed de belleza y la sed de Dios—, pero difieren en causas, direcciones y consecuencias. En la primera etapa, la forma de responder ante las inquietudes es el sentimiento de culpa, la urgencia de ser perdonado y reconciliarse con el mundo, y la ansiedad por experimentar la filiación en el contexto de una paternidad histórica y personalmente esquiva, lo que Américo Ferrari [Vallejo, 1968b: 20] llamaba la «ausencia ontológica» que angustiaba al peruano, que se manifiesta en *Los heraldos negros* y en *Trilce* y que, además, eleva esa condición de orfandad a un nivel general, más allá del propio sentimiento individual, lo que hace posible la solidaridad con el que sufre. Los «golpes de la vida» del primer poema del primer libro combinan el «yo no sé» con el «hombre... Pobre... pobre» que ya no es la voz poética sino *el hombre*, la humanidad, y terminan en el «charco de culpa» (p. 7). Y es precisamente ese movimiento de lo uno a lo múltiple lo que le hace plantearse que siempre es poco lo que se hace por los demás, aunque esos «demás» no combinen carencia con rectitud, como se explicita en «Ágape», donde la voz poética es imagen cristológica, pues se trata de un sujeto que lo ha dado todo, que muere por los otros (aunque sea poco y de forma diferida en el tiempo) y es abandonado por los demás en esa tesitura, en la cúspide de la generosidad, situación que devendrá sensación de culpabilidad, por la que pide perdón. El título del poema, «Ágape», indica la absoluta rectitud del personaje, porque se trata del tipo más excelso de amor, el que se ofrece sin solicitar nada a cambio y está abierto a un colectivo sin fronteras, universal. Es un amor que está dispuesto a llegar hasta el sacrificio de uno mismo, como se descubre en el Evangelio de San Juan, el texto del discípulo que más amaba a Cristo y el único que le acompañó hasta el final: «Porque tanto amó Dios al mundo que dio a su Hijo unigénito, para que todo aquel que cree no se pierda, sino que tenga vida eterna» (Juan 3:16). Por esa razón, cuando los primeros cristianos se reunían para celebrar el misterio del cuerpo y sangre de Cristo, clímax de su entrega amorosa a la humanidad, llamaban ágape a esa concurrencia, que se convertía en una «comida o cena de amor», y que es el origen del significado actual de ágape como *banquete*. Estas dos últimas acepciones son las que, de hecho, aparecen, por ese orden, en el *DLE* para la entrada «ágape».

Otro poema de la primera época que transita en la misma dirección, pero mucho más positivo, es «Líneas» (p. 48). En él se omite la posibilidad de que el ser apreciado, amado, no quiera ser correspondido, y se centra en la expectativa de recibir el amor cuando se busca, arrojando una «cinta de fuego», a sabiendas de que el Amor (*sic*) «nos dará la libertad suprema / en transubstanciación azul, virtuosa, / contra lo ciego y lo fatal». Además de las posibles conexiones con Rubén Darío (lo azul y lo fatal) se aprecia nuevamente un engarce con el trasfondo bíblico ya descrito, asumiendo en el contexto del amor con mayúsculas la relación de un Jesús aún mejor y un Bautista que aguaita, asociando entrega con dificultades, belleza con superación de obstáculos.

La coherencia que procede de la rectitud obliga también a la voz poética a posicionarse en favor de los sufrientes, y así, el Dios que en un contexto tradicional se identifica con la Providencia, es interpelado más adelante con franqueza y, por eso, ante los sucesivos golpes de la vida, se oscurece la presencia del gesto divino, y toda la relación con lo humano que podía colegirse del Dios presentado, que es a la vez Padre e Hijo, se vuelve conflicto cuando, en un momento de crisis, la voz poética asegura en «Los dados eternos» (p. 53) que Dios no sabe ser Dios porque no ha sido hombre, y que el verdadero Dios es el hombre, porque él «sí te sufre». Más adelante aludiremos a una interpretación que no vulnera el concepto de intención recta o coherencia.

En *Trilce* la coyuntura vital del poeta ha cambiado, y por eso el alcance de lo recto experimenta variaciones circunstanciales, manteniéndose constante el sentido. El sentimiento de culpabilidad aparece solo sugerido y atemperado, como en el poema XXIII (p. 82), en que la voz poética recuerda a la madre y al hermano muerto —Miguel— cuando eran pequeños y se desarrollaban ciertas escenas familiares, sobre todo las relacionadas con la alimentación, en un ambiente de pobreza, carencia y mucha emotividad. La memoria de aquello produce secuelas hasta físicas, sobre todo en el momento en que dice a la madre: «en cuál alvéolo / quedaría, en qué retoño capilar, / cierta migaja que hoy se me ata al cuello / y no quiere pasar», y deviene conclusión ya que, al volver la vista atrás y considerar lo que ha ocurrido desde entonces hasta el momento de la escritura del texto, el poeta contempla «cómo nos van cobrando todos / el alquiler del mundo donde nos dejas / y el valor de aquel pan inacabable. / Y nos lo cobran, cuando, siendo nosotros / pequeños entonces, como tú verías, / no se lo podíamos haber arrebatado / a nadie; cuando tú nos lo diste, / ¿di, mamá?». Ferrari comenta que el pan, ya presente en *Los heraldos negros* y con una importancia creciente en los poemas póstumos, tiene resonancias múltiples, asociadas a la religión, a la lucha por la vida y que aquí se vincula a la mesa, con un significado espiritual, participativo y amoroso, y que en este poema se enfoca más bien en la deuda, que trasciende el nivel familiar y se extiende a toda la humanidad, obligada a resarcir por la posibilidad de poseer ese pan necesario [Ferrari, 1972: 126-127].

La deuda es universal, constante e incomprensible, y funciona como una condena, porque nos es dada y nos pone en la tesitura de reconocerla y sentirnos culpables. Pero lo más acucioso del poema, como de la mayoría de los contenidos en *Trilce*, proviene de la sensación de orfandad, vacío y angustia, propia de la peripecia vital del momento. A diferencia de *Los heraldos negros*, en que los golpes de la vida son indeterminados, generales y pocas veces resultado de una anécdota concreta, en *Trilce* se unen tres eventualidades históricas, que se reflejan obsesivamente en la mayoría de los poemas, aunque casi siempre con un corolario de universalidad: la muerte-ausencia de la madre, los amores con Otilia y los padecimientos físicos y morales ocasionados por el presidio, que canalizan esta nueva forma de entender la rectitud como respuesta ética y estética, rupturista en ambos casos, a los requerimientos de la circunstancia. El desamparo al que se ve sometido el huérfano real y el elevado a esa categoría por su errancia en el mundo se plantea en varias formas, como una cena en la que el personaje está solo, en el poema XXVIII (p. 87), que termina aceptando que «ya se ha quebrado el propio hogar, / y el sírvete materno no sale de la / tumba, / la cocina a oscuras, la miseria de amor». También importan la consciencia de ser menos que un cero a la izquierda, en el poema XXXVIII (p. 95): «Este cristal ha pasado de animal, / y márchase ahora a formar las izquierdas, / los nuevos Menos. / Déjenlo solo no más», o la presión que ejercen en el encarcelado las cuatro paredes de la celda, donde la indefensión, soledad y falta del asiento materno le llevan quizá a sustituir a la figura de la progenitora por la de la amada en el poema XVIII.

Aparece asimismo el desamparo cuando se reflexiona sobre lo indebido, la conciencia moral, y el sujeto poético lucha por encontrar un centro y dominar la propia actividad (poema LVII), o si esa misma batalla interior se realiza con espíritu positivo pero es más fuerte el sentimiento de orfandad y vacío. Eso ocurre en el poema XLIX (p. 103), donde se exploran la unidad, la verdad y la plenitud, pues la voz poética quiere «reconocer siquiera al 1», el punto de apoyo, «saber de estar siquiera» pero «Nadie me busca ni me reconoce», como aquellos a los que invitaba a comer a su casa en el libro anterior y nadie pasaba a decirle nada, y «Tampoco yo descubro a nadie, bajo / este mantillo que iridice los lunes / de la razón». En ocasiones, la impotencia se debe a considerar que la Providencia divina no funciona, o que el hombre es frágil y pobre, independientemente de su relación con la divinidad, como en el poema XIX, donde el desengaño es similar al de «Los dados eternos» de *Los heraldos negros*, o en el XXXI (p. 89), donde la esperanza «plañe entre algodones» porque, a pesar de que el cristiano espera «siempre / de hinojos», Dios «nos oprime / el pulso» y solo apenas «entreabre los sangrientos algodones / y entre su dedos toma a la esperanza». No hay una plena negatividad, se contempla la posibilidad de que Dios entre en contacto con esas hijas pequeñas a las que debe cuidar y curar, pero es más un desiderátum que una escena real. En general, *Trilce* está muy pendiente de las innovaciones técnicas, como si estas se engarzaran con las ideas o las emociones a las que sirven. Esto forma parte del proyecto de rectitud del poeta: la sed de belleza, la sed de Dios y la sed de centralidad existencial se concatenan e identifican en los espacios discursivos. Habría, entonces, en este poemario, una culminación del estatuto de coherencia entre la vida y la literatura. El miedo sería, incluso, uno de los movimientos emocionales que corroborarían el estado, como en el poema XXVII (p. 94), porque empuja a la voz poética a plantearse cómo comportarse, cuando ese temor, producido por un «buen recuerdo», de la casa que le da «entero bien», a la vez le provoca «no saber dónde estar», y el «chorro que no sabe a cómo vamos», le da «miedo, pavor», y le impide avanzar. La suspensión del juicio no es cobardía, sino postura ética, reconocimiento de la ausencia de criterio para realizar el bien en un asunto tan delicado como enfrentarse a lo que significó antaño su casa con la presencia de sus padres y hermanos, la tentativa de una felicidad truncada por un destino aciago.

La segunda etapa, la que dirige la sed de belleza y la sed de Dios hacia el compromiso con los pobres y marginados a través del ideario marxista, desde finales de los veinte, es mucho más abigarrada en ejemplos y ha estado expuesta a variadas interpretaciones. Las más relevantes en el contexto de la sed múltiple coordinada es la que se refiere a la posible combinación entre cristianismo y marxismo. Unida al espacio del sufrimiento se desarrolla en Vallejo la idea de Dios, sobre la que se ha escrito en abundancia, junto con la de su religiosidad real, desde que Cintio Vitier (1944) y Juan Larrea (1957) afirmaran los claros rasgos cristianos y religiosos de su obra, con algún asomo de irreverencia, opinión continuada por Paoli (1964), que valoraba la educación católica de la infancia y la identificación del autor con la misión de amor, entrega y pasión de Cristo, y por Chirinos (1979) al asegurar que el poeta tiene a Dios como tema principal de su obra, aunque el modo de presentarse varíe de unos versos a otros. Ese itinerario se extiende al menos hasta la tesis doctoral de Sayes (2015). González Vigil (2009) subraya, más que su creencia y práctica, su capacidad para cuestionar, utilizando para ello numerosas imágenes de la Biblia y el cristianismo. Para Escobar (1973) en Vallejo se entendería que tanto Dios como el hombre están guiados por el azar, por lo que la adscripción al cristianismo se realizaría de un modo muy peculiar.

Otros críticos sitúan al poeta lejos del cristianismo, señalando su espíritu ateo o crítico, como Xavier Abril (1958), quien destaca que se acerca más al panteísmo o a la pura metafísica, o Noriega (1988), quien ve en el comunismo de Vallejo una especie de cristianismo pero sin religión espiritual, sin Cristo, convencido solo de que la única y verdadera tierra prometida es la que vivimos, algo similar a lo que observa Higgins (1967, 1989) al sugerir que el poeta nunca profesó públicamente una fe ni fue realmente cristiano, o Salomon (1974), quien separa varias épocas en Vallejo, una más acorde con los vestigios de una supuesta fe, pero otra más madura, de adhesión al marxismo, en la que la utilización de imágenes y ejemplos del cristianismo y la Biblia no tienen por qué declarar su espíritu cristiano. Guzmán (2000) determina que existe una inversión de las verdades del catolicismo citadas por el poeta, lo que le aleja de la posibilidad de la armonía con el hecho religioso. Y Mora (2016) continúa la línea de quienes opinan que los elementos bíblicos y religiosos se encuentran desacralizados en Vallejo. En fin, otros autores que separan los usos de los símbolos de la religión de la perspectiva personal de Vallejo son Franco (1984) o Gutiérrez Girardot (2002).

En la época de madurez, Vallejo pudo aclarar ciertos conflictos interiores, algunos de los cuales tenían que ver con la concepción de Dios. El marxismo militante y radical de finales de los veinte y comienzos de los treinta, además de ocasionarle graves problemas en el país donde residía, le llevó a dejar a un lado el problema religioso, pero este fue recuperando un espacio que siempre había estado latente, hasta compatibilizar, como sostiene Marco Martos, los «valores éticos del cristianismo» con «los postulados humanistas del marxismo», consiguiendo, gracias «a su gran pericia poética», una obra «que no tiene parangón en todo el orbe hispano» [Martos, 2019: 33]. De esa forma pudo unificar sus bases formativas cristianas con su ansiedad de compromiso y todo ello con la sed de belleza. Esa ética estética fue más tarde aprovechada por un cuerpo de doctrina y un nutrido grupo de teólogos e intelectuales que volverían sobre la posibilidad de defender unas ideas y prácticas cristianas con el marxismo: la Teología de la Liberación. Uno de los fundadores de la corriente, Gustavo Gutiérrez, descubrió esa coherencia en el poeta y la aplicó a finales de los sesenta a su filosofía liberadora. Para el teólogo peruano, una muestra de la rectitud de Vallejo es la humildad para reconocer que no puede explicar el dolor, el sufrimiento, hasta el punto de establecer una «pelea» con Dios, un enfrentamiento dialéctico, producto de las tensiones entre la religiosidad y la irreligiosidad, como lo hicieron personajes trascendentales de la Biblia: el paciente Job, el herido Jacob en su pelea con Dios o David por medio del lamento quejoso de algunos salmos, que llegan hasta la protesta [Gutiérrez, 1993: 120].

Por eso, no son incompatibles con una visión cristiana las recriminaciones que el poeta hace a Dios, como la de no haber sabido ser Dios al no haber podido sentir o vivir como un hombre, o la asimilación de las caídas del hombre con las de Cristo. Y, avanzando hacia la etapa marxista del poeta, Gutiérrez valora poemas como «Traspié entre dos estrellas», que constituye una versión contemporánea, certera y a la vez sincera, de las bienaventuranzas del Evangelio, y abre la puerta a sugerencias utópicas, cuando todos estemos desayunados en una mañana eterna, simbolizando con ello la libertad, la vida y la justicia [Gutiérrez, 1993: 123], en un tono muy cercano a los postulados básicos de la Teología de la Liberación. En esa misma órbita gravitaría un poema como «Los nueve monstruos» (p. 177), en el que la solidaridad con los que sufren ese dolor que «crece en el mundo a cada rato», a «treinta minutos por segundo», se concreta en el pan «crucificado», el nabo «ensangrentado», el vino «un *ecce homo*», metáforas cristológicas, que provocan en el sujeto «tánta sed de sed». Este panorama sombrío sería desesperanzador si no hubiera alguna alternativa, pero el temple regenerador del poeta, que puede provenir tanto de su confianza en las luchas que elabora el marxismo como en la posible acción de Dios en el mundo, le lleva a declarar, en el último verso: «hay, hermanos, muchísimo que hacer».

Esta simbiosis es avalada por otro de los poemas centrales que cita Gutiérrez, «Masa». Para el teólogo, la «opción fundamental por los pobres», trata de «captar la lógica interna de una acción a través de la cual el hombre busca realizarse, trascendiéndose continuamente, centrado en la praxis, dirigido a la transformación del mundo» [Gutiérrez, 1994: 25], porque la creación no termina con la obra realizada por Dios, pues es necesaria «la conquista de nuevas formas, cualitativamente distintas, de ser hombre, en vista a una realización cada vez más plena y total de sí mismo, solidariamente con toda la colectividad humana» [Gutiérrez, 1994: 53], para romper la «situación de servidumbre, construyendo una sociedad justa, asumiendo su destino en la historia» [Gutiérrez, 1994: 199]. Con esa observación, Gutiérrez también amplifica el concepto de prójimo, pues no solo se trata del ser individual, sino también de la «masa» [Gutiérrez, 1994: 235-243], que es la clase o la raza explotada, marginada, denigrada, dominada. La reunión de todos los hombres de la tierra, al final del poema de Vallejo, simboliza a la vez la solidaridad, la unión de la humanidad en la defensa del explotado, la «masa» propia de la terminología marxista, y la fuerza que todos dan a ese primer hombre, que tiene resonancias cristológicas. En esa coyuntura simbiótica entre marxismo y cristianismo cristaliza, finalmente, la síntesis entre una vida y una obra cuyo eje de radicalidad descansa en el concepto de intención recta, que responde a la necesidad de sofocar la sed de belleza y la sed de Dios o, como dijo él mismo, «tanta sed de sed».

Ana Luisa Ríos González

LA PRESENCIA DE LA MUJER Y LA INTERCULTURALIDAD EN LA POESÍA DE CÉSAR VALLEJO

Uno de los problemas mayores de las poéticas que se producen en el espacio literario serán las fronteras o transfronteras que hay entre un hablante que se mira desde la perspectiva de una comunidad y desde la urbe (occidental). Sobre ello está la mirada del sujeto poético, para ver hasta qué punto es legítimo hablar de poesía intercultural y hasta qué punto el yo poético representa adecuadamente la percepción colectiva.

En este sentido, este texto pretende indagar de qué manera se aborda la presencia de la mujer y la poesía intercultural en *Los heraldos negros* y *Trilce* de César Vallejo. ¿Cuáles serían los elementos que articularían un discurso poético intercultural?

Se analiza la evolución del imaginario femenino en los poemarios *Los heraldos negros* y *Trilce*. Derrotero que no solo devela la innovación estética-literaria y temática en la poesía de Vallejo, sino también una innovación en su pensamiento con respecto a la mujer como símbolo, figura cultural y sujeto poético.

Para ello, se han tomado en cuenta poemas representativos de ambas obras, como corpus de análisis, a partir de los cuales se analizan las tensiones entre género y cultura en el contexto de la modernidad latinoamericana.

LITERATURA INTERCULTURAL

Con respecto a la interculturalidad, Walsh manifiesta que esta

> va mucho más allá del respeto, la tolerancia y el reconocimiento de la diversidad. Señala y alienta, más bien, un proceso y proyecto social político dirigido a la construcción de sociedades, relaciones y condiciones de vida nuevas y distintas. [Sus condiciones] tienen que ver con la cosmología de la vida en general, incluyendo los conocimientos y saberes, la memoria ancestral y la relación con la madre naturaleza y la espiritualidad, entre otras [Walsh, 2008: 140].

Por su parte, Pilar Valenzuela afirma que la literatura tiene carácter intercultural cuando

> el sujeto se expresa desde su integridad, no solo desde su rol profesional, creando un texto interdisciplinario que presenta estrategias de índole literario (subjetivo, emotivo, de lenguaje figurado) y científico (objetividad, conocimiento, tópicos de las ciencias sociales) [Valenzuela, 2015: 162].

Del mismo modo, Camilo Fernández-Cozman manifiesta que

> [l]a interculturalidad es un concepto emergente en las humanidades. Implica el diálogo, no exento de conflictos, entre las diversas culturas. La poesía intercultural en castellano comienza, en el Perú, con la vanguardia a través de la obra de César Vallejo, Gamaliel Churata (en su periodo vanguardista), Alejandro Peralta y otros poetas del grupo Orkopata [Fernández-Cozman, 2018a: 73].

Añade que

> [l]a poesía intercultural se manifiesta en cuatro niveles: la lengua, la estructuración literaria, las estructuras figurativo-simbó-

licas y la cosmovisión [...]. Por ejemplo, Vallejo emplea profusamente la oralidad (nivel de la lengua), quiebra la estructura regular del soneto modernista en «Idilio muerto» (plano de la estructuración literaria) y evidencia el empleo de la antítesis (nivel de las estructuras figurativo-simbólicas), a la vez que manifiesta una perspectiva intercultural (estrato de la cosmovisión) que implica el cruce de elementos occidentales y andinos [Fernández-Cozman, 2018a: 73].

Es así cómo, al examinar la interculturalidad en la poética de César Vallejo, es necesario sumergirnos en los conocimientos culturales del poeta, sus costumbres, formas de vida y precepciones del mundo para comprender el sentido de sus textos.

LA MUJER Y LA INTERCULTURALIDAD EN *LOS HERALDOS NEGROS* DE CÉSAR VALLEJO

Abordar la poesía de César Vallejo representa un verdadero desafío, pues nos encontramos con la obra del más grande poeta del Perú y uno de los más cosmopolitas en lengua castellana, dado que su escritura sobrepasa épocas y geografías, y su capacidad de innovación literaria y profundidad humana lo instalan en un lugar excepcional en la literatura universal.

Es así que, en el poema «Comunión» (p. 9), emerge la imagen idealizada de la mujer. A través de un recurso literario como la imagen, la voz poética contrasta los rasgos de una mujer delicada, suave, pero que a la vez ostenta una cautivante sensualidad:

> Tu cuerpo es la espumante escaramuza
> de un rosado Jordán;
> y ondea, como un látigo beatífico
> que humillara a la víbora del mal!

Un halo de ninfa parece envolver a la evanescente mujer, quien conduce a la redención del hablante lírico:

> Tus brazos dan la sed de lo infinito,
> con sus castas hespérides de luz,
> cual dos blancos caminos redentores,

Por su parte, en el poema «Nervazón de angustia» (p. 10), surge la metáfora de la dulce hebrea, la amada eterna, a la cual el sujeto poético invoca para que alivie su dolor:

> Dulce hebrea, desclava mi tránsito de arcilla;
> desclava mi tensión nerviosa y mi dolor...
> Desclava, amada eterna, mi largo afán y los
> dos clavos de mis alas y el clavo de mi amor!

De esta manera, la mujer se constituye en el símbolo de la esperanza frente al tráfago, los peligros y la muerte. Oscila en el poema la presencia de una mujer casta y digna ante cuya figura el observador termina obnubilado. Frente al desborde generoso de la dama, el sujeto lírico compara a la amada con la figura materna.

> Regreso del desierto donde he caído mucho;
> retira la cicuta y obséquiame tus vinos:
> espanta con un llanto de amor a mis sicarios,
> cuyos gestos son férreas cegueras de Longinos!

Al respecto, Mazzotti señala que

> en el poema «Nervazón de angustia» de *Los heraldos negros*, la representación de la mujer amada recae en una «nueva madre mía», lo que ha llevado a algunos críticos a interpretar esta representación como una manifestación persistente del complejo de Edipo en la obra de Vallejo [Mazzotti, 2022: p. 131].

«Desclávame mis clavos ¡oh nueva madre mía!». En esta línea, en el poema «Bordas de hielo» (p. 11), la mirada poética, alborozada ante la contemplación de la amada, recurre a la tierna metáfora del vaporcito encantado que viene y va, aunque el tiempo es implacable y es el que separa a la pareja.

> Vengo a verte pasar todos los días,
> vaporcito encantado siempre lejos...
>
> [...]
>
> Las jarcias; vientos que traicionan; vientos
> de mujer que pasó!
> Tus fríos capitanes darán orden;
> y quien habrá partido seré yo...!

De manera similar, en el poema «Nochebuena» (p. 12), el poeta idealiza a la mujer, ante quien suspira con devoción. El lenguaje denota la influencia del modernismo, por las referencias a los símbolos religiosos y la musicalidad de los versos. Así lo enuncia el sujeto lírico:

> Balarán mis versos en tu predio entonces,
> canturreando en todos sus místicos bronces
> que ha nacido el niño-jesús de tu amor.

Así también, en el poema «Ascuas» (p. 12), surgen elementos autorreferenciales. Por ejemplo, el nombre «Tilia», mencionado en el poema, alude a Otilia, la fuente de inspiración del poeta. El sujeto poético celebra la presencia de la mujer, aunque asocia el amor con una experiencia dolorosa: «el labio, al encresparse para el beso, / se partirá en cien pétalos sagrados».

La mujer amada se catapulta como «heroína, intacta y mártir», entre la liberación y el sufrimiento. La pasión se vuelve comunión dolorosa, donde el amor, como un virus, se bebe y consume. De esta manera, Vallejo compone una mirada del amor trascedente.

> Prenderé para Tilia, en la tragedia,
> la gota de fragor que hay en mis labios;
> y el labio, al encresparse para el beso,
> se partirá en cien pétalos sagrados.
>
> [...]
>
> Ya en la sombra, heroína, intacta y mártir,
> tendrás bajo tus plantas a la Vida;

Por otra parte, en el poema «Sauce» (p. 13), la voz poética sugiere la despedida. La atmósfera se nutre de representaciones y símbolos de la cultura popular, como el acto de cavar de los perros mientras lloran, en alusión a la cosmovisión de la cultura andina, donde el llanto de un perro puede estar relacionado con la posibilidad de la muerte de alguien cercano.

> Cerca de la aurora partiré llorando;
> y mientras mis años se vayan curvando,
> curvará guadañas mi ruta veloz.
>
> Y ante fríos óleos de luna muriente,
> con timbres de aceros en tierra indolente,
> cavarán los perros, aullando, un adiós!

Sobre el tema, Hart [2019: 63-64] indica que hay una correspondencia entre los poemas «Setiembre», «Nervazón de angustias», «Comunión» y «Ascuas», los cuales retratan a una amada, la cual es Otilia Vallejo Gamboa.

A continuación, el poema «Avestruz» (p. 14) denota una mirada retrospectiva, la mirada hacia el pasado. Con tono melancólico, en sentido figurado, el poema habla de la nostalgia que hinca con su dulce pico.

> Mi corazón es tiesto regado de amargura;
> hay otros viejos pájaros que pastan dentro de él...
> Melancolía, deja de secarme la vida,
> y desnuda tu labio de mujer...

Mientras tanto, Velázquez [2019: 223] escribe que el poeta sería la versión moderna del Prometeo en el poema «Avestruz». A Prometeo el águila le roe las entrañas; mientras que al poeta lo consume la melancolía (con el pico de avestruz).

Paralelamente, el poema «Romería» (p. 18) refleja la mirada de la mujer, quien despliega la sublime pureza de un ángel, que le permite superar el dolor ante el peligro de la muerte.

> Amada, vamos al borde
> frágil de un montón de tierra.
> Va en aceite ungida el ala,
> y en pureza. Pero un golpe,
> al caer yo no sé dónde,
> afila de cada lágrima
> un diente hostil.

Entretanto, la poética de la contemplación parece dar paso a la corporalidad, al encuentro carnal de la pareja en «El poeta a su amada» (p. 22):

> Amada, en esta noche tú te has crucificado
> sobre los dos maderos curvados de mi beso;

Coyné expresa que

[e]xiste una expresión típicamente modernista de la poesía amorosa que los poetas aceptan desde las *Prosas profanas* de Darío y

que Herrera y Reissig ha renovado parcialmente en su *Parques abandonados* o sus *Clepsidras*, la cual oscila entre la sensualidad pagana, el refinamiento dieciochesco y cierto idealismo de origen cristiano [Coyné, 1957: 37-38].

De la misma manera, en el poema «Setiembre» (p. 23), la figura femenina se asocia a la bondad y la compasión, pero también al sufrimiento sigiloso. La amada aparece como una presencia tierna y generosa, diferente al sujeto poético, quien resulta alguien «hermético y tirano, enfermo y triste», incapaz de ser recíproco a ese gesto amoroso:

Aquella noche de setiembre, fuiste
tan buena para mí... hasta dolerme!
Yo no sé lo demás; y para eso,
no debiste ser buena, no debiste.

En contraste, en el poema «Impía» (p. 24), el sujeto poético asume una actitud incriminatoria hacia la figura femenina por su carácter transgresor. Se produce una representación disruptiva en oposición con la imagen idealizada de la mujer que predomina en los demás poemas de *Los heraldos negros*:

Impía! Desde que tú partiste,
Señor, no ha ido nunca al Jordán,
en rojas aguas su piel desviste,
¡y al vil judío le vende pan!

La mujer ahora se aleja de toda espiritualidad y, en lugar de purificarse, comercializa con el judío, rompe con el modelo tradicional y se convierte en un símbolo de decadencia moral.

En relación con lo anterior, en el poema «La copa negra» (p. 25), el pecado está personificado en la mujer. Asocia el instintivo deseo con elementos cóncavos como la copa:

Ah, mujer! Por ti existe
la carne hecha de instinto. Ah, mujer!

Por eso ¡oh, negro cáliz! aun cuando ya te fuiste,
me ahogo con el polvo,

En cambio, en el poema «Deshora» (p. 25), se contrasta la imagen de la mujer con la idea de una integridad idealizada, una pureza distante que el hablante lírico no logró alcanzar:

Pureza amada, que mis ojos nunca
llegaron a gozar. Pureza absurda!

[...]

Pureza en falda neutra de colegio;
y leche azul dentro del trigo tierno.

Por otra parte, se manifiesta otro elemento de la cosmovisión andina en el poema «Idilio muerto» (p. 39), cuando el sujeto poético evoca a «la andina y dulce Rita», estableciendo un contraste entre la mujer del campo y la ciudad. Ante el hastío que le produce la urbe, representada metafóricamente por Bizancio, el sujeto poético expresa nostalgia por la sencillez y los roles tradicionales de la mujer del campo: aquella que plancha «blancuras por venir» y posee el sabor tierno de «cañas de mayo del lugar». Pero la evocación resulta insuficiente, pues se devela la soledad del hablante, por lo que aparece un elemento ligado al imaginario de la cultura andina, la del ave salvaje que llora sobre las tejas, como presagio de un mal augurio:

Ha de estarse a la puerta mirando algún celaje,
y al fin dirá temblando: «Qué frío hay... Jesús!»
Y llorará en las tejas un pájaro salvaje.

Luego, en el poema «Capitulación» (p. 46), se configura la imagen femenina con desbordante sensualidad. Desaparece la musa idealizada para dar paso a una mujer con deseo y poder, la cual irrumpe con una fuerza inaudita que desconcierta al sujeto poético, a quien rescata con el delicado gesto de un beso, lo reanima y sacude emocionalmente. El hablante lírico intenta fijar ese instante, «enjaularlo», para hacer perdurable el inasible deseo. Hay una permanente tensión entre la entrega y la derrota: paradójicamente, la mujer termina siento vencedora y vencida.

> Pobre trigueña aquella; pobres sus armas; pobres
> sus velas cremas que iban al tope en las salobres
> espumas de un marmuerto. Vencedora y vencida.

Así también, en el poema «Desnudo en barro» (p. 47), se insinúa un guiño sugerente: la asociación del encuentro amoroso con la imagen de la muerte. El deseo se convierte en una fuerza vigorosa, frente al cual se rinde el sujeto lírico.

> Amor! Y tú también. Pedradas negras
> se engendran en tu máscara y la rompen.
> ¡La tumba es todavía
> un sexo de mujer que atrae al hombre!

Finalmente, en el poema denominado «Líneas» (p. 48), la voz poética reafirma la esperanza en el amor como vehículo para salvar a la humanidad:

> Amor desviará tal ley de vida,
> hacia la voz del Hombre;
> y nos dará la libertad suprema
> en transubstanciación azul, virtuosa,
> entro lo ciego y lo fatal.

Emerge la figura de una mujer deslumbrante en el poema «Amor prohibido» (p. 48), pero cuya sensualidad se asocia con el pecado. No obstante, el sujeto poético eleva el beso a la condición de credo sagrado. Afloran también las referencias intertextuales de la Biblia, como el barro de la creación, la oración del Padrenuestro y la figura de un Cristo que subvierte el amor. Esta reinterpretación humana de Jesús y a la vez sacralizada del amor revela una poética que replantea el ideal de lo sagrado para acercarse a la complejidad del deseo humano.

> Subes centelleante de labios y ojeras!
> Por tus venas subo, como un can herido
> que busca el refugio de blandas aceras.
>
> Amor, en el mundo tú eres un pecado!
> Mi beso es la punta chispeante del cuerno
> del diablo; mi beso que es credo sagrado!

A continuación, en el poema «Para el alma imposible de mi amada» (p. 50), el sujeto poético desea moldear a la amada, pero esta se niega a encarnar ese amor incondicional. Por eso, la voz poética se refugia en el sufrimiento interior y el autoflagelo simbólico.

> Amada: no has querido plasmarte jamás
> como lo ha pensado mi divino amor.
>   Quédate en la hostia,
>   ciega e impalpable,
>   como existe Dios.

La figura femenina oscila entre lo sagrado y lo inasible, mientras el hablante queda atrapado en una devoción que lo aleja de toda posibilidad de plenitud.

Y si no has querido plasmarte jamás
en mi metafísica emoción de amor,
deja que me azote,
como un pecador.

Así, en el poema «Amor» (p. 56), expresa el deseo de un vínculo despojado de cualquier atisbo de lujuria. En su lugar, busca una conexión profunda, pues se siente vacío espiritualmente y es la amada quien le insufla de vida. El sujeto poético aspira a amar como ama Dios, libre de deseo físico. Y el poema se convierte en un símbolo del amor ideal.

Amor, cruz divina, riega mis desiertos
con tu sangre de astros que sueña y que llora.

[...]

Amor, ven sin carne, de un icor que asombre;
y que yo, a manera de Dios, sea el hombre
que ama y engendra sin sensual placer!

LA MUJER Y LA INTERCULTURALIDAD EN *TRILCE*

Mazzotti señala que en *Trilce* abundan las alusiones a los órganos sexuales masculinos y femeninos a través de diversas metáforas y representaciones que se articulan también a través de símbolos [Mazzotti, 2022: 4].

Por su parte, Vélez añade lo siguiente:

El sexo en el mundo trilceano iguala a la especie, consigue que esa identidad dote al poema de una furia irracional que a la par es auténticamente pura. El espacio trilceano está roto, pero en el desorden del sexo alcanza una cierta armonía gracias al proceso de identificación del hombre con el animal [Vélez, 2009: 1].

Del mismo modo, Chen Sham [Chen, 2022] escribe que este poemario rompe con las convenciones y recurre a la materialidad corporal, sin remilgos. Transgrede las apariencias de lo normativizado, desborda el marco del vestido para centrarse en la materialidad corporal ineludible, sin tapujos. En el poema VI (p. 71), aún se distingue la figura de una mujer que el hablante lírico añora, ligada a roles tradicionales, la que le organizaba su vida al brindarle calidez y orden, pero le embarga una sensación de abandono cuando constata su ausencia.

> El traje que vestí mañana
> no lo ha lavado mi lavandera:
> lo lavaba en sus venas otilinas,

En medio de la incertidumbre, la voz poética añora el regreso de quien podría «azular y planchar todos los caos», para devolverle sentido y armonía a su existencia.

> Y si supiera si ha de volver;
> y si supiera qué mañana entrará
> a entregarme las ropas lavadas, mi aquella
> lavandera del alma. Qué mañana entrará
> satisfecha, capulí de obrería, dichosa
> de probar que sí sabe, que sí puede
> ¡CÓMO NO VA A PODER!
> azular y planchar todos los caos.

En cambio, en el poema IX (p. 73), es ostensible la referencia a la sexualidad, convirtiéndose en una alegoría al placer que se abre en suculenta recepción, en un deseo más carnal ante la «válvula que se abre [...] suculenta».

Vusco volvvver de golpe el golpe.
Sus dos hojas anchas, *su* válvula
que se abre en suculenta recepción
de multiplicando a multiplicador,
su condición excelente para el placer,
todo avía verdad.

[...]

Y hembra es el alma de la ausente.
Y hembra es el alma mía.

Alexandra Hibbett, en su ensayo «*Trilce* de César Vallejo y la mujer moderna», analiza el contraste que experimenta Vallejo cuando «migra del ande a la ciudad y entra en contacto con una mujer distinta a la que conocía en la provincia, muy distinta a su madre» [Hibbett, 2023: 750]. Por ejemplo, Otilia Villanueva, pareja del poeta en los años previos a la escritura de *Trilce*, vivía en Lima, era originaria del norte y, como señala Espejo, «no contaba con la presencia de ningún hombre en la capital» [Espejo, 1965; citado en Hibbett, 2023: 750].

Como se sabe, a inicios del siglo XX, diversos sectores comenzaron a cuestionar las estructuras patriarcales y surgieron figuras como Miguelina Acosta Cárdenas, quien denunciaba la doble moral legal que penalizaba el adulterio femenino mientras con el masculino era condescendiente. En paralelo, ciertos sectores liberales empezaron a cuestionar abiertamente la violencia contra las mujeres. En ese contexto, surgieron debates sobre las bases del matrimonio arreglado por conveniencia. Estos discursos feministas y modernizadores marcaron un punto de inflexión al interpelar directamente al poder tradicionalmente ejercido por los hombres sobre las mujeres [Hibbett, 2023: 753].

Es así como la representación del sexo se amplía y profundiza en Vallejo. Vélez [2009] sostiene que, conforme se expande el universo poético vallejiano, también lo hace su mirada sobre la sexualidad, otorgándole una valoración positiva y trascendente.

En el poema XIII, la relación de pareja se exterioriza como una espiral cíclica y sombría que marca el destino humano, oponiendo placer y dolor, vida y muerte. El poeta enfoca su atención en el erotismo femenino, simplificando el corazón y buscando una salida a través del eros que también genera vida [Izquierdo Galindo, 2010: 184].

Vélez plantea que la cópula representa el encuentro esencial y primitivo entre dos cuerpos sexuados y, lejos de ser un acto vacío, insubstancial, el sexo se revela como una exaltación vital, una expresión intensa que trasciende el lenguaje y comunica su intensidad a través de gestos y silencios. En este sentido, el poema XIII (p. 75) revela esa conexión profunda e instintiva:

> Pienso en tu sexo.
> Simplificado el corazón, pienso en tu sexo,

El deseo se convierte en un escándalo apacible, como un anochecer colmado de miel, y a la vez en un bullicio silencioso, cuyo sentido va más más allá de las palabras, a través de una exclamación que resume esa implosión que es, paradójicamente, muda pero conmovedora: «Oh estruendo mudo. / ¡Odumodneurtse!» («estruendo mudo» al revés).

Con respecto al poema XXX (p. 88), en cuanto a la cosmovisión, las figuras retóricas empleadas transmiten una visión del mundo donde el deseo sexual efímero se entrelaza con la angustia existencial ante la posibilidad de la muerte. No obstante, el deseo domina a los amantes hasta conducirlos a una pérdida de conciencia e identidad. El verso «con lo que estamos siendo sin saberlo» expresa esa disolución del yo en el placer. El orgasmo se representa como una experiencia límite que une vida y muerte, siguiendo la idea de «la pequeña muerte» de Bataille [Vega Mendieta, 2014]:

> Quemadura del segundo
> en toda la tierna carnecilla del deseo,
> picadura de ají vagoroso,
> a las dos de la tarde inmoral.
>
> [...]
>
> Olorosa verdad tocada en vivo, al conectar
> la antena del sexo.

Por su parte, Díaz [2020] propone que el poema XXXV emplea la metáfora de la acción de «comer» como eufemismo del acto sexual, lo cual remite a ideas de interiorización del deseo, como señala Bataille. Así, el ser amado deja de ser solo objeto externo y se convierte en objeto de consumo simbólico. Solano [2016] refuerza esta idea al destacar cómo el lenguaje erótico convierte acciones cotidianas como el almuerzo en rituales de seducción. En suma, el erotismo se manifiesta mediante metáforas que fusionan deseo, consumo y afecto [Solano, 2016: 4].

Esta asociación entre sexualidad y comida es también característica de las culturas populares, donde el acto de compartir los alimentos denota una carga simbólica íntima. Así lo manifiesta el poema XXXV (p. 92), al evocar una escena cotidiana que se transfigura en un ritual de deseo:

> El almuerzo con ella que estaría
> poniendo el plato que nos gustara ayer
> y se repite ahora.

Así, la comida se convierte en una representación del erotismo, donde el gesto de servir no se refiere sino a la memoria compartida del placer:

> según me consta, a mí,
> amoroso notario de sus intimidades,

En conclusión. Con respecto a la poesía intercultural, en la poesía de Vallejo encontramos dos culturas que dialogan y confluyen, que tiene que ver con el reconocimiento y la valoración de las raíces e identidades culturales, andinas en el caso de César Vallejo, entretejiendo distintas voces, símbolos y referentes culturales, generando un espacio poético donde confluyen lo andino, lo occidental y lo mestizo, no por ello exento de conflictos. Por ello, como una herramienta esencial de identidad cultural, las poéticas de *Los heraldos negros* y *Trilce* recurren al diálogo intercultural.

En cuanto a la evolución del imaginario sobre la mujer, Vallejo comprendió a la mujer en una época en la que el machismo aún imperaba en el Perú. Su percepción fue adelantada para su tiempo. En el poemario *Trilce* surge la representación de una mujer moderna que rompe con la idealización angelical presente en *Los heraldos negros*. Evolución que refleja los cambios históricos que se estaban produciendo y, en ocasiones, enfrenta elementos contrapuestos de la cosmovisión de ambas culturas.

BIBLIOGRAFÍA

PRIMERAS EDICIONES DE OBRAS POÉTICAS

Vallejo [1919]: Vallejo, César, *Los heraldos negros*, Lima, Editorial de la Revista *Mundial*, 1919.

— [1922]: Vallejo, César, *Trilce*, Lima, Talleres de la Penitenciaría, 1922.

— [1930]: Vallejo, César, *Trilce* (2.ª ed.), Madrid, Compañía Ibero-Americana de Publicaciones, 1930.

— [1939a]: Vallejo, César, *España, aparta de mí este cáliz*, Montserrat, Ediciones Literarias del Comisariado del Ejército del Este, 1939.

— [1939b]: Vallejo, César, *Poemas humanos,* París, Les Éditions des Presses Modernes au Palais Royal, 1939.

EDICIONES DE POESÍA COMPLETA

Vallejo [1968a]: Vallejo, César, *Obra poética completa*, edición de Georgette Vallejo, Lima, Francisco Moncloa Editores, 1968.

— [1968b]: Vallejo, César, *Obra poética completa*, prólogo de Américo Ferrari, Lima, Francisco Moncloa Editores, 1968.

— [1978]: Vallejo, César, *Poesía completa. Edición crítica*, edición de Juan Larrea, Barcelona, Barral Editores, 1978.

— [1982]: Vallejo, César, *Obra poética completa*, edición de Antonio Ferrari, Caracas, Biblioteca Ayacucho, 1982.

— [1988]: Vallejo, César, *Poesía completa*, La Habana, Casa de las Américas, 1988.

— [1992]: Vallejo, César, *Obras completas*. Tomo I. *Obra poética*, edición de Ricardo González Vigil, Lima, Petroperú, 2012.

— [1997a]: Vallejo, César, *Obra poética*, edición de Antonio Ferrari, Madrid/París, ALLCA XX, 1997.

— [1997b]: Vallejo, César, *Poesía completa* (vols. 1-4), edición de Ricardo Silva-Santisteban, Lima, Fondo Editorial de la Pontificia Universidad Católica del Perú, 1997.

— [2011]: Vallejo, César, *Poemas completos*, Lima, Fondo Editorial de la Universidad de Ciencias y Humanidades, 2011.

— [2014a]: Vallejo, César, *Obra poética esencial*, edición de Marco Martos, Lima, Universidad Nacional de Educación Enrique Guzmán y Valle, 2014.

— [2014b]: Vallejo, César, *Obra poética*, prólogo y notas de Marco Martos, glosario de Elsa Villanueva, Martha Muñiz, Marco Martos y Agustín Panizo, Lima, Peisa, 2014.

— [2019]: Vallejo, César, *Todos los poemas* (2 vols.), edición de Ricardo González Vigil, Lima, Universidad Ricardo Palma, 2019.

— [2023]: Vallejo, César, *Obra poética reunida*, edición de Marco Martos, Lima, Academia Peruana de la Lengua, 2023.

REFERENCIAS

Abril [1942]: Abril, Xavier, «Estimativa y universalidad de César Vallejo», en Xavier Abril (ed.), *Antología de César Vallejo*, Buenos Aires, Editorial Claridad, 1942.

— [1958]: Abril, Xavier, *Vallejo*, Buenos Aires, Ediciones Front, 1958.

— [1963]: Abril, Xavier, *César Vallejo o la teoría poética*, Madrid, Taurus, 1963.

Arévalo [2020]: Arévalo Ávila, Sandra Patricia, *Lo intercultural en la poética de César Vallejo para la formación del pensamiento crítico* (trabajo de grado de maestría), Bogotá, Universidad Distrital Francisco José de Caldas, 2020.

Aula Vallejo, n.º 1, 1961, n.º 2, 3 y 4, 1962, n.º 5, 6 y 7, 1967, n.º 8, 9 y 10, 1971.

Azálgara [1945]: Azálgara Ballón, Enrique, *Temática de Vallejo* (tesis doctoral), Arequipa, Universidad Nacional de San Agustín, 1945.

Barbería [1994] Barbería, Graciela M.ª, «Los voluntarios de la República en el "Himno" de César Vallejo», *CELEHIS, Revista de Letras Hispanoamericanas*, n.º 3, 1944, pp. 133-140.

Bazán [1973]: Bazán, Armando, *César Vallejo: dolor y poesía*, Lima, Ediciones de la Biblioteca Universitaria, 1973.

Bellini [1992]: Bellini, Giuseppe, «Vallejo-Neruda: convergencias y divergencias», *Hoy es Historia*, n.º 9, 1992, pp. 55-65.

Canfield [1992]: Canfield, Martha L., «Muerte y redención en la poesía de César Vallejo», *INTI: Revista de Literatura Hispánica*, n.º 36, 1992, pp. 39-44.

Carrasco [2012]: Carrasco, Iván, «Poesía antropológica de Ivonne Valenzuela», *Anales de Literatura Chilena*, n.º 17, 2012, pp. 219-236.

Chen [2022]: Chen Sham, Jorge, «*Trilce* con desparpajo y en comunión: la celebración del cuerpo y los afectos», *Monteagudo. Revista de Literatura Española, Hispanoamericana y Teoría de la Literatura*, 3.ª época, n.º 27, 2022, pp. 31-46.

Chirinos [1979]: Chirinos Soto, Enrique, *César Vallejo: poeta cristiano y metafísico*, Lima, Juan Mejía Baca, 1979.

Clayton [2011]: Clayton, Michelle, *Poetry in Pieces: César Vallejo and Lyric Modernity*, Berkeley, University of California Press, 2011.

Córdoba [1995]: Córdoba Vargas, Juan Domingo, *Vallejo del Perú profundo y sacrificado*, Lima, Jaime Campodónico Editor, 1995.

Cornejo [1992]: Cornejo, Antonio, «Vallejo: la nostalgia de la oralidad (notas sobre "Pedro Rojas")», en *Vallejo, su tiempo y obra. Actas del coloquio internacional*, Lima, Publicaciones de la Universidad de Lima, 1992, pp. 181-191.

Coyné [1957]: Coyné, André, *César Vallejo y su obra poética*, Lima, Letras Peruanas, 1957.

— [1968]: Coyné, André, *César Vallejo*, Buenos Aires, Nueva Visión, 1968.

Cramer [1972]: Cramer, Mark, «Neruda and Vallejo in Contemporary United States Poetry», *Romance Notes*, n.º 14, 1972, pp. 455-459.

Culquichicán [2014]: Culquichicán Gómez, Yeconías, «César Vallejo, el universitario», en *Vallejo, siempre*, Trujillo, Centro Cultural César Vallejo, pp. 21-35, 2014.

Deutscher [1964]: Deutscher, Isaac (ed.), *The Age of Permanent Revolution: A Trotsky Anthology*, Nueva York, Dell Publishing, 1964.

Díaz [2020]: Díaz Cervantes, Johanan, «Unimorfismo sexual. Simbolismo y erotismo en el poema "XXXV" de *Trilce*», *Revista de la Facultad de Filosofía y Letras*, 2020.

Dziak [1988]: Dziak, John J., *Chekisty: A History of the KGB*, Lanham, Lexington Books, 1988.

Escobar [1973]: Escobar, Alberto, *Cómo leer a Vallejo*, Lima, P. L. Villanueva, 1973.

Espejo [1965]: Espejo Asturrizaga, Juan, *César Vallejo. Itinerario del hombre. 1892-1923*, Lima, Librería Editorial Juan Mejía Baca, 1965.

Espina [1987]: Espina, Eduardo, «Entrevista: Xavier Abril», *Códice. Revista de Poéticas*, año 1, n.º 1, 1987, pp. 137-145, https://www.vallejoandcompany.com/2015/11/11/desde-marx-a-cesar-vallejo-la-voz-de-un-adelantado-inconforme-entrevista-a-xavier-abril/.

Feinstein [2004]: Feinstein, Adam, *Pablo Neruda: A Passion for Life*, Londres, Bloomsbury, 2004.

Fernández [2023]: Fernández, Carlos, *César Vallejo, Trilce y Dadá París*, Woodbridge, Tamesis, 2023.

Fernández-Cozman [2014]: Fernández-Cozman, Camilo Rubén, *Las técnicas argumentativas y la utopía dialógica en la poesía de César Vallejo*, Lima, Cátedra Vallejo, 2014.

— [2018a]: Fernández-Cozman, Camilo Rubén, «La poesía de César Vallejo: interculturalidad y sujeto migrante en *Trilce* y *Poemas humanos*», *Archivo Vallejo. Revista de Investigación del Centro de Estudios Vallejianos*, n.º 1, 2018, pp. 71-82.

— [2018b]: Fernández-Cozman, Camilo Rubén, *Interculturalidad y sujeto migrante en la poesía de Vallejo, Cisneros y Watanabe*, Lima, Fondo Editorial de la Universidad de Lima, 2018.

Ferrari [1972]: Ferrari, Américo, *El universo poético de César Vallejo*, Caracas, Monte Ávila Editores, 1972.

Flores [1971]: Flores, Ángel, *Aproximaciones a César Vallejo*, Nueva York, Las Américas Publishing, 1971.

Foffani [2018]: Foffani, Enrique, *Vallejo y el dinero: formas de la subjetividad en la poesía*, Lima, Cátedra Vallejo, 2018.

Forgues [1988]: Forgues, Roland, *La espiga miliciana. Poesía de la guerra civil española*, Lima, Editorial Horizonte, 1988.

Franco [1984]: Franco, Jean, *César Vallejo. La dialéctica de la poesía y el silencio*, Buenos Aires, Editorial Sudamericana, 1984.

Garro [2011]: Garro, Elena, *Memorias de España 1937*, Madrid, Salto de Página, 2011.

Gianuzzi-Fernández [2021]: Gianuzzi, Valentino y Fernández, Carlos, *Sobre el* Tungsteno *de César Vallejo*, Mánchester, Trafalgar Square, 2021.

González Vigil [1992]: González Vigil, Ricardo, «Prólogo», en César Vallejo, *Obras completas*, Lima, Editora Perú Nuevo, 1992.

— [2009]: González Vigil, Ricardo, *Claves para leer a César Vallejo*, Lima, Editorial San Marcos, 2009.

Gottlieb [1967]: Gottlieb, Marlene, «La guerra civil española en la poesía de Pablo Neruda y César Vallejo», *Cuadernos Americano*, n.º 5, 1967, pp. 189-200.

Gutiérrez [1993]: Gutiérrez, Gustavo, «La concepción religiosa de Vallejo», en Ricardo González Vigil (ed.), *Intensidad y altura de César Vallejo*, Lima, Fondo Editorial de la Pontificia Universidad Católica del Perú, 1993, pp. 117-125.

— [1994]: Gutiérrez, Gustavo, *Teología de la liberación. Perspectivas*, Salamanca, Ediciones Sígueme, 1994.

Gutiérrez Girardot [2002]: Gutiérrez Girardot, Rafael, *César Vallejo y la muerte de Dios*, Bogotá, Panamericana, 2002.

Guzmán [2000]: Guzmán, Jorge, *Tahuashando. Lectura mestiza de César Vallejo*, Santiago de Chile, LOM Ediciones, 2000.

Hart [1985]: Hart, Stephen, «Was Cesar Vallejo a Communist? New Light on the Old Problem», *Iberoromania*, n.º 22, 1985, pp. 95-120.

— [1987]: Hart, Stephen, *Religión, política y ciencia en la obra de César Vallejo*, Londres, Tamesis, 1987.

— [2002]: Hart, Stephen, *César Vallejo: A Critical Bibliography of Research*, Londres, Tamesis, 2002.

— [2014]: Hart, Stephen, *César Vallejo. Una biografía literaria*, Lima, Cátedra Vallejo, 2014.

— [2019]: Hart, Stephen, «El Vallejo "verde" de *Los heraldos negros*», *Archivo Vallejo. Revista de Investigación del Centro de Estudios Vallejianos*, n.º 4, 2019, pp. 45-69.

— [2023]: Hart, Stephen, «Una lectura política de *Trilce* de César Vallejo», en José Antonio Mazzotti (ed.), *Vallejo a un siglo de* Trilce*: nuevos estudios*, Lima, Universidad César Vallejo, pp. 377-395, 2023.

Hibbett [2023]: Hibbett, Alexandra, «*Trilce* de César Vallejo y la mujer moderna», *Lexis*, n.º 47.2, 2023, pp. 745-776.

Higgins [1967]: Higgins, James, «La posición religiosa de César Vallejo a través de su poesía», *Caravelle. Cahiers du monde hispanique et luso-brésilien*, n.º 9, 1967, pp. 47-58.

— [1975]: Higgins, James, *Visión del hombre y de la vida en las últimas obras poéticas de César Vallejo*, Ciudad de México, Siglo XXI, 1975.

— [1989]: Higgins, James, *César Vallejo en su poesía*, Lima, Seglusa Editores, 1989.

«Homenaje Internacional a César Vallejo» [1969]: *Visión del Perú. Revista de Cultura*, n.º 4, 1969.

Howe [1978]: Howe, Irving, «The Rise of Stalinism», en *Trotsky*, Glasgow, William Collins, 1978, pp. 79-115.

Huamán [2014]: Huamán, Miguel Ángel, *Vallejo dice hoy. Como leer poesía: una aproximación metodológica*, Lima, Cátedra Vallejo, 2014.

Izquierdo [1972]: Izquierdo, Francisco, *César Vallejo y su tierra*, Lima: P.L. Villanueva, 1972.

Izquierdo Galindo [2010]: Izquierdo Galindo, Mercedes, «El mundo de la pareja en *Trilce*», *Cartaphilus. Revista de Investigación y Crítica Estética*, n.º 7-8, 2010, pp. 171-192.

Larrea [1957]: Larrea, Juan, *César Vallejo e Hispanoamérica en la cruz de su razón*, Córdoba, Universidad Nacional de Córdoba, 1957.

— [1973]: Larrea, Juan, *César Vallejo y la poesía del futuro*, Madrid, Gredos, 1973.

— [1974]: Larrea, Juan, «Valor de la verdad (Contra la confusión profesional)», *Aula Vallejo*, n.os 11-12-13, 1974, pp. 175-246.

— [1978]: Larrea, Juan, «César Vallejo: poeta absoluto», en César Vallejo, *Poesía completa*, edición de Juan Larrea, Barcelona, Barral Editores, 1978, pp. 7-225.

— [2001]: Larrea, Juan, *César Vallejo y el surrealismo*, Lima, Fondo Editorial de la Pontificia Universidad Católica del Perú, 2001.

— [2003]: Larrea, Juan, *Epistolario. Cartas a David Bary, 1953-1978*, edición de Juan Manuel Díaz de Guereñu, Madrid, Residencia de Estudiantes, 2003.

Lespada [2019]: Lespada, Gustavo, «César Vallejo: revocación de la muerte. (Presencia de un motivo hasta su origen en *Los heraldos negros*)», *Archivo Vallejo. Revista de Investigación del Centro de Estudios Vallejianos*, n.º 4, 2019, pp. 207-226.

Marcos [1985]: Marcos, Juan Manuel, «Vallejo y Neruda: la guerra civil española como profecía hispanoamericana», *Cuadernos Americanos*, n.º 258, 1985, pp. 217-224.

Martos, Marco [2013]: Martos, Marco, «"Cuatro conciencias" y la eficacia de la poesía de César Vallejo» [ponencia leída en el *Congreso César Vallejo, Telúrico y Magnético*, Lima, 2013].

— [2014]: Martos, Marco, «La poesía imantada de César Vallejo», en *Actas del Congreso Internacional Vallejo Siempre*, Lima, Cátedra Vallejo, 2014.

— [2019]: Martos, Marco, «La poesía esencial de César Vallejo», *Espergesia*, n.º 6 (2), 2019, pp. 19-34.

Mazzotti [2022]: Mazzotti, José Antonio, «Fábula del bruto libre: poesía, sexualidad y procreación en *Trilce*. Una nueva hipótesis sobre el nombre», *Archivo Vallejo. Revista de Investigación del Centro de Estudios Vallejianos*, n.º 5 (10), 2022, pp. 123-158.

Meo [1981]: Meo Zilio, Giovanni, «Vallejo y Neruda (posibles influencias nerudianas en Vallejo)», en Giuseppe Bellini (ed.), *Aspetti e problem delle letterature iberiche: studi offerti a Franco Meregalli*, Roma, Bulzoni, 1981, pp. 251-265.

Milla [1969]: Milla Batres, Carlos (ed.), *Homenaje internacional a César Vallejo*, Lima, Milla Batres, 1969.

Monguió [1952]: Monguió, Luis, *César Vallejo: vida y obra*, Lima, Editora Perú Nuevo, 1952.

— [1981]: Monguió, Luis, «La muerte y la esperanza en la poesía última de Vallejo», en Julio Ortega (ed.), *César Vallejo. El escritor y la crítica*, Madrid, Taurus, 1981, pp. 373-382.

Montiel [1988]: Montiel, Edgar, «La prosa matinal de un poeta atenido a las vísperas eternas de un día mejor», *CA*, n.º 8.2, 1988, pp. 211-217.

Mora [2016]: Mora, Carmen de, «La hipérbole bíblica en César Vallejo», *Revista de Crítica Literaria Latinoamericana*, año 12, n.º 84, 2016, pp. 157-177.

Mosley [1972]: Mosley, Nicholas, *The Assassination of Trotsky*, Londres, Michael Joseph, 1972.

Muñoz [2022a]: Muñoz Carrasco, Olga, «Cuchara, lápices y peinado: elementos cotidianos para una guerra en *España, aparta de mí este cáliz* de César Vallejo», en Ruth Fine, Florinda F. Goldberg y Or Hasson (eds.), *Una cartografía para el siglo XXI. AIH, Jerusalén, 2019*, Madrid/Frankfurt am Main, Iberoamericana/Vervuert, 2022, https://www.iberoamericana-vervuert.es/capitulos/08_20_9783968693002_cap142.pdf.

— [2022b]: Muñoz Carrasco, Olga, «Guerra y cuerpo en *España, aparta de mí este cáliz* de César Vallejo», *Revista Chilena de Literatura*, n.º 106, 2022, pp. 515-544, https://revistaliteratura.uchile.cl/index.php/RCL/article/view/68786.

— [2022c]: Muñoz Carrasco, Olga, «Poema XXXV: mujer y tiempo en *Trilce*», *Monteagudo. Revista de Literatura Española, Hispanoamericana y Teoría de la Literatura*, 3.ª época, n.º 27, 2022, pp. 75-92.

Neruda [1961]: Neruda, Pablo, «Canto a Stalingrado», en *Tercera residencia*, Buenos Aires, Losada, 1961.

— [2005-2006]: Neruda, Pablo, «Talk: Pablo Neruda/Archive 1», https://en.wikipedia.org/wiki/Talk%3APablo_Neruda/Archive_1.

Noriega [1988]: Noriega, Teobaldo, «*España, aparta de mí este cáliz*: comunicación poética de un conflicto», *Cuadernos Hispanoamericanos*, n.os 454-455, 1988, pp. 345-362.

Núñez [1993]: Núñez, Estuardo, «Vallejo y el Perú: los difíciles años treinta», en Ricardo González Vigil (ed.), *Intensidad y altura de César Vallejo*, Lima, Fondo Editorial de Pontificia Universidad Católica del Perú, 1993, pp. 59-64.

Orrego [1995]: Orrego, Antenor, *Antenor Orrego y sus dos prólogos a Trilce*, Trujillo, Trilce Editores, 1995.

Ortega [1981]: Ortega, Julio (ed.), *César Vallejo*, Madrid, Taurus, 1981.

— [2014]: Ortega, Julio, *César Vallejo. La escritura del devenir*, Madrid, Taurus, 2014.

Pachas [2008]: Pachas Almeyda, Miguel, *Georgette Vallejo. Al fin de la batalla*, Lima, Juan Gutenberg, 2008.

— [2018]: Pachas Almeyda, Miguel, *¡Yo que tan solo he nacido! (Una biografía de César Vallejo)*, Lima, Juan Gutemberg, 2018.

Paoli [1964]: Paoli, Roberto, *Poesie di César Vallejo*, Milan, Lerici, 1964.

— [1966]: Paoli, Roberto, «Alle origini di *Trilce*: Vallejo fra Modernismo e Avanguardia», *Annali della Facoltà di Economia e Commercio in Verona*, serie II, vol. II, 1966, pp. 409-426.

— [1981]: Paoli, Roberto, *Mapas anatómicos de César Vallejo*, Mesina, Casa Editrice D'Anna, 1981.

— [1985]: Paoli, Roberto, «Vallejo y Neruda», en *Estudios sobre literatura peruana contemporánea*, Florencia, Stamperia Editoriale Parenti, 1985, pp. 75-91.

Rivera [2023]: Rivera, Fernando, «Sostener al otro/a o devolver la vida: "Masa" de César Vallejo». *Archivo Vallejo. Revista de Investigación del Centro de Estudios Vallejianos*, n.º 11, 2023, pp. 69-83.

Rowe [2006]: Rowe, William, *Ensayos vallejianos*, Lima, Fondo Editorial de la Pontificia Universidad Católica del Perú, 2006.

Salomon [1974]: Salomon, Noël, «Algunos aspectos de lo 'humano' en *Poemas humanos*», en Julio Ortega (ed.), *César Vallejo*, Madrid, Taurus, 1974, pp. 289-334.

Samaniego [1954]: Samaniego, Antenor, *César Vallejo*, Lima, Juan Mejía Baca, 1954.

Sánchez Salazar [1955]: Sánchez Salazar, Leandro A., *Así asesinaron a Trotski*, Clinton, Talleres de la Colonial Press, 1955, pp. 185-186.

Schwartz [1988]: Schwartz, Stephen, «Intellectual and Assassins – Annals of Stalin's Killerati», *New York Times Book Review*, 24 de enero, 1988.

Sayes [2015]: Sayes, Giancarlo, *Resemantización del cristianismo en* Los heraldos negros *de César Vallejo* (tesis doctoral), Valladolid, Universidad de Valladolid, 2015.

Silva-Santisteban [2010]: Silva-Santisteban, Ricardo, *César Vallejo: el poeta y el hombre*, Lima, Fondo Editorial de la Pontificia Universidad Católica del Perú, 2010.

— [2016]: Silva-Santisteban, Ricardo, *César Vallejo y su creación literaria*, Lima, Cátedra Vallejo, 2016.

Society for Experimental Biology [2017]: «Sticking Your Neck out: How Did Plesiosaurs Swim with such Long Necks?», *ScienceDaily*, 5 de julio, 2017, www.sciencedaily.com/releases/2017/07/170705132908.htm.

Solano [2016]: Solano Villanueva, Alejandro, «El erotismo atípico de un peruano desahuciado», en Alfredo Rosas Martínez (coord.), *En la costa aún sin mar. César Vallejo ante la crítica en el siglo* XXI, Ciudad de México, Ediciones Eón, 2016, pp. 161-176.

Soldatov-Borogan [2020]: Soldatov, Andrei y Borogan, Irina, «Drink Me: The Kremlin's Long, Evil History of Poisoning its Enemies», *New/Lines Magazine*, 4 de octubre, 2020, https://newlinesmag.com/essays/drink-me-the-kremlins-long-evil-history-of-poisoning-its-enemies/.

Thomas [1979]: Thomas, Hugh, *The Spanish Civil War*, Harmondsworth, Penguin, 1979.

Titinger [2021]: Titinger, Daniel, *El hombre más triste. Retrato del poeta Cesar Vallejo*, Santiago de Chile, Ediciones Universidad Diego Portales, 2021.

Tzara [1926]: Tristan Tzara, «Dictadura del espíritu», *Favorables París Poema*, n.º 1, 1926, p. 7.

Valenzuela [2015]: Valenzuela Rettig, Pilar, «Literatura antropológica en Chile: ¿una literatura intercultural?», *Estudios Filológicos*, n.º 56, 2015, pp. 161-173.

Vallejo [1927]: Vallejo, César, «Un millón de palabras pacifistas», *Mundial*, n.º 386, 4 de noviembre, 1927.

— [1930]: Vallejo, César, «Autopsia del superrealismo», *Amauta*, n.º 30, 1930, pp. 44-47.

— [1965]: Vallejo, César, «Rusia ante el segundo plan quinquenal», en *Ensayos y reportajes completos*, edición de Manuel Miguel de Priego, Lima, Fondo Editorial de la Pontificia Universidad Católica del Perú, 2002, pp. 182-364.

— [1996a]: Vallejo, César, *Crónicas de poeta*, Caracas, Biblioteca Ayacucho, 1996.

— [1996b]: Vallejo, César, *Narrativa completa*, edición de Antonio Merino, Madrid, Akal, 1996.

— [2002]: Vallejo, César, *Artículos y crónicas completos*, edición de Jorge Puccinelli, Lima, Fondo Editorial de la Pontificia Universidad Católica del Perú, 2002.

— [2023]: Vallejo, César, *Correspondencia* (vol. I), edición de Carlos Fernández y Valentino Gianuzzi, Woodbridge/Lima, Tamesis/Universidad César Vallejo, 2023.

Vallejo, G. [1965]: Vallejo, Georgette, «Unas palabras a la primera edición», en *Rusia ante el Segundo Plan Quinquenal*, Lima, Gráfica Labor, 1965, pp. 1-3.

— [1968]: Vallejo, Georgette, *Apuntes biográficos sobre «Poemas en prosa» y «Poemas humanos»*, Lima, Francisco Moncloa Editores, 1968.

— [1976]: Vallejo, Georgette, «Como una estela de tu muerte», *Triunfo*, n.º 691, 1976, pp. 6-8.

— [1978]: Vallejo, Georgette, *¡Allá ellos, allá ellos, allá ellos! Vallejo*, Lima, Editorial Zalvac, 1978.

— [s. d.]: Vallejo, Georgette, «Introducción», en César Vallejo, *La piedra cansada* (manuscrito), Colección especial César Vallejo, Fondo Editorial de la Pontificia Universidad Católica del Perú, Lima.

Vega Mendieta [2014]: Vega Mendieta, Nehemías, «Eros y Tanatos en el poema XXX de *Trilce*», *Anales Científicos*, n.º 75 (2), Lima, Universidad Nacional Agraria La Molina, 2014, pp. 271-278.

Velázquez [1948]: Velázquez, Juan Luis, «Memorias de Juan Luis Velázquez» (manuscrito inédito) [¿1948?].

Velásquez Rojas [2019]: Velásquez Rojas, Manuel, «El entorno natural en *Los heraldos negros*», *Archivo Vallejo. Revista de Investigación del Centro de Estudios Vallejianos*, n.º 4, 2019, pp. 227-245.

Vélez [2009]: Vélez, Julio, «Sexo, placer, cópula y familia», *Cuadernos Hispanoamericanos. Homenaje a César Vallejo*, vol. II, n.os 456-457, 2009, pp. 859-870.

Viana [2021]: Viana, Israel, «El misterioso cadáver de Andrés Nin: la ejecución de la Guerra Civil que todavía incomoda a la izquierda», *ABC*, 16 de septiembre, 2021.

Vich [2018]: Vich, Víctor, «Un poeta de las causas pérdidas», *Archivo Vallejo. Revista de Investigación del Centro de Estudios Vallejianos*, n.º 1, 2018, pp. 255-291.

Villanueva [1951]: Villanueva, Elsa, *La poesía de César Vallejo*, Lima, Compañía de Impresiones y publicidad Azángaro, 1951.

Vitier [1944]: Vitier, Cintio, *Experiencia de la poesía*, La Habana, Úcar, García y Cía, 1944.

Yurkievich [1958]: Yurkievich, Saúl, *Valoración de Vallejo*, Buenos Aires, Universidad Nacional del Nordeste, 1958.

— [1971]: Yurkievich, Saúl, *Fundadores de la nueva poesía latinoamericana. Vallejo, Huidobro, Borges, Girondo, Neruda, Paz*, Barcelona, Barral Editores, 1971.

Walsh [2008]: Walsh, Catherine, «Interculturalidad, plurinacionalidad y decolonialidad: las insurgencias político-epistémicas de refundar Estado», *Tabula Rasa*, n.º 9, Bogotá, 2008, Universidad Colegio Mayor de Cundinamarca, pp. 131-152.

Westphalen [2004]: Westphalen, Emilio Adolfo, *Poesía completa y ensayos escogidos*, Lima, Pontificia Universidad Católica del Perú, 2004.

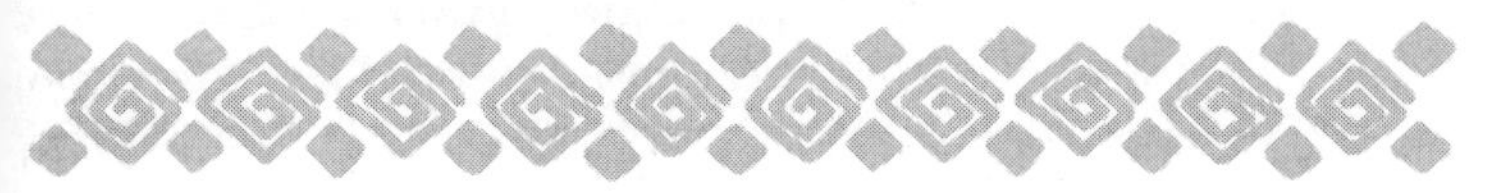

GLOSARIO

El presente glosario está concebido como una herramienta de consulta que permita al lector tener una idea clara del significado de las voces comunes que se emplean en los textos que componen esta antología, muchas de ellas peruanismos, si bien algunas de las entradas son compartidas por uno o más países de América. También se han incluido las acuñaciones propias de César Vallejo, dejando constancia de ello, y las voces del español general de difícil comprensión. Los términos de otros idiomas se incluyen, gráficamente, según los escribe y usa César Vallejo en sus poemas, sin ningún tipo de regularización.

En la gran mayoría de las acepciones, ofrecemos al lector definiciones glosadas, aunque también podrá encontrar palabras definidas por su correspondiente sinónimo en el español general. Las entradas comienzan por el lema o expresión compleja en negritas, seguido después por la acepción correspondiente, detrás de la cual se señala la(s) página(s) donde se documenta en la antología. Se indican todas las páginas donde aparece el término, si no superan el número de tres; si rebasan este número, se usa la abreviatura *etc.* para señalar que hay más menciones dentro de la obra. Cuando es necesario, se emplea la abreviatura V. para remitir a la entrada donde se presenta la definición de la palabra asociada, en cuyo caso la remisión se indica en versalitas.

abarquillar 'encorvar un cuerpo delgado y ancho, como pasta de barquillo, sin que llegue a formar rollo' 102
abisa Alteración ortográfica de *avisa*, de *avisar* 140, 141
abisinio 'de Abisinia, hoy Etiopía' 134
abispa Alteración ortográfica de *avispa* 211
ablución 'acción de lavarse' 88
abozaleado, da 'amordazado' 67
abracadabra Palabra cabalística 78
abrupto, ta 'escarpado' 24
absurdo, da 'contrario y opuesto a la razón' 25, 51, 52, *etc.*
acrisis 'sin crisis' 98
acritud 'dureza en el trato o carácter' 176
acurrucarse 'encogerse para resguardarse del frío' 110
adagio 'movimiento musical lento' 134
adarme 'pizca, cantidad insignificante o mínima de algo' 214
advenir 'venir o llegar' 197, 198
áfono, na 'silencioso' 159
ágape 'banquete' 42
aglutinante 'que une fragmentos para formar un todo' 172
agorero, ra 'que predice males o desdichas' 13
aguaitar 'acechar o fisgonear' 48, 90
aherrojado, da 'aprisionado con hierros' 78
ahíto, ta 'satisfecho hasta el máximo' 109
ahuesarse 'quedarse esperando demasiado tiempo' 56
ajiseco 'ají largo que se expende como menestra en los mercados, y cuyo color especial, morado rojizo, sirve para designar el plumaje de ciertos gallos de pelea, llamados por esta razón ajisecos' 122
albañal 'depósito o canal que conduce el agua' 198
albicante 'que albea, que pone blanco' 78
alcatraz 'pelícano americano' 67
alcoba 'aposento destinado a dormir' 13
aleve 'alevoso' 30, 43, 53
alfar 'levantar, alzar o acarrear' 121
alfarje 'artefacto que sirve para moler la aceituna, antes de exprimirla' 106
alfeñique 'pasta de azúcar cocida y estirada en barras muy delgadas y retorcidas' 27
alfil 'pieza grande del ajedrez, camina diagonalmente' 84
aliso 'árbol de la familia de las betuláceas' 37
áljido, da 'álgido, muy frío o helado' 69
allende 'más allá' 80
almácigo 'lugar donde se siembran las semillas de las plantas para transportarlas después a otro sitio' 108
alvino, na 'perteneciente o relativo al bajo vientre' 85
amaranto 'color purpúreo propio de la flor del amaranto' 47
amargurado, da *neol. César Vallejo* 'disgustado, afligido' 69
amarillura 'amarillez, color amarillento' 164
amatista 'piedra dura, cuarzo transparente de color violeta' 22
anélido 'animal vermiforme, de sangre roja, como la lombriz y la sanguijuela' 119

antropoide 'ser de características externas parecidas a las del humano' 148, 204, 223
añil 'color azul intenso, con tonos violetas' 218
apañuscar 'coger y apretar entre las manos alguna cosa, ajándola' 106
apealar 'atar o trabar' 84
apeonar 'andar a pie y aceleradamente' 85
apercibido, da 'prevenido, advertido, avisado' 148
aperfilar 'perfilar, marcar el perfil' 33
aperital 'aperitivo, que sirve para abrir el apetito' 34
ápice 'extremo superior o punta de alguna cosa' 107, 153
apocalíptico, ca 'terrorífico, espantoso' 27, 138
aprontar 'preparar o disponer con rapidez' 111
aquenar 'emitir sonidos agudos similares a los producidos por una quena, flauta aborigen del Altiplano' 33
aquende 'más acá' 80
aquese, sa 'ese' 124, 162
aqueste, ta 'este' 168, 210
aquilatar 'purificar o perfeccionar' 67
ara 'altar en el que se ofrecen sacrificios' 113
arcabuz 'arma antigua de fuego' 35
arcipreste 'autoridad o categoría eclesiástica' 52
argüir 'echar en cara, acusar' 99
arrecido, da 'helado o muy frío' 115
arrecife 'banco de rocas o poliperos, cubierto o no por el agua, cerca de la costa o aislado en el mar' 101
arredrado, da 'atemorizado, amedrentado' 31
arrequintar 'apretar fuertemente' 73
arzonar 'montar a caballo, cabalgar' 74
ascua 'pedazo de cualquier materia sólida y combustible que por acción del fuego se pone incandescente y sin llamas' 12, 25
áspide 'serpiente venenosa' 204, 225
asterisco 'signo ortográfico, en forma de estrella, usado para llamada a nota u otros usos convencionales' 82
astral 'perteneciente o relativo a los astros' 25
aterido, da 'rígido, paralizado por exceso de frío' 148
atónito, ta 'pasmado o espantado de un objeto o suceso raro' 17, 212
atril 'plano inclinado con pie o sin él, para sostener libros o papeles y leer con comodidad' 72
aurífero, ra 'que lleva o contiene oro' 35, 181
aurigar 'conducir' 85
auroral 'del principio o de los primeros tiempos de algo' 12
avatar 'metamorfosis o transformación' 74
aviado, da 'preparado, arreglado o compuesto' 28
ayo 'persona encargada de cuidar la crianza y educación de niños y jóvenes' 116
azadón 'herramienta que sirve para rozar y romper tierras duras' 120
azafranado, da 'del color del azafrán, amarillo anaranjado' 211
azarearse 'turbarse, avergonzarse' 94
azogue 'metal blanco y brillante como la plata, más pesado que el plomo y líquido a la temperatura ordinaria' 11, 76, 86, *etc.*

azular 'enjuagar la ropa blanca con añil o azulete para una tonalidad azulada y evitar que amarillee' 71, 106, 112

bacante 'sacerdotisa del dios Baco' 43, 56
badajo 'pieza metálica que pende en el interior de las campanas y con la cual se golpean para hacerlas sonar' 91
bahía 'entrada de mar en la costa, de extensión considerable, que puede servir de abrigo a las embarcaciones' 91
bajura 'falta de elevación' 209
baldar 'dejar impedido de movimiento' 72
balde: en balde 'en vano o inútilmente' 107, 149
bardo 'poeta heroico o lírico' 15
barreado, da 'en forma de barra' 96
basáltico, ca 'de roca volcánica negra o verdosa' 167
basto, ta 'grosero, tosco, sin pulimento' 123
batiente 'parte del cerco de puertas o ventanas en la que estas se detienen y baten cuando se cierran' 80
bayadera 'bailarina de la India o de otros pueblos orientales' 41
bemol: de los más soberbios bemoles 'muy grave y dificultoso' 67
bermejo, ja 'rojo o rojizo' 57
bicardiaco, ca 'bicardíaco, de dos corazones' 70
bienfaciente 'que produce beneficio' 121
bienio 'periodo de dos años' 131
bimano, na 'de dos manos' 210
binómico, ca 'que consta de dos elementos' 88
bisbisar 'bisbisear, musitar, susurrar' 87
bizantinar 'dar carácter bizantino, o tener inclinación a las cosas bizantinas' 37
blasón 'motivo de orgullo' 49
blindado, da 'protegido exteriormente con diversos materiales' 80
bohío 'cabaña americana de madera y ramas o cañas, sin más respiradero que la puerta' 106
bolchevique 'partidario del comunismo ruso' 162, 163, 203
boñiga 'excremento del ganado vacuno o de las caballerías' 106
bordón 'bastón o palo más alto que la estatura de un hombre' 120
botón 'yema, brote embrionario' 221
brahacmánico, ca 'brahmánico, del brahmanismo, religión de la India' 43
bromurado, da 'que contiene bromuro, sal del bromo utilizada como sedante' 79
búho 'persona huraña' 24, 211

cabe 'cerca de, junto de' 98, 111, 198
cabestrar 'guiar a las reses bravas' 58
cabestro: en cabestro 'sujeto o inmovilizado por un cabestro, banda o pañuelo que pende del hombro para sostener el brazo lesionado' 152
cacha: hasta las cachas 'hartazgo, cansancio que hace daño' 107
cachaza 'lentitud y sosiego en el modo de hablar y obrar' 90
cadillo 'perro de poco tiempo' 84
caja 'instrumento musical compuesto de un tambor y un carrizo, es-

pecie de quena larga y que el ejecutante toca ambos a la vez' 34, 124
calabrina 'hedor intenso' 67
calcárido, da *neol. César Vallejo* 'calizo, que tiene cal' 196
callanda 'acción de callar' 84
calofrío 'escalofrío, sensación de frío repentina' 187
cancerbero 'guardián o vigilante severo e incorruptible' 104
cancha: cancha reventada 'roseta de maíz tostado' 106
capitolio 'congreso, palacio legislativo' 163
capulí 'fruta del tamaño de una fresa pequeña, de forma oval y piel lisa de color amarillo' 39, 71
carámbano 'pedazo de hielo más o menos largo y puntiagudo' 84
cárdeno, na 'de color amoratado' 85
carilla 'careta, máscara' 75
carrillo 'mejilla, parte carnosa de la cara' 200
cartesiano, na 'de pensamiento claro, metódico y razonado' 132, 172
catafalco 'armazón de madera que se levanta en un templo para celebrar solemnemente los funerales por un difunto' 141
cave. V. CABE.
celaje 'cielo luminoso con nubes ligeras' 39; 'conjunto de nubes' 12
cenital 'del mediodía' 167
cerúleo, a 'del color azul del cielo' 122
cervical 'de la cerviz, parte posterior del cuello' 75
chacarero 'dueño o trabajador de una chacra, parcela de cultivo de poca extensión' 34
chancear 'bromear' 104
chanclo 'calzado de suela gruesa o madera utilizado para protegerse del barro o la lluvia' 211
chantre 'canónigo encargado antiguamente de la dirección del coro' 33
chapado, da 'cerrado' 72
charretera 'adorno del uniforme militar, en forma de pala, que cubre el hombro y del cual penden flecos' 18
chicha 'bebida preparada generalmente con maíz morado o blanco' 29, 34
chirapar 'llover mientras hace sol' 82
chirota 'travesura de poca importancia' 80
chivatear 'retozar, corretear' 36
cicuta 'planta venenosa de la familia de las umbelíferas' 10, 36
ciliado, da 'que tiene cilios o filamentos' 101
cilicio 'faja de cerdas o de eslabones con púas que por mortificación se lleva ceñida al cuerpo, directamente sobre la piel' 11, 52
cogitabundo, da 'muy pensativo, reflexivo' 181
cogollo 'parte central y mejor o más importante' 121, 191
columbrar 'divisar, ver algo a la distancia' 166
combo, ba 'arqueado, doblado en forma de curva' 201
compañón 'testículo' 163
concha 'mueble bajo, situado en el centro del proscenio, que oculta al apuntador' 98
constelado, da 'estrellado, lleno de estrellas' 13, 112
contrito, ta 'que siente contrición, arrepentimiento de una culpa cometida' 39

corequenque 'ave mítica, de colores muy vistosos, del imperio de los incas' 30, 35
coriáceo, a 'de aspecto y tacto parecidos a los del cuero' 211
coricancha 'campo de oro' 36
correhuela Diminutivo de *correa* 117
corvino, na 'perteneciente al cuervo o parecido a él' 104
coturno 'calzado, zapato de suela muy alta' 159
coyuntura 'unión de dos huesos por la que se puede flexionar un miembro' 75
craterizado, da 'lleno de cráteres, hoyos o cavidades' 109
crespón 'gasa de urdimbres muy retorcidas, de color negro' 13, 19, 43
cribar 'someter a selección' 117
crisol 'vaso refractario que se usa para fundir a temperaturas muy elevadas' 69
crispante 'que irrita o exaspera' 50, 212
cromar 'cubrir con un baño de cromo' 70
cuadrado, da 'ajustado a determinados parámetros' 70, 208
cuadrumano, na 'que tiene cuatro extremidades adaptadas para asirse o agarrar, como si fueran manos' 131
cuaternario, ria 'que pertenece a la última era geológica, en la que aparece el ser humano' 166, 213
cuco 'coco, ser imaginario con que se mete miedo' 90
cuja 'cama de distintos tipos y materiales' 76
cuociente 'cociente, resultado que se obtiene al dividir una cantidad por otra' 187
curaca 'cacique, jefe administrativo y político de una comunidad indígena' 30
curare 'sustancia resinosa extraída de varias especies de plantas muy venenosas utilizada por diversas tribus sudamericanas para impregnar sus flechas' 11

deán 'sacerdote de jerarquía inmediatamente inferior a la de obispo' 205
deglución 'acción de pasar los alimentos de la boca al estómago' 87, 160
deicida 'que da muerte a un dios' 41, 54
deísta 'que reconoce la existencia de Dios, pero no la revelación ni el culto externo' 181
delta 'terreno comprendido entre los brazos de un río en su desembocadura' 74
denuesto 'insulto, injuria grave' 190
descalcar 'sacar las estopas viejas de las costuras de un buque' 120
desgaire 'descuido o despreocupación' 121
deshojación *neol. César Vallejo* 'acción de deshojar' 9
despostar 'descomponer, deshacer' 96
desque 'desde que, luego que, así que' 73
diabetis 'diabetes, enfermedad crónica e irreversible en la que se orina mucho y se enflaquece' 181
diana 'toque militar al romper el día, para que la tropa se levante' 117, 197, 198
diantre 'diablo' 91
dicotiledón 'dicotiledóneo, que posee dos cotiledones' 70

digitígrado, da 'dícese del animal que solo apoya los dedos al andar' 123
dinasta 'príncipe o señor que reinaba con el consentimiento o bajo la dependencia de otro soberano' 94
diorama 'lienzo en el que se aprecian, por efecto de la luz, dos cosas distintas en el mismo sitio' 182
disertado, da 'razonado, discurrido detenida y metódicamente' 74
doblador, ra 'que dobla' 68
doblar 'sonar las campanas con ritmo lento' 207
dogma 'verdad establecida como indiscutible en una doctrina' 42, 222
dondonear *neol. César Vallejo* 'dar tratamiento de don' 38, 208
doneo 'galanteo' 92
ductor, ra 'que conduce o guía' 103
dulzaina 'instrumento músico de viento' 56
dulzorado, da *neol. César Vallejo* 'dulcificado, endulzado' 72, 88

ebúrneo, a 'de marfil' 12
ecce-homo 'eccehomo, persona lacerada, rota, de lastimoso aspecto' 179
efigie 'imagen, representación de una persona real, verdadera' 19
ejear 'penetrar mediante un eje' 117
empavado, da 'confundido, avergonzado' 90
empavonar 'untar, pringar' 74
enarbolar 'levantar en alto de modo amenazante' 181
endecasílabo 'verso de once sílabas métricas' 195
endocrínico, ca 'referido al sistema endocrino, compuesto de las glándulas del organismo que vierten sus secreciones directamente en la sangre' 223
endosar 'trasladar a uno una carga, trabajo o cosa no apetecible' 187
enflechar 'colocar la flecha en el arco para disparar' 123
enfrascar 'echar en frascos agua u otro líquido' 88
engallarse 'ponerse erguido y arrogante' 80
engirafado, da 'que sube, como por el cuello de una jirafa' 89
ennavajado, da 'provisto de navajas en forma de media luna en los espolones' 122
ennazalarse 'hablar con tono nasal y forzado' 84
enrosariar *neol. César Vallejo* 'ensartar como las cuentas en un rosario' 33
enverar(se) 'empezar a tomar color' 85
envetar 'adornar con vetas, fajas o listas de calidad o color diferentes a los de la masa en que se encuentra' 73
epifanía 'manifestación, aparición o revelación' 12
erogar 'distribuir, repartir bienes a caudales' 110
escampar 'despejar, desembarazar un sitio' 79
escanciar 'echar o servir una bebida' 11
escaramuza 'riña o disputa de poca importancia' 10
escarcelar 'rutilar, brillar' 33
escarmenar 'desenredar, desenmarañar' 90
escarzo 'panal con borra o suciedad' 84
esclerótico, ca 'que padece endurecimiento patológico de un órgano o tejido' 30

escotar 'pagar la parte o cuota que toca a cada uno, del costo hecho en común' 74
escueto, ta 'estricto, sin adornos' 31, 223
esfíngico, ca 'relativo a la esfinge, monstruo fabuloso que proponía enigmas insolubles' 19
esguince 'quiebro, movimiento rápido' 107
esotro, tra 'eso otro' 72
espatarrado, da 'despatarrado, abierto de piernas excesivamente' 118
especioso, sa 'justificado o lógico solo en apariencia' 142
espergesia 'explicación detallada de lo que se ha avanzado o adelantado en un discurso' 62
espiritivo, va 'endemoniado' 69
espora 'corpúsculo reproductor de las plantas criptógamas' 89
espúreo, a 'ilegítimo, falso, inauténtico' 217
esquilón 'cencerro en forma de campana' 38
estatual 'de estatua' 31
esteva 'pieza corta y trasera del arado' 84
estiba 'castigo, paliza' 82
estoico, ca 'fuerte, ecuánime ante la desgracia' 43
estría 'media caña en hueco que se suele labrar en algunas columnas de arriba abajo' 78
estuoso, sa 'caluroso, ardiente, encendido, abrasado' 82
exabrupto 'de repente, de forma inesperada'
ex profeso 'de forma deliberada' 162
exangüe 'agotado, sin fuerzas' 132
excelso, sa 'muy elevado, alto, eminente' 22, 46, 50
exequias 'honras fúnebres' 83
exergo 'parte de una medalla donde cabe o se pone una leyenda, debajo del emblema o figura' 78
exhumar 'desenterrar' 29
exósmosis 'paso recíproco de líquidos de distinta densidad, a través de una membrana que los separa' 123
extático, ca 'en éxtasis, estado de una persona que se encuentra totalmente embargada por un profundo sentimiento de alegría o admiración' 131

fabrido, da 'fabricado, labrado' 75
facistol 'atril grande donde se pone el libro o los libros para cantar en el coro de la iglesia' 108
facundo, da 'fácil y desenvuelto' 87
fajar 'maltratar, golpear' 134, 164, 220
falanja *neol. César Vallejo* 'falange, cada uno de los huesos de los dedos' 169
fallido, da 'frustrado, sin efecto' 84
falsilla 'hoja de papel rayado que se ponen debajo de otras en las que se ha de escribir' 71
ferrado, da 'guarnecido, cubierto con hierro' 99
fiambre 'comida fría' 111
finta 'ademán o amago que se hace con intención de engañar' 75
flanco 'cada una de las dos partes laterales de un cuerpo considerado de frente, costado' 17, 96, 112, *etc.*
floricida *neol. César Vallejo* 'que corta o destroza flores' 12
fondear 'llegar al fondo' 71
fragor 'ruido, estruendo' 12, 19, 21, *etc.*

fratesado, da 'fratasado, alisado con el fratás, utensilio que sirve para alisar' 71
fulgir 'resplandecer o brillar intensamente' 31, 208

ganguear 'hablar con resonancia nasal' 68
gañán 'mozo de labranza, hombre fuerte y rudo' 116
garabato 'letras y rasgos mal formados' 34
gema 'nombre genérico de las piedras preciosas' 56
glisar 'resbalar, deslizar, escurrir' 70
golfo 'vagabundo, persona que anda errante sin domicilio fijo' 34, 106
gorga 'alimento, comida que se les dispone a las aves de cetrería' 82
goznar 'girar sobre un gozne, bisagra o perno' 123
gráfila 'orla, generalmente de puntos o de líneas, que tienen las monedas en su anverso y reverso' 124
grandor 'tamaño de las cosas' 72, 102
grey 'rebaño, grupo de ganado especialmente ovino' 15
grifalda 'cursiva, bastardilla' 84
gringo, ga 'estadounidense' 90
grumo 'parte de lo líquido que se coagula' 112
grupada 'golpe de aire o agua, impetuoso y violento' 67
guadaña 'instrumento para segar' 14
gualda 'amarillo dorado' 9, 38
gualdrapa 'trozo de tela desaliñado y sucio que cuelga de la ropa' 18
guano 'excremento de aves marinas, que se utiliza como abono' 67
guijarro 'pequeña piedra lisa y redondeada por la erosión' 93, 134
guillermosecundario, a 'relativo al káiser Guillermo II, emperador de Alemania' 80

hacerio 'fatalidad, desgracia' 81
harnero 'criba fina que permite pasar los pequeños residuos' 108
heraldo 'mensajero o anunciador' 7, 99
herizar 'erizar, poner rígido' 68
hermético, ca 'impenetrable' 23
heroína 'droga derivada de la morfina, más tóxica que esta y con propiedades analgésicas, sedantes e hipnóticas' 109
herrar 'guarnecer de hierro u otro metal' 80
hespérides 'ninfas de occidente, que guardan el árbol de las manzanas de oro' 10
hez 'excremento' 216
hialóideo, a 'que se parece al vidrio' 67
hierático, ca 'que tiene una extremada solemnidad' 15
hifalto, ta 'falto de hijos' 72
hijar. V. IJAR.
hilacha 'pedazo de hilo que se desprende de la tela' 10
hito 'punto culminante o destacado' 116
holocaustarse 'quemarse completamente como ofrenda' 9
hombligo 'ombligo' 147, 163
horópter 'línea recta que pasa por la intersección de los dos ejes ópticos, paralelamente a la que une los centros de los dos ojos del observador' 49
horrísomo, ma 'que con su sonido causa horror y espanto' 148
hospitalario, a 'que acoge y alberga a extranjeros y necesitados' 57

hostia 'víctima que se ofrece en sacrificio' 13, 50, 56, *etc.*
hostial 'que se destina al sacrificio' 53
huaca 'sepulcro de los antiguos indígenas americanos' 30
huaco 'ave nocturna de ojos rojos, pico negro, plumaje gris en el dorso y blanco en el vientre' 31, 35; 'objeto de cerámica precolombina' 37
huaino 'baile popular de la región andina' 34
huero, ra 'estéril, vano, vacío' 97
hulla 'carbón mineral de color negro intenso que se usa como combustible' 212
hurente 'urente, que escuece o abrasa' 213
huronear 'fisgar o curiosear' 109
husmear 'rastrear con el olfato' 100, 113, 212
huso 'instrumento manual generalmente de madera, que sirve para hilar, torciendo la hebra y devanando en él lo hilado' 30

icor 'líquido seroso de una llaga o úlcera' 56
ijar 'cualesquiera de las dos cavidades simétricamente colocadas entre las costillas falsas y los huesos de las caderas' 75, 214
impelente 'que impulsa o induce' 133
impertérrito, ta 'que no se altera o inmuta' 67, 102, 204
índice 'dedo de la mano' 80, 85, 103, *etc.*
inhumanable 'que no se puede hacer humano' 111
innánima 'inánime; exánime, inanimada' 84
innato, ta 'connatural, que se tiene por naturaleza' 89, 133, 139, *etc.*
instilar 'echar poco a poco, gota a gota' 108
intangible 'que no puede o no debe tocarse' 48
iridice 'que muestra o refleja los colores del iris' 103
istmarse 'convertirse en istmo' 54

jarcia 'conjunto de aparejos y cabos de una embarcación' 11
jauría 'conjunto de perros que cazan dirigidos por un mismo perrero' 14
jota: ni jota 'cosa mínima' 120
judithesco, ca 'relativo a la bíblica Judith' 11
jugarino, na *neol. César Vallejo* 'aficionado con exceso a jugar' 208
jumento 'asno, burro' 190
juncia 'planta herbácea, vivaz, de la familia de las ciparáceas' 94
juntura 'lugar por donde se juntan dos cosas' 84

kanteano, na 'kantiano, del filósofo alemán Immanuel Kant o de su obra' 218
kerosene 'líquido transparente, ligeramente amarillento, algo denso, que se utiliza como combustible' 27

lacerado, da 'lastimado, golpeado, magullado o herido' 14
lacerar 'lastimar, golpear, herir' 76
lacio, cia 'marchito, flojo, descaecido, sin vigor' 109
latitudinal 'que se extiende a lo ancho' 75
lato, ta 'amplio o extenso' 48

lauríneo, a 'parecido al laurel' 160
lavaza 'lavazas, agua sucia o mezclada con las impurezas de lo que se lavó en ella' 88
lelo, la 'fatuo, simple y como pasmado' 104
linde 'límite' 63, 104
llanque 'sandalia rústica andina hecha de cuero, neumáticos usados o filamento vegetal' 33
lontananza: en lontananza 'en la lejanía o a lo lejos' 197
loor 'alabanza, elogio' 164, 165, 225
loto 'planta acuática de la familia de las ninfeáceas, de hojas muy grandes, coriáceas, con pecíolo largo y delgado, flores terminales, solitarias, de gran diámetro' 25, 37
lovo 'lobo, mamífero carnívoro semejante a un perro grande' 181
lúbrico, ca 'lujurioso o lascivo' 175, 209
ludibrio 'burla o desprecio crueles' 207
ludir 'frotar, estregar, rozar' 73
lúgubre 'triste, funesto, melancólico' 12, 14, 47, *etc.*
lupina 'altramuz; planta leguminosa con fruto de grano menudo' 84
lustral 'de la purificación ritual' 97
luyido, da 'desgastado por rozamiento' 63

majada 'lugar o paraje donde se acoge de noche el ganado y se albergan los pastores' 115
mampara 'puerta interior hecha con un bastidor de madera y lunas, que permite el paso de la luz' 114
maná 'milagroso manjar caído del cielo para alimentar al pueblo de Israel en el desierto' 15
mantillo 'capa superior del suelo formada en gran parte por la descomposición de materias orgánicas' 67, 103
maría 'mujer' 79, 83, 84
marinera 'baile típico del Perú' 94
mausoleo 'sepulcro' 23
mayar 'maullar' 44
melar 'hacer la miel y ponerla en los vasillos de los panales' 95
mélico, ca 'perteneciente o relativo al canto' 62
melografía 'arte de escribir música' 94
mendaz 'mentiroso; que encierra engaño o falsedad' 183
mercurial 'de Mercurio, dios del comercio' 43
metacarpo 'parte del esqueleto de la mano correspondiente a la palma' 168
metafísica 'modo de discurrir con demasiada sutileza' 50
metafísico, ca 'oscuro y difícil de comprender' 63
mil: la de a mil 'boleto de lotería que vale mil soles (Perú), equivalente en España al Gordo' 44
miliario, ria 'que señala o marca una distancia' 31
miliciano 'miembros de las milicias populares que luchaban en el bando republicano, durante la guerra civil española' 131, 132, 145
mirlo: soltar el mirlo 'empezar a charlar' 92
mitra 'toca apuntada y alta con que se cubren la cabeza en las grandes solemnidades los arzobispos, obispos y otras dignidades eclesiásticas' 10
mitrado, da 'que lleva mitra' 73
mohín 'mueca, gesto' 47

mojarrilla 'persona que siempre está alegre y de chanza' 104
molinete 'movimiento circular' 26
mómico, ca 'que alberga restos arqueológicos, momias, etc.' 35
monocorde 'monótono o falto de variación' 213
monodáctilo, la 'que tiene un solo dedo' 73
montuoso, da 'montañoso' 116
moquear 'echar mocos' 81
mordaz 'que hiere y ofende con maledicencia acre y punzante' 45
mortero 'recipiente en forma de vaso que sirve para machacar, triturar o moler' 27
mostachoso 'adornado de mostacho, bigote grande y espeso' 80
murria 'tristeza o abatimiento' 122
mustio, a 'melancólico, triste' 31, 37, 57, *etc.*

nadamente 'de manera natatoria, como si nadara' 124
nadir 'punto de la esfera celeste diametralmente opuesto al cenit' 124
nautilo 'molusco cefalópodo' 93
nervazón 'conjunto de nervios' 10
nidal 'lugar que sirve de refugio o escondite' 53
nimbo 'nube baja de color oscuro uniforme que suele dejar caer lluvia' 209
nonada 'cosa insignificante' 87

ñandú 'avestruz de América' 83

obrería 'conjunto de obreros' 71
obturar 'tapar o cerrar' 86
odumodneurtse 'estruendo mudo' 76
ofertorio 'rito en el que se ofrece algo a la divinidad' 87
ojoso, sa 'que tiene muchos ojos' 38, 148
óleo 'aceite' 14, 24
onfalóideo, a 'que tiene forma de ombligo' 106
ópalo 'piedra silícea, traslúcida u opaca' 9, 18
ópimo, ma 'opimo, rico, fértil, abundante' 12
opúsculo 'obra científica o literaria de poca extensión' 29
orante 'que ora' 15
oriniento, ta 'que tiene orín, oxido rojizo que se forma en la superficie del hierro por la acción del aire húmedo' 85
ortivo, va 'perteneciente o relativo al orto, salida o aparición del Sol o de otro astro por el horizonte' 93
otero 'cerro aislado que domina un llano' 15
otilino, na 'de Otilia, nombre de mujer' 71
otoñar 'convertir o entrar en el otoño' 15
óvalo 'curva cerrada, plana, oblonga y simétrica respecto de uno o de dos ejes' 85
ovóideo, a 'de forma de huevo' 57
ovulando, da 'que puede ovularse' 78
oxidente 'espacio occidental oxidado, corroído, deteriorado, que se consume o se degrada' 115

paca-paca 'ave rapaz nocturna, que se asocia con mal augurio' 58
pajilla 'cigarro hecho en una hoja de maíz' 119
paletada 'golpe que se da con la paleta' 98

paletó 'gabán de paño grueso, largo y entallado' 120
palio 'dosel formado por una tela rica y cuatro o más varas, con el cual se cubre en una procesión al sacerdote que lleva la eucaristía o una imagen' 160
palla 'bailarina indígena, ataviada con traje típico' 33
palote 'trazo recto de los que se hacen para aprender a escribir' 152
pancreático, ca 'relativo o perteneciente al páncreas' 92
paramento 'muro o pared' 211
parlar 'hablar o charlar' 91
parvo, va 'pequeño en tamaño o cantidad' 84
pata: meter la pata 'equivocarse rotundamente' 123
paujil 'paují, ave de la América tropical, del orden de las galliformes, de cuerpo robusto, cola larga y cresta de plumas eréctiles hacia adelante, pico negruzco con punta clara y patas grisáceas' 128
pavesa 'partícula ligera que salta de una materia en combustión y acaba por convertirse en ceniza' 161
peciolo 'parte estrecha de la hoja, por donde se une al tallo' 185
pedernal 'variedad de cuarzo, compacto, traslúcido en los bordes y que produce chispas al ser golpeado' 112, 132
pedernalino, na 'de pedernal o que participa de sus propiedades' 170
pelo: en pelo 'sin aparejos de montar' 113; 'sin protección, ayuda o defensa de cualquier tipo' 127, 224
peluza: peluza a peluza 'de manera extremadamente ajustada y precisa' 75
péndulo 'cuerpo grave que puede oscilar suspendido de un punto por un hilo o varilla' 121
péndulo, la 'que pende' 85, 124
penetrativo, va 'que penetra, o que es capaz o tiene virtud de penetrar' 208
perduroso, sa 'que perdura, que permanece mucho tiempo' 229
pericardio 'tejido membranoso que envuelve al corazón' 72
petral 'correa que, asida por ambos lados a la parte delantera de la silla de montar, rodea el pecho de la cabalgadura' 84
petrel 'ave palmípeda muy voladora, del tamaño de una alondra; que viven en bandadas y son comunes en todos los mares' 70
piafar 'golpear el suelo, alzando y bajando las patas delanteras' 25
piñón 'rueda pequeña que engrana con otra mayor en una máquina' 102
platel 'especie de plato o bandeja' 120
plesiosaurio 'reptil gigantesco, de forma semejante a un enorme lagarto, perteneciente al periodo geológico secundario y del que hoy se hallan solamente restos en estado fósil' 218
pluvioso, sa 'lluvioso' 77
ponentino, na 'de poniente, occidental' 98
poña 'pelusa, pajilla, tallo o rastrojo' 184
porteo 'persona que conduce o lleva, de una parte a otra, una cosa por el porte o precio convenido o señalado' 121

portero, ra 'que no ha cocido bastante' 89
portillo 'abertura que hay en las murallas o tapias' 123
posillo 'pocillo, tinaja o vasija empotrada en la tierra para recoger líquidos' 82
poto 'vasija hecha de calabaza seca, que se emplea para beber líquidos en ella, especialmente chicha de jora' 29
poyo 'banco de piedra, yeso u otro material, que ordinariamente se fabrica arrimado a las paredes, junto a las puertas de las casas o en los zaguanes' 29, 60, 113
predio 'hacienda, tierra o posesión inmueble' 12
premiosamente 'de manera tan ajustada que se mueve con dificultad' 194
prístino, na 'antiguo, primitivo, original' 73
proa 'parte delantera de la nave con la cual corta las aguas' 13
procesión 'marcha ordenada de personas como acto religioso' 42
proclive 'inclinado o propenso' 46
proteico, ca 'que cambia fácilmente de forma' 53
provecto, ta 'viejo, de edad avanzada' 180
pugilato 'contienda, pelea o disputa' 34, 51
pulpería 'tienda de comestibles y otras mercancías' 122
púnico, ca 'fenicio, que tiene habilidad para comerciar o negociar y sacar el máximo beneficio' 102
pupilar 'perteneciente o relativo al pupilo o menor de edad' 79
purpúreo, a 'púrpura, rojo violáceo subido' 26
quedo, da 'que apenas se oye' 45
quelonio 'que tienen cuatro extremidades cortas y el cuerpo protegido por una concha dura que cubre la espalda y el pecho' 120
quena 'flauta de caña o de otros materiales, con un corte en forma de U en la embocadura, con orificios equidistantes en la cara anterior y uno en la posterior' 38, 167
quijarudo, da 'que tiene grandes y abultadas quijadas' 116
quimera 'monstruo imaginario' 12

rastrojo 'residuo que queda en el campo después de la siega' 36
rebocado, da 'revocado, enlucido, recubierto con una capa de yeso, cemento u otra mezcla' 74
rebufar 'bufar, resoplar con ira y furor' 84
receñido, da 'ajustado, cerrado' 96
reclame 'reclamación' 33
recodo 'ángulo o revuelta que forman las calles, ríos, caminos y otras cosas, torciendo notablemente la dirección que traían' 26, 49, 118, *etc.*
redil 'paraje donde los pastores recogen el ganado' 111
regina 'reina' 168
relente 'rayos de sol muy intensos que obligan a desviar la mirada' 67
repulgo 'borde labrado' 116
res 'asunto, tema' 178
responso 'oración por los difuntos' 23, 147
restañante 'que chasquea, estalla como la honda o el látigo' 60
retesar 'poner tirante, endurecer' 85
rezongar 'gruñir, refunfuñar a lo que se manda, ejecutándolo de mala gana' 43, 117

ribazo 'porción de terreno con pendiente pronunciada entre dos zonas de distinto nivel' 137
rituario, a 'relativo al rito, a la costumbre' 21
rogante 'que ruega' 141
roído, da 'desgastado, corroído' 54
roquero, ra 'de consistencia de roca' 11
rosicler 'rosa claro y suave semejante al de la aurora' 36
rúa 'calle de pueblo, camino carretero' 113
rumbear 'tomar rumbo, encaminarse' 71

sacratísimo, ma 'sagradísimo, digno de veneración' 195
sahumar 'perfumar con humo aromático' 37
salva 'saludo, bienvenida' 72
sarro 'sedimento que se adhiere al fondo y paredes de una vasija donde hay un líquido que precipita las sustancias que lleva en suspensión' 108
sazón 'punto o madurez de las cosas' 75
sepia 'pardo amarillento oscuro' 36
serpear 'serpentear, moverse o extenderse formando numerosas curvas y contracurvas' 121
serpentínico, ca 'que tiene forma ondulada' 89
sésamo 'entrada, acceso oculto, umbral hacia lo secreto o lo misterioso' 121
sicario 'asesino asalariado' 10
silente 'silencioso, tranquilo, sosegado' 37
sinamayera 'mujer que vende sinamay y otras telas' 85
sobrelecho 'superficie interior de la piedra que descansa sobre el lecho superior de la que está debajo' 84
socaire 'abrigo o defensa que ofrece una cosa en su lado opuesto a aquel de donde sopla el viento' 84
solana 'sitio o paraje donde el sol da de lleno' 120
solfear 'hacer música nota a nota' 33
sórdido, da 'sucio, manchado' 43, 101
sota 'décima carta de la baraja española' 86
soviético, ca 'de la desaparecida Unión de Repúblicas Socialistas Soviéticas' 134, 159
suertero 'lotero, vendedor de billetes de lotería'

tahona 'establecimiento en que se fabrica y vende pan' 82
tahuashar 'encorvar, inclinarse doblando la espalda o la cintura' 32
tantálico, ca 'de Tántalo, personaje mitológico condenado a padecer sed y hambre' 44, 96
tartufo 'persona hipócrita y falsa' 228
tas 'yunque pequeño que usan los plateros' 97
tascado, da 'mordido' 69, 132
tascar 'masticar haciendo ruido' 117
temprанía 'cualidad de temprano' 76
tenebloso, sa 'muy oscuro, o cubierto de tinieblas' 74, 198
ternuroso, sa 'que es tierno o afectivo' 81
tesóreo, a 'relativo al tesoro, cantidad grande de objetos valiosos' 67
testar 'hacer testamento' 67

testuz 'parte superior y posterior de la cabeza' 84
tiplisonancia 'voz muy aguda, propia de mujeres y de niños' 84
tiroriro 'sonido de los instrumentos musicales de boca' 87
tondo 'adorno circular rehundido en un paramento' 116
tonsurado, da 'recortado, partido por medio de un filo' 116
tonsurar 'cortar el pelo' 84
tordillo 'de color negro y blanco mezclado' 87
toriondo, da 'en celo' 93
tornasol 'reflejo o viso que hace la luz en algunas telas o en otras cosas muy tersas' 18
toronjil 'planta herbácea anual, cuyas hojas se usan en medicina como tónico y antiespasmódico' 108
toroso, sa 'fuerte, robusto' 73
torvo, va 'fiero, espantoso, airado y terrible a la vista' 115
toz 'tos, movimiento convulsivo y sonoro del aparato respiratorio de las personas' 191
tramontar 'disponer que uno se escape o huya de un peligro que lo amenaza' 75
transido, da 'fatigado, consumido por una necesidad o angustia' 212
translaticio, a 'que se traslada' 160
trasmañanar 'diferir una cosa de un día a otro' 72
transubstanciación 'conversión total de una sustancia en otra' 48
trasdosear 'reforzar una obra por la parte posterior' 96
trasquilar 'cortar el pelo a trechos, sin orden ni arte' 30; Fam., 'menoscabar o disminuir una cosa quitando o separando parte de ella' 35
trastear 'revolver, menear o mudar trastos de una parte a otra' 79
trémulo, la 'que tiembla' 32, 43, 166, *etc.*
trifurcar 'dividir en tres ramales o direcciones' 69
trigueño, ña 'del color del trigo' 47, 71
trino, na 'que contiene en sí tres cosas distintas o participa de ellas' 167
trisado, da 'trizado, quebrado o resquebrajado en pequeños fragmentos' 118
trístido, da *neol. César Vallejo* 'triste' 164
tristumbre *neol. César Vallejo* 'tristeza habitual' 187
tronchar 'partir o romper con violencia' 90
tropo 'figura retórica que consiste en el empleo de una palabra con sentido figurado' 222
troquelar 'acuñar' 51
tuétano 'médula' 100
tundir 'castigar con golpes, palos o azotes' 97

ubérrimo, ma 'muy abundante' 179, 219
unípedo 'unípede, de un solo pie' 118
uñoso, sa 'de uñas largas' 159
úrea 'urea, producto nitrogenado que constituye la mayor parte de la materia orgánica contenida en la orina de las personas' 34
urente 'que escuece, ardiente, abrasador' 78

vacinica 'bacinica, orinal alto y de barro vidriado' 181
vagaroso, sa 'impreciso o falto de fijeza' 116

vasto, ta 'dilatado, muy extendido o muy grande' 43, 123, 223
vayna 'vaina, cáscara de algunas plantas que guarda sus semillas' 175
védico, ca 'de los Vedas, libros sagrados del hinduismo' 91
velado, da 'disimulado o encubierto' 12, 70
venablo 'dardo, lanza muy pequeña' 175
veras 'de verdad o auténtico' 107
verecundia 'vergüenza' 92
verónica 'portadora de la victoria' 13
vesperal 'vespertino, de la tarde' 21
veste 'vestido, vestidura' 189
veteado, da 'que tiene vetas, fajas de una materia interpuesta' 71
violado, da 'de color violeta' 92
visaje 'gesto del rostro' 47
voluta 'adorno en forma de espiral' 35, 43

yantar 'comer' 121; 'comida' 87
yema 'parte media o central de una cosa, que no participa de las cualidades de las partes extremas' 48, 82, 97, *etc.*
yermo, ma 'inhabitado, inculto' 96
yerto, ta 'tieso o rígido, especialmente a causa del frío o de la muerte' 38
yeyuno 'parte del intestino delgado, comprendida entre el duodeno y el íleon' 196
yuntero 'labrador que ara la tierra con una yunta, pareja de animales' 146

zagal, a 'muchacho, muchacha' 36
zaguán 'pieza cubierta que sirve de vestíbulo a la entrada de una casa' 61
zaino, na 'falso o que no es de fiar' 56
zarzal 'sitio poblado de zarzas' 19
zenit 'cenit, punto del hemisferio celeste superior al horizonte, que corresponde verticalmente a un lugar de la tierra' 124
zote 'ignorante, torpe y muy tardo en aprender' 77
zurear 'hacer arrullos' 198

ÍNDICE DE PRIMEROS VERSOS

TABLA

La primera edición de esta obra se imprimió
en el mes de agosto de 2025 como homenaje
a César Vallejo, poeta de los oprimidos
y marginados que, como él, nacieron
«un día que Dios estuvo enfermo».
Se presentó en su venerado Perú
con motivo del X Congreso Internacional
de la Lengua Española celebrado en Arequipa.

Papel certificado por el Forest Stewardship Council®

ISBN: 978-84-10299-74-0
Depósito legal: B-14452-2025

Impreso en España – *Printed in Spain*

Impreso en el mes de agosto de 2025
en los talleres gráficos de Liberdúplex,
Sant Llorenç d'Hortons (Barcelona)

AL99740